시작하세요! 큐브리드
네이버가 만든 오픈 소스 데이터베이스

시작하세요! **큐브리드**

네이버가 만든 오픈 소스 데이터베이스

지은이 이동현, 김남영, 김영헌, 최중연
테크니컬 에디터 장주혜, 김붕미, 김지현, 박춘권, 원혜정, 유영경
펴낸이 박찬규 엮은이 이대엽 디자인 북누리 표지디자인 아로와 & 아로와나

펴낸곳 **위키북스** 전화 031-955-3658, 3659 팩스 031-955-3660
주소 경기도 파주시 교하읍 문발리 파주출판도시 535-7 세종출판벤처타운 #311

가격 22,000 페이지 388 책규격 188 x 240 x 18mm

초판 발행 2015년 5월 29일
ISBN 978-89-98139-98-8 (93000)

등록번호 제406-2006-000036호 등록일자 2006년 05월 19일
홈페이지 wikibook.co.kr 전자우편 wikibook@wikibook.co.kr

이 도서의 국립중앙도서관 출판시도서목록 CIP는
서지정보유통지원시스템 홈페이지(http://seoji.nl.go.kr)와
국가자료공동목록시스템(http://www.nl.go.kr/kolisnet)에서 이용하실 수 있습니다.
CIP제어번호 CIP2015013736

시작하세요! 큐브리드

네이버가 만든 오픈 소스 데이터베이스

이동현, 김남영, 김영헌, 최중연 지음

위키북스

추천사

제 주위에 많은 개발자들이 큐브리드의 완성도를 높이고 기능을 확장하기 위해 긴 세월을 보냈고 지금도 노력하고 있습니다. "시작하세요! 큐브리드" 출판을 맞아 큐브리드와 관련된 모든 분들께 축하와 함께 큰 박수를 보내드립니다.

행정 전산망에 사용하는 시스템 소프트웨어로 DBMS를 국내에서 연구 개발하기 시작한 지 어느새 30년이 되어가고 있습니다. 언젠가 지인으로부터, 국가가 많은 연구 개발 비용을 투입했는데 번듯한 시스템 소프트웨어가 있느냐는 질책성 질의를 들었을 때 상업용 DBMS뿐만 아니라 공개 소프트웨어 DBMS인 큐브리드도 있다고 자랑스럽게 답변한 기억이 있습니다.

큐브리드는 2015년 4월 현재 국내외 약 26만 다운로드를 기록하고 있습니다. 또한 네이버뿐만 아니라 여러 공공·일반 정보 시스템을 구축하는 데도 적용됐고, 심지어 큐브리드 호스팅 서비스를 제공하는 기업도 생겼습니다. 이는 네이버뿐만 아니라 다른 기관에서도 큐브리드를 적용해 안정적인 서비스를 제공하고 있음을 보여주는 좋은 사례입니다. 대학에서도 데이터베이스 시스템 강의 실습에 사용하고 있습니다.

최근 빅 데이터로 인해 NoSQL이 많이 회자되고 있지만 정보 시스템 구축에서 SQL DBMS는 필수 구성 요소이며, DBMS의 활용 범위는 점점 넓어지고 있습니다. "시작하세요! 큐브리드"는 큐브리드를 활용해 정보 시스템을 구축할 수 있도록 안내하는 책입니다. 또한 큐브리드를 더욱 효율적으로 사용하기 위해 큐브리드의 내부 구조도 다룹니다. 따라서 단순히 큐브리드를 사용해 정보 서비스를 개발하고자 하는 개발자뿐만 아니라 DBMS를 연구하고자 하는 분들께도 좋은 지침서가 될 수 있습니다.

"시작하세요! 큐브리드" 출판을 계기로 큐브리드가 DBMS로서 더 많은 정보 서비스를 제공하는 플랫폼으로 성장하기를 바랍니다. 또한 DBMS 개발자 커뮤니티가 활성화되어 DBMS 기술을 선도하는 제품으로서 큰 성장을 이룰 수 있기를 기원합니다.

이윤준
한국과학기술원 전산학부 교수

서문

2008년 11월 큐브리드가 인터넷 서비스에 최적화된 DBMS를 지향하며 국내 최초의 오픈 소스 DBMS로서 서비스를 시작한 지도 어느덧 6년이 넘게 흘렀다. 네이버에서는 큐브리드를 사용해 여러 대규모 웹 서비스를 운영하고 있다. 또한 각종 공공 기관 및 기업체의 웹사이트 등에서도 큐브리드를 사용하고 있다.

그럼에도 현재 큐브리드를 잘 활용하기 위한 참고 서적은 전무한 실정이다. 게다가 라이선스 비용이 전혀 들지 않는 무료 오픈 소스 DBMS라는 특성상 많은 중소 규모 서비스에 적용되면서 개발자가 운영자를 겸하는 경우도 많다. 이에 다른 DBMS를 다뤄본 경험은 있으나 큐브리드는 처음 접하는 개발자와 운영자를 위해 이 책을 쓰게 됐다.

이 책의 대상 독자는 DBMS에 대한 기초 지식은 있으나 큐브리드를 가지고 무엇부터 시작해야 할지 막막한 초심자다. 다만 이 책에서는 DBMS에 대한 모든 기초 지식을 다루지는 않는다. 큐브리드의 기능에 대해 더 자세히 알고 싶다면 큐브리드 커뮤니티 웹사이트의 사용자 매뉴얼[1]을 참고하기 바란다.

---

1 http://www.cubrid.org/manuals

이 책은 큐브리드 9.3 리눅스 사용자를 위주로 설명하고 있으나 다른 버전 사용자 또는 윈도우 사용자 역시 명령어가 크게 다르지 않으므로 이 책의 내용을 적용하는 데 무리가 없을 것이다. 버전 간 차이점은 큐브리드 커뮤니티 웹사이트의 사용자 매뉴얼과 릴리스 노트[2]에서 확인하기 바란다.

이 책은 큐브리드의 설치, 설정, 데이터베이스 접속, 운영, 최적화 방법을 다루며, 데이터베이스의 기본적인 이론 지식보다는 실제 사용법 위주로 설명한다.

1장에서는 큐브리드의 역사, 라이선스, 적용 사례, 기능적 특징을 다룬다.

2장에서는 리눅스와 윈도우에서의 설치, 질의 도구 설치 등 설치 방법을 다룬다.

3장에서는 큐브리드의 프로세스 구조(3계층 구조), 큐브리드 볼륨의 구조와 함께 큐브리드 데이터베이스를 구동하고 종료하는 방법을 다룬다.

4장에서는 응용프로그램을 큐브리드 데이터베이스와 어떻게 연동하는지 살펴본다.

5장에서는 큐브리드에서 사용하는 SQL 구문을 간단한 예를 통해 살펴보고, 큐브리드가 지원하는 자료형과 SQL 구문을 다른 데이터베이스와 비교하면서 설명한다.

6장에서는 트랜잭션 및 잠금을 다룬다.

---

2 http://www.cubrid.org/release

이 책의 내용

7장에서는 큐브리드의 백업 및 복구를 다룬다.

8장에서는 큐브리드의 HA(high availability) 기능을 다룬다.

9장에서는 큐브리드 모니터링을 다룬다.

10장에서는 큐브리드에서 보안을 설정하는 방법을 다룬다.

11장에서는 큐브리드의 성능을 최적화하기 위해 질의와 인스턴스를 튜닝하는 방법을 다룬다.

마지막으로 부록에서는 큐브리드 SQL 전반을 요약하고, 본문에서 미처 다루지 못한 다른 DBMS와의 차이, 다국어 지원, 큐브리드 버전 정보를 다룬다.

큐브리드를 전반적으로 이해하고 잘 활용하고 싶다면 모든 장을 순서대로 읽는 것을 권장한다. 하지만 독자 각자의 필요에 따라 특정 장을 먼저 보는 것도 괜찮을 것이다.

큐브리드를 바로 설치해 사용해보고 싶다면 2장, 3장, 5장부터 읽는다. 응용프로그램 개발에 관심이 있다면 4장을 먼저 읽고, 질의 수행과 질의 최적화에 관심이 있다면 5장, 10장을 먼저 읽으면 유용할 것이다. 데이터베이스 관리자로서 백업과 복구, HA, 모니터링, 보안에 관심이 있다면 7장, 8장, 9장, 11장을 읽기 바란다. 큐브리드가 지원하는 SQL 전반에 대한 간략한 설명을 보려면 "부록 A. 큐브리드 SQL 구문"을 읽기 바란다.

목차

목차

목차

목차

목차

목차

01
소개

큐브리드는 네이버가 개발하고 네이버의 많은 서비스에 사용하는 DBMS다. 국내 유일의 오픈 소스 DBMS로, 2008년 11월 소스 코드를 공개했다. 1장에서는 큐브리드에 대해 간단하게 살펴본다.

네이버는 다양한 서비스에 큐브리드를 적용해 2014년 9월 기준으로 전체 네이버 서비스 중 절반 이상의 데이터베이스 인스턴스가 큐브리드로 운영되고 있다. 메일, 블로그, 캘린더, 주소록, N드라이브, 사전, 네이버me 서비스 등의 주요 서비스에 적용됐으며, 수많은 시스템 정보를 수집, 처리해야 하는 사내 시스템 모니터링 서비스에도 적용됐다. 이 과정에서 대량의 트랜잭션을 무난하게 처리하고 있으며, 운영 중 수집된 이슈들이 해결돼 안정성이 더욱 높아지고 있다. 큐브리드는 네이버의 주요 인터넷 서비스에서 사용하는 것이 목적이었던 만큼 인터넷 서비스에 최적화된 DBMS를 지향하게 된 것은 어찌 보면 당연한 것이다.

큐브리드는 네이버 서비스뿐만 아니라 외부 서비스에도 꾸준히 적용되고 있다. 2014년 9월 기준으로 국내외 큐브리드 누적 다운로드 수는 25만 건을 넘었다. 또한 중앙행정기관의 IT 인프라를 위탁 운영하는 정부통합전산센터 G-클라우드와 국방통합정보관리소 클라우드 인프라의 표준 DBMS로 사용되고 있으며, 에스오일, 온세텔레콤, 하나투어, 한겨레신문, KBS 등의 웹사이트에도 적용됐다.

그림 1-1 큐브리드가 적용된 네이버 서비스

큐브리드의 장점

라이선스 정책

큐브리드의 가장 큰 장점은 모든 기능을 무료로 사용할 수 있다는 것이다. 큐브리드는 모든 기능을 무료로 제공하며, 특정 기능을 제거한 커뮤니티 버전이나 엔터프라이즈 버전이 별도로 존재하지 않는다. 따라서 별도의 패키지를 설치하지 않아도 고가용성(high availability, 이하 HA)과 같은 고급 기능을 바로 사용할 수 있다.

처음 오픈된 서비스는 보통 데이터 규모가 작고 트래픽도 비교적 적지만, 사용자들에게 많이 알려지게 되면 데이터의 규모뿐만 아니라 트래픽 또한 증가한다. 이때 대부분의 DBMS들은 HA 기능을 지원하기 위해 별도의 라이선스 비용을 지불해야 하지만, 큐브리드는 24시간 무정지 및 부하 분산을 위한 HA 기능을 무료로 제공하고 있어 시스템 증설을 위한 라이선스 비용이 전혀 들지 않는다.

큐브리드가 제공하는 각종 도구 역시 무료다. 큐브리드는 멀티 플랫폼을 지원하는 다양한 GUI 도구와 웹 관리 도구, 마이그레이션 도구를 제공한다. 이러한 도구는 모두 소스까지 공개돼 있어 개인 또는 기업에서 필요에 따라 커스터마이징해 사용할 수 있다.

큐브리드의 주요 구성은 엔진과 인터페이스인데, 엔진은 GPLv2[3] 또는 그 이상 버전의 라이선스를 채택하고 있고 인터페이스는 BSD 라이선스[4]를 채택하고 있다. 즉, 엔진의 소스 코드가 수정되면 소스 공개 의무를 지켜야 하지만, 큐브리드 DBMS를 사용하는 기업 사용자, 큐브리드 DBMS를 사용하도록 개발된 패키지 소프트웨어 및 솔루션은 소스 코드를 공개하지 않아도 상업적인 목적으로 서비스하거나 판매할 수 있다. 이것은 큐브리드의 인터페이스가 다른 오픈 소스 데이터베이스와 달리 BSD 라이선스를 채택해 생기는 장점이다. 큐브리드의 오픈 소스 라이선스에 대해 자세히 알고 싶다면 큐브리드 웹사이트의 라이선스 페이지[5]를 참고한다.

3계층 구조

큐브리드는 응용프로그램-브로커-데이터베이스 엔진의 3계층 구조로 구성된다. 응용프로그램-데이터베이스 엔진으로 구성된 오라클이나 MySQL의 2계층 구조에 비해 3계층 구조는 낯설어 보일 수 있으나 사용 목적에 따라 장점이 될 수 있다. 큐브리드는 질의를 처리하고 데이터베이스 볼륨을 저장하는 데이터베이스 엔진과 응용프로그램의 연결 요청을 처리하는 브로커를 별도의 시스템으로 분리해 관리할 수 있다. 즉, 다중 브로커와 다중 데이터베이스 서버를 유지할 수 있다. 이러한 3계층 구조는 소규모의 데이터를 운영한다면 오히려 복잡하고 관리 지점이 늘어난다는 단점이 있으나, 동시 접속자 증가 또는 데이터 증가로 대량의 요청을 처리해야 하거나 대용량 데이터베이스를 운영해야 하는 시점이 오면 최소의 비용으로 수평 확장이 쉽다는 장점이 있다.

강력한 DBMS 기능

큐브리드는 기본적으로 ANSI SQL-92 표준을 따르며, 다른 DBMS가 지원하는 몇 가지 특수한 SQL 구문 또는 SQL 함수도 지원한다. 예를 들어, MySQL이 지원하는 대부분의 SQL 구문과 SQL 함수를 제공하며 오라클이 지원하는 계층 질의(hierarchical query)나 MERGE 문 등도 지원한다.

---

3   http://ko.wikipedia.org/wiki/GNU_일반_공중_사용_허가서#GPLv2
4   http://ko.wikipedia.org/wiki/BSD_허가서
5   http://www.cubrid.com/zbxe/bbs_oss_guide/bbs_oss_guide/32249

큐브리드는 트랜잭션의 원자성, 일관성, 격리성, 지속성을 보장하기 위해 트랜잭션 단위의 커밋/롤백, 시스템 장애 시 일관성 보장, 복제 간 트랜잭션의 일관성 보장, 다중 단위 잠금, 교착 상태 자동 해결 등의 기능을 제공한다. 설치 시 기본 격리 수준(isolation level)은 'UNCOMMITTED READ'이며, 개발하려는 응용프로그램의 특성에 따라 조정할 수 있다.

큐브리드는 HA 기능을 제공해 응용프로그램과 데이터베이스의 중간에서 연결을 처리하는 브로커, 질의를 처리하고 데이터의 변경을 저장하는 데이터베이스 서버를 다중화(복제)할 수 있다.

큐브리드는 응용프로그램 개발을 위해 CCI(C API), JDBC, PHP, ODBC, OLE DB 등 다양한 인터페이스를 제공한다. 또한 큐브리드는 다국어를 지원해 다양한 국가의 언어, 날짜 정보를 저장할 수 있다.

큐브리드의 역사

2008년 11월, 국내 최초의 오픈 소스 DBMS인 큐브리드 2008 R1.0(8.1.0)이 출시된 이후 현재 9.3에 이르기까지 큐브리드는 지속적으로 발전해왔다. 각 버전별로 추가된 주요 기능을 중심으로 살펴보면 다음과 같다.

- **2008 R1.0:** AUTO_INCREMENT 기능, 질의 실행 계획 기능 제공.
- **2008 R2.0~R3.1:** 큐브리드 HA 기능 제공, BLOB · CLOB 추가. 서비스에 자주 사용되는 구문 · 함수들 추가 (MySQL의 일부 구문 · 함수 지원).
- **2008 R4.0~R4.4:** 인덱스 성능, 쓰기 성능 최적화. 서비스에 필요한 구문 · 함수 및 기능 추가.
- **9.1~9.3:** SQL 함수 및 구문 확장(오라클의 일부 구문 · 함수 지원), 성능 최적화, 다국어 지원.

지금까지 큐브리드에 대해 간단히 소개하고, 큐브리드의 장점과 역사에 대해 알아봤다. 다음 장에서는 큐브리드를 직접 설치하고 실행해보자.

큐브리드 관련 웹사이트

큐브리드를 잘 활용하기 위해 다양한 정보가 필요하다면 다음 웹사이트를 방문해보기 바란다.

- **큐브리드 공식 웹사이트(한글):** http://www.cubrid.com

  큐브리드의 제품 소개, 레퍼런스, Q&A 게시판 등이 있으며 국내 사용자는 주로 이곳의 Q&A 게시판에 질문한다.

- **큐브리드 커뮤니티 웹사이트(영문):** http://www.cubrid.org

  엔진, 도구, 드라이버의 매뉴얼을 제공한다.

- **큐브리드 사용자 매뉴얼(한글, 영문):** http://www.cubrid.org/manuals

  큐브리드 매뉴얼과 릴리스 노트를 제공한다.

- **큐브리드 FTP 웹사이트:** http://ftp.cubrid.org

  큐브리드의 엔진, 드라이버, 도구 등 패치 버전을 포함한 최신 설치 패키지는 이곳에서 다운로드할 수 있다.

02
—
설치

큐브리드를 설치하려면 큐브리드 커뮤니티 웹사이트에서 각 플랫폼에 맞는 설치 파일을 다운로드해 실행하면 된다. 빌드하는 방법을 이해하고 있다면 공개돼 있는 소스 코드를 다운로드해 윈도우나 리눅스에서 직접 컴파일해 설치할 수 있지만, 특수한 경우가 아니라면 설치 파일을 다운로드해 실행하는 것이 좋다.

큐브리드 최신 버전 설치 파일은 다음 주소에서 다운로드할 수 있다.

- **큐브리드 커뮤니티 웹사이트의 다운로드 페이지:** http://www.cubrid.org/downloads
- **큐브리드 FTP 웹사이트의 CUBRID_Engine 디렉터리:** http://ftp.cubrid.org/CUBRID_Engine

큐브리드 커뮤니티 웹사이트의 다운로드 페이지에는 현재 사용하는 운영체제에 맞는 설치 파일 목록이 나타난다. 특정 운영체제용 설치 파일을 다운로드하고 싶다면 페이지 위쪽의 드롭다운 목록에서 원하는 운영체제를 클릭한다.

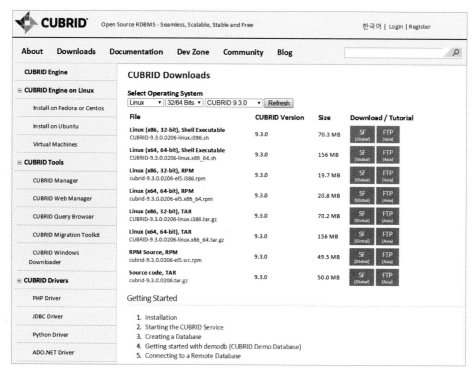

그림 2-1 큐브리드 커뮤니티 웹사이트 다운로드 페이지

큐브리드는 윈도우와 리눅스를 지원한다. 이 글에서는 윈도우와 레드햇(Red Hat) 계열의 CentOS 리눅스에서 설치하는 방법을 소개한다. 큐브리드 서버용 설치 패키지에는 데이터베이스를 관리하고 데이터베이스에 질의하는 콘솔 기반의 유틸리티가 포함돼 있지만, 사용자 편의를 위해 GUI 도구를 별도로 제공하고 있다. 큐브리드 설치 방법을 설명한 후 큐브리드 GUI 도구를 설치하는 방법도 설명하겠다.

큐브리드 설치

윈도우에서 설치

큐브리드를 설치하기 전에 운영체제가 32비트인지 64비트인지 확인해야 한다. 큐브리드는 32비트용과 64비트용 설치 패키지를 따로 제공하고 있어, 운영체제에 맞는 설치 패키지를 사용해야 한다. 설치 패키지 파일 이름에 x86이 포함돼 있다면 32비트용이고 x64가 포함돼 있다면 64비트용이다.

여기서는 큐브리드 9.3을 기준으로 설치하는 과정을 설명한다. 윈도우에서는 설치 마법사(CUBRID InstallShield Wizard)에서 **다음**만 클릭하면 기본 경로에 설치되므로 특별히 어려움은 없다.

기본 설치 경로는 C:\CUBRID다. 이 경로는 나중에 설치할 GUI 관리 도구인 큐브리드 매니저와 GUI 질의 도구인 큐브리드 쿼리 브라우저가 설치되는 기본 경로이기도 하므로 디스크 공간 등의 문제가 아니라면 가급적 기본 경로에 설치할 것을 권장한다.

설치 유형 선택

큐브리드 서버와 명령행 도구 및 인터페이스 드라이버(CCI, JDBC)를 모두 설치하려면 **전체 설치**를 클릭하고 **다음**을 클릭한다.

큐브리드 서버가 아니라 인터페이스 드라이버만 설치하려면 **전체 설치** 대신 **인터페이스 드라이버 설치**를 클릭하고 **다음**을 클릭한다. 인터페이스 드라이버만 설치하면 설치 경로에는 bin, include, lib, jdbc 경로만 생성된다. 최신 드라이버를 별도로 다운로드하고 싶다면 큐브리드 FTP 웹사이트의 CUBRID_Drivers 디렉터리(http://ftp.cubrid.org/CUBRID_Drivers)에서 원하는 드라이버를 다운로드한다.

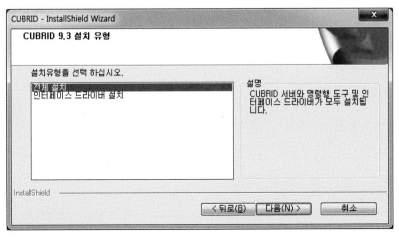

그림 2-2 큐브리드 설치 유형 선택

호환성 정보 확인

호환성 정보 메시지가 나타나면 **예**를 클릭한다. 이는 큐브리드 데이터베이스 서버 버전과 브로커 버전, GUI 도구에 대한 참고 사항을 알려주는 메시지다. 큐브리드는 다른 DBMS와 달리 사용자 클라이언트와 데이터베이스 서버 사이에 미들웨어인 브로커가 있다. 이 브로커는 데이터베이스 서버와 동일한 장비에 설치하거나, 부하를 분산하기 위해 별도의 장비에 설치할 수 있다. 데이터베이스 서버와 브로커의 버전은 같아야 하며, 데이터베이스 서버와 브로커를 다른 장비에 설치할 때 이 점을 주의해야 한다.

큐브리드 GUI 도구는 큐브리드 설치 패키지에 포함되지 않으며 다음 주소에서 다운로드할 수 있다.

- **큐브리드 커뮤니티 웹사이트의 도구 다운로드 페이지:** http://www.cubrid.org/wiki_tools/entry/cubrid-tools-downloads

- **큐브리드 FTP 웹사이트의 CUBRID_Tools 디렉터리:** http://ftp.cubrid.org/CUBRID_Tools

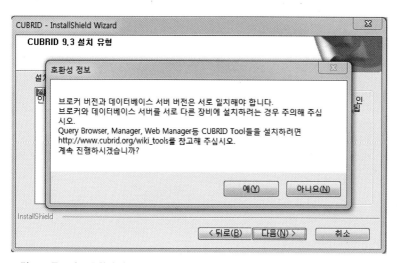

그림 2-3 큐브리드 호환성 정보 확인

샘플 데이터베이스 생성

마지막으로, 설치할 대상을 확인한 후 **다음**을 클릭하면 설치가 진행된다.

큐브리드는 학습이나 테스트에 사용하도록 기본 데이터베이스인 demodb를 제공한다. 큐브리드 설치 중 나타나는 다음과 같은 대화 상자에서 **예**를 클릭하면 demodb 데이터베이스가 생성되고 demodb의 스키마 및 데이터로 데이터베이스가 구성된다. 이때 cubrid loaddb 유틸리티가 사용되는데, 이 유틸리티에 대한 자세한 내용은 7장의 "로드"(207쪽)에서 설명할 것이다. demodb에는 1896년 그리스 아테네 올림픽부터 2004년 그리스 아테네 올림픽까지의 모든 경기와 기록이 데이터베이스화돼 있어 큐브리드 입문자가 각종 질의를 실행해볼 수 있다.

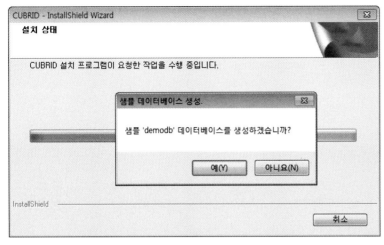

그림 2-4 샘플 데이터베이스 생성 여부 선택

큐브리드 서비스 트레이 확인

설치가 끝난 후에는 윈도우의 시스템 트레이에서 CUBRID Service Tray를 볼 수 있다. 마우스 오른쪽 버튼으로 해당 아이콘을 클릭하면 메뉴가 나타나 큐브리드 서비스를 시작하고 종료할 수 있다. 큐브리드 서비스는 마스터 프로세스, 서버 프로세스, 브로커 프로세스, 매니저 프로세스를 총칭한다.

그림 2-5 시스템 트레이의 CUBRID Service Tray 아이콘

이제 큐브리드 설치가 끝났다. 서버를 관리하고 질의하는 GUI 도구를 설치하는 단계로 넘어가려면 "큐브리드 GUI 도구 설치"(36쪽)를 참고한다.

CentOS에서 설치

여기서는 CentOS에서 큐브리드를 설치하는 방법을 설명한다.

큐브리드 9.3은 glibc 2.3.4 이상 버전에서만 실행되므로 만약 구 버전의 CentOS에 설치하려면 먼저 다음과 같이 rpm - q glibc 명령을 실행해 glibc 버전이 2.3.4 이상인지 확인해야 한다.

```
$ rpm - q glibc
glibc-2.12-1.80.el6_3.5.x86_64
glibc-2.12-1.80.el6_3.5.i686
```

CentOS에 큐브리드를 설치하려면 다음 주소에서 큐브리드 설치 패키지를 다운로드한다.

- **큐브리드 커뮤니티 웹사이트의 다운로드 페이지:** http://www.cubrid.org/downloads
- **큐브리드 FTP 웹사이트의 CUBRID_Engine 디렉터리:** http://ftp.cubrid.org/CUBRID_Engine

여기서는 FTP 웹사이트에서 설치 스크립트(.sh) 패키지를 다운로드해서 설치하는 방법을 설명한다.

설치 패키지 선택

윈도우에서 큐브리드를 설치할 때와 마찬가지로, 큐브리드를 설치하기 전에 운영체제의 아키텍처가 32비트인지 64비트인지 확인해야 한다. 큐브리드는 32비트용과 64비트용 설치 패키지를 따로 제공하고 있어 아키텍처에 맞는 설치 패키지를 사용해야 한다. 설치 패키지 파일 이름에 i386이 포함돼 있다면 32비트용이고 x86_64가 포함돼 있다면 64비트용이다. 이는 RPM 파일이나 tar.gz로 압축한 패키지를 사용하는 경우에도 마찬가지다.

만약 설치할 장비의 운영체제 아키텍처를 모른다면 uname - a 명령으로 확인한다.

```
$ uname - a
Linux host_name 2.6.18-53.1.14.el5xen #1 SMP Wed Mar 5 12:08:17 EST 2008 x86_64 x86_64 x86_64
GNU/Linux
```

여기서 출력된 문자열에서 3개의 x86_64는 각각 머신 하드웨어 이름, 프로세서 타입, 하드웨어 플랫폼을 의미한다. 이 중에서 우리가 알아야 하는 것은 하드웨어 플랫폼이다. i386은 32비트를 의미하고 x86_64는 64비트를 의미한다.

파일명의 9.3.0.0206은 버전 번호로, 점으로 구분한 숫자가 각각 메이저 버전, 마이너 버전, 패치 번호, 빌드 번호를 나타낸다. 볼륨이 호환되는 최신 패치 버전을 다운로드하려면 메이저 버전과 마이너 버전이 같은 버전 중 패치 번호가 가장 큰 것을 다운로드하면 된다. 볼륨이 호환된다는 것은 데이터베이스 볼륨을 마이그레이션하지 않고 상위 버전을 설치하기만 해도 DBMS를 업그레이드할 수 있다는 것을 뜻한다. 예를 들어, 큐브리드 9.3.0.0206 사용자는 데이터베이스 볼륨의 마이그레이션 없이 9.3.1.0005로 업그레이드해도 된다. 버전 간 볼륨 호환에 대한 자세한 내용은 부록 D의 "버전 간 데이터베이스 볼륨 호환성"(380쪽)을 참고한다.

필수 라이브러리 확인

ncurses, gcrypt, stdc++ 라이브러리가 설치돼 있는지 확인한다. 일반적인 경우에는 대부분 설치돼 있을 것이다. 설치 여부는 rpm -q로 확인할 수 있으며, 설치돼 있지 않다면 yum을 사용해 설치한다.

```
rpm - q ncurses
rpm - q libgcrypt
rpm - q libstdc++
```

cubrid 사용자 추가

설치할 장비에 로그인돼 있다면 root 사용자인지 확인한다. 특별한 이유가 없다면 root 사용자로 설치하는 것은 권장하지 않는다. 만약 root 사용자라면 다음과 같이 cubrid 사용자를 추가한다. 비밀번호도 적절히 변경한다.

```
# useradd cubrid
# ls /home
```

사용자가 추가됐으면 su 명령어를 사용하거나(# su - cubrid), 새로 추가한 사용자의 계정으로 로그인한 후(# ssh cubrid@localhost) 설치를 계속 진행한다.

설치 패키지 다운로드

이제 큐브리드 FTP 웹사이트에 있는 설치 패키지를 wget으로 다운로드해 설치한다. 다음은 32비트용 설치 패키지를 다운로드하는 명령의 예다.

```
wget http://ftp.cubrid.org/CUBRID_Engine/9.3.0/Linux/CUBRID-9.3.0.0206-linux.i386.sh
```

wget이 설치돼 있지 않다면 root 계정 또는 sudo 권한을 가진 계정에서 다음처럼 wget을 설치한 후 설치 패키지를 다운로드한다.

```
sudo yum install wget
```

설치 패키지 실행

설치 패키지를 다운로드했다면 다음과 같이 설치 패키지를 실행한다.

```
sh CUBRID-9.3.0.0206-linux.i386.sh
```

스페이스바를 눌러 라이선스 내용을 모두 읽어보거나 q 키를 눌러 다음 화면으로 넘어간다.

```
Copyright (C) 2008-2014 Search Solution Corporation. All rights reserved.
CUBRID is registered trademark of Search Solution Corporation.

This Software is released under GNU GPL v2, BSD and GPL v3 according to CUBRID components.
For brevity, CUBRID Server Engine is under GPL v2, CUBRID Web Manager is under GPL v3, and
CUBRID APIs and Connectors are under BSD License.
For details, please refer to the CUBRID License Page(http://www.cubrid.org/license).

* CUBRID APIs and Connectors under BSD 3-Clause License(http://opensource.org/licenses/BSD-3-
Clause)
--------------------------------------------------------------------------------
...
--------------------------------------------------------------------------------

* CUBRID Server Engine under GPL v2 or later(http://opensource.org/licenses/GPL-2.0)
--------------------------------------------------------------------------------
...
--More--[Press space to continue, 'q' to quit.]Copyright (C) 2008-2014 Search Solution
Corporation. All rights reserved.
CUBRID is registered trademark of Search Solution Corporation.

This Software is released under GNU GPL v2, BSD and GPL v3 according to CUBRID components.
```

```
For brevity, CUBRID Server Engine is under GPL v2, CUBRID Web Manager is under GPL v3, and
CUBRID APIs and Connectors are under BSD License.
For details, please refer to the CUBRID License Page(http://www.cubrid.org/license).
* CUBRID APIs and Connectors under BSD 3-Clause License(http://opensource.org/licenses/BSD-3-
Clause)
-------------------------------------------------------------------------------
...
-------------------------------------------------------------------------------

* CUBRID Server Engine under GPL v2 or later(http://opensource.org/licenses/GPL-2.0)
-------------------------------------------------------------------------------
...
--More--[Press space to continue, 'q' to quit.]
```

라이선스 동의를 구하는 화면에서는 yes를 입력해 다음으로 넘어간다.

```
Do you agree to the above license terms? (yes or no) : yes
```

다음은 큐브리드가 설치될 경로를 지정하는 단계인데, 기본값인 /home/cubrid/CUBRID를 사용하거나 원하는 경로를 입력한다. 여기서는 Enter 키를 눌러 기본값인 yes를 선택한다.

```
Do you want to install this software(CUBRID) to the default(/home/cubrid/CUBRID) directory? (yes
or no) [Default: yes] :
```

다음은 브로커를 별도 장비에 설치할 경우 데이터베이스와 브로커 버전이 동일해야 한다는 안내문과 큐브리드 GUI 도구에 관련된 안내문이다. Enter 키를 누른다.

```
Since CUBRID broker and server versions should match, please make sure that you are running
the same version if you operate them in separate machines. For installation of CUBRID tools
like Query Browser, Manager and Web Manager, please refer to http://www.cubrid.org/wiki_tools.
Do you want to continue? (yes or no) [Default: yes] :
```

잠시 후 큐브리드가 설치되고 다음과 같이 큐브리드 서비스를 시작하기 위한 절차를 안내하는 문구가 출력된다.

```
CUBRID has been successfully installed.

demodb has been successfully created.

If you want to use CUBRID, run the following commands
  % . /home/cubrid/.cubrid.sh
  % cubrid service start
```

기본값으로 설치한 경우 /home/cubrid/.cubrid.sh 파일에 큐브리드 서버를 실행하기 위한 환경 변수가 설정돼 있는데, 설치한 직후에는 이러한 환경 변수가 반영돼 있지 않으므로 안내 문구를 따라 . /home/cubrid/.cubrid.sh를 실행해 환경 변수를 초기화한다(경로 앞에 마침표(.)와 공백이 있음을 유의하자). 여기서는 bash 셸에서 실행한다고 가정해 '. {셸 스크립트}' 형태로 수행했다. 다른 셸에서는 그에 맞는 형태로 실행해야 한다.

큐브리드 서비스 구동

이제 cubrid service start 명령을 실행하면 서비스가 실행된다. 큐브리드 서비스 프로세스가 실행돼 있는지 확인하기 위해 cubrid service status 명령을 실행해보자.

```
$ cubrid service status
@ cubrid master status
++ cubrid master is running.
@ cubrid server status
@ cubrid broker status
```

NAME	PID	PORT	AS	JQ	TPS	QPS	SELECT	INSERT	UPDATE	DELETE
* query_editor	29475	30000	5	0	0	0	0	0	0	0
* broker1	29485	33000	5	0	0	0	0	0	0	0

```
OTHERS      LONG-T      LONG-Q      ERR-Q     UNIQUE-ERR-Q    #CONNECT    #REJECT
================================================================================
0           0/60.0      0/60.0      0         0               0           0
0           0/60.0      0/60.0      0         0               0           0
@ cubrid manager server status
++ cubrid manager server is running.
```

참고로 위에서 cubrid broker status 이하의 출력 정보는 지면 제약상 둘로 나눴다.

실제 프로세스 정보를 확인하기 위해 리눅스에서 ps -ef|grep cub 명령을 실행해보자.

```
$ ps -ef|grep cub
root     12839    11870    0 12:11 pts/0    00:00:00 su - cubrid
cubrid   12840    12839    0 12:11 pts/0    00:00:00 -bash
cubrid   12874    1        0 12:11 ?        00:00:00 cub_master
cubrid   12877    1        0 12:11 ?        00:00:00 cub_broker
cubrid   12878    1        0 12:11 ?        00:00:00 query_editor_cub_cas_1
cubrid   12879    1        0 12:11 ?        00:00:00 query_editor_cub_cas_2
cubrid   12880    1        0 12:11 ?        00:00:00 query_editor_cub_cas_3
cubrid   12881    1        0 12:11 ?        00:00:00 query_editor_cub_cas_4
cubrid   12882    1        0 12:11 ?        00:00:00 query_editor_cub_cas_5
cubrid   12887    1        0 12:11 ?        00:00:00 cub_broker
cubrid   12888    1        0 12:11 ?        00:00:00 broker1_cub_cas_1
cubrid   12889    1        0 12:11 ?        00:00:00 broker1_cub_cas_2
cubrid   12890    1        0 12:11 ?        00:00:00 broker1_cub_cas_3
cubrid   12891    1        0 12:11 ?        00:00:00 broker1_cub_cas_4
cubrid   12892    1        0 12:11 ?        00:00:00 broker1_cub_cas_5
cubrid   12902    1        0 12:11 ?        00:00:00 cub_auto start
cubrid   12906    1        0 12:11 ?        00:00:00 cub_cmserver
cubrid   12972    1        0 12:11 ?        00:00:00 cub_js start
```

위의 출력 화면에서 데이터베이스 서버 프로세스인 cub_server 프로세스가 보이지 않는데, 서버 프로세스를 시작하는 방법은 3장의 "서비스 시작"(43쪽)에서 살펴보기로 한다.

큐브리드 GUI 도구 설치

큐브리드는 윈도우, 맥, 리눅스를 지원하는 멀티 플랫폼 GUI 도구를 제공하는데, 이 책에서는 가장 많이 사용하는 큐브리드 매니저와 큐브리드 마이그레이션 툴킷에 대해 설명하겠다.

큐브리드를 설치한 후 GUI 환경에서 큐브리드에 연결하기 위해서는 큐브리드 매니저를 설치해야 한다. 큐브리드 매니저는 데이터베이스에 연결하고 질의하는 작업뿐만 아니라 데이터베이스의 시작과 종료, 백업, 복구 등 대부분의 관리 작업을 GUI 환경에서 편리하게 수행할 수 있는 환경을 제공한다.

큐브리드 매니저는 관리 모드와 질의 모드의 두 가지 모드를 제공한다. 데이터베이스 관리 작업을 하려면 반드시 관리 모드로 실행해야 하고, 단순 질의 수행만이 목적이라면 질의 모드로 실행해도 된다. 물론 관리 모드에서 질의를 수행할 수도 있다. 단, 관리 모드에서는 큐브리드 서버에 연결할 때 큐브리드 매니저 계정이 필요하지만 질의 모드에서는 큐브리드 매니저 계정 없이 데이터베이스 연결 계정을 이용해 데이터베이스에 연결할 수 있으므로 개발자가 질의 용도로만 사용할 때 유용하다.

그림 2-6 큐브리드 매니저의 관리 모드와 질의 모드

그리고 다른 DBMS를 사용하다가 큐브리드로 전환하려는 사용자를 위해 큐브리드 마이그레이션 툴킷을 제공한다. 이 도구는 큐브리드 운영 중에 개발 데이터베이스 서버와 운영 데이터베이스 서버 사이의 데이터를 마이그레이션하는 용도로도 사용할 수 있다. 마이그레이션 속도를 높이기 위해 사용자 PC를 경유하지 않고 리눅스 시스템에서 서버 대 서버로 직접 마이그레이션할 수 있게 콘솔 마이그레이션 도구도 함께 제공한다.

큐브리드 GUI 도구 설치 전 준비 사항

큐브리드 GUI 도구는 대부분 자바 환경에서 개발됐기 때문에 사용자 PC에도 자바 실행 환경이 설치돼 있어야 한다. 자바 다운로드 페이지(http://java.com/ko/download)에서 JRE(Java Runtime Environment) 1.6 이상 버전을 다운로드해 설치한다.

PC에 JRE가 설치돼 있는데도 실행되지 않는다면 jre 디렉터리 전체를 GUI 도구 설치 경로에 복사해 사용할 수 있다. 예를 들어, 간혹 64비트 윈도우에 32비트 JRE를 설치해서 사용하는 경우가 있는데 이 경우 64비트 큐브리드 GUI 도구를 실행할 수 없다. 따라서 JRE도 동일하게 64비트를 설치해야 하는데, 64비트 JRE가 32비트 JRE와 충돌한다면 큐브리드 GUI 도구가 설치된 경로에 64비트 JRE의 jre 디렉터리를 복사해 사용할 수 있다.

예를 들어, JRE가 C:\Program Files\Java\jre7 디렉터리에 설치돼 있고 큐브리드 매니저가 C:\CUBRID\cubridmanager 디렉터리에 설치돼 있다면 jre7 디렉터리를 C:\CUBRID\cubridmanager 디렉터리에 복사한 후 jre7 디렉터리의 이름을 jre로 변경한다. 단, 이렇게 디렉터리를 복사해 JRE를 설정하는 방식은 윈도우와 리눅스에서만 사용할 수 있다.

큐브리드 매니저 설치

큐브리드 매니저는 윈도우, 맥, 리눅스 모두 지원하며, 윈도우는 인스톨러를 제공한다. 나머지는 압축 파일 형태로 제공하므로 파일을 다운로드해 압축을 해제한 후 설치 프로그램을 실행해야 한다.

큐브리드 매니저는 다음 주소에서 다운로드할 수 있다.

- **큐브리드 커뮤니티 웹사이트의 도구 다운로드 페이지:** http://www.cubrid.org/wiki_tools/entry/cubrid-tools-downloads

- **큐브리드 FTP 웹사이트의 CUBRID_Tools/CUBRID_Manager 디렉터리:** http://ftp.cubrid.org/CUBRID_Tools/CUBRID_Manager

하위 버전과 호환되므로 기능이 개선되고 오류가 수정된 최신 버전을 다운로드하는 것이 좋으며, 설치한 이후에도 큐브리드 매니저 시작 시 실행되는 자동 업데이트 기능을 사용해 항상 최신 버전을 유지하는 것을 권장한다.

윈도우용 큐브리드 매니저 인스톨러로 설치할 때는 안내에 따라 순서대로 진행하면 된다. 설치가 완료되면 윈도우 바탕화면에 실행 아이콘이 생성된다. 설치 폴더는 기본 설정을 사용하는 것을 권장한다. 만약 C:\Program Files와 같은 특수 경로에 설치하면 관리자 권한 문제 때문에 설치 후 자동 업데이트가 안 되는 경우가 있으니 주의해야 한다.

맥, 리눅스용 인스톨러는 제공하지 않으므로 압축 파일을 다운로드해 적절한 경로에 압축을 해제한 후 실행 프로그램(cubridmanager)을 실행한다. 실행되지 않는다면 JRE가 설치돼 있는지 확인해본다.

큐브리드 마이그레이션 툴킷

큐브리드 마이그레이션 툴킷을 설치하는 방법은 모든 운영체제에서 동일하다. 압축 파일을 다운로드해 적절한 경로에 압축을 풀면 바로 사용할 수 있다. 큐브리드 마이그레이션 툴킷에 대한 자세한 내용은 7장의 "큐브리드 마이그레이션 툴킷"(211쪽)을 참고한다.

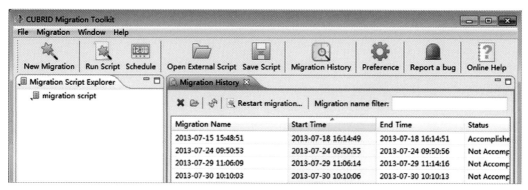

그림 2-7 큐브리드 마이그레이션 툴킷

지금까지 큐브리드를 사용하는 데 필요한 프로그램의 설치 방법을 알아봤다. 다음 장에서는 큐브리드의 프로세스 구조와 데이터베이스 구조를 알아보고, 큐브리드 서비스를 어떻게 시작하는지 알아본다. 또한 큐브리드 데이터베이스 및 브로커의 설정 방법과 큐브리드에서 사용하는 질의 도구에 대해 알아본다.

03

—

시작

이제 큐브리드를 시작해보자. 이 장에서는 큐브리드 프로세스를 살펴보고, 큐브리드를 시작하고 종료하는 방법, 데이터베이스를 생성하고 데이터베이스 볼륨을 추가하는 방법, 큐브리드를 설정하는 방법을 설명한다. 그리고 큐브리드가 제공하는 다양한 도구 중 가장 대표적인 도구인 CSQL과 큐브리드 매니저를 소개한다.

큐브리드 프로세스

먼저 큐브리드를 구성하고 있는 프로세스에는 무엇이 있는지 각 프로세스 간 관계를 통해 살펴보자. 다음은 큐브리드의 기본 아키텍처를 나타낸 그림이다.

점선 화살표는 요청과 응답을 나타내며, 둥근 모서리의 실선 사각형은 프로세스를 나타내고 둥근 모서리의 점선 사각형은 컴포넌트를 나타낸다. 원통은 볼륨 또는 파일을 나타낸다.

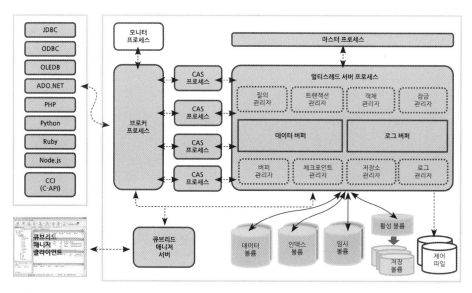

그림 3-1 큐브리드의 기본 아키텍처

프로세스별 동작 과정

큐브리드를 시작하면 마스터 프로세스(cub_master)가 가장 먼저 시작된다. 마스터 프로세스는 브로커 응용 서버(CUBRID common application server, 이하 CAS)와 데이터베이스 서버 프로세스(cub_server) 사이에서 가교 역할을 하면서 큐브리드의 전반적인 운영에 도움을 준다.

그 아래의 서버 프로세스는 항상 특정 데이터베이스와 일대일로 대응된다. 하나의 장비에는 데이터베이스를 여러 개 생성할 수 있고 데이터베이스는 각각 격리된 메모리 공간에서 동작한다. 따라서 그중 한 데이터베이스에 장애가 발생해도 나머지 데이터베이스는 문제가 발생할 가능성이 낮다. 데이터베이스가 2개라면 서버 프로세스 또한 2개가 구동된다.

브로커 프로세스(cub_broker)는 최초에 응용프로그램이 접속하는 프로세스로, cubrid_broker.conf 파일에서 설정한다. 이 파일의 설정 방법은 3장의 "브로커 설정"(55쪽)을 참고한다. 큐브리드가 제공하는 다양한 인터페이스를 통해 질의 요청이 들어오면 먼저 브로커 프로세스가 요청을 받은 후, 연결이 종료될 때까지 질의 요청을 처리할 프로세스인 CAS 프로세스(cub_cas)를 할당한다.

CAS 프로세스는 연결 요청을 마스터 프로세스에 전달하고, 마스터 프로세스는 요청을 처리할 서버 프로세스를 찾아 CAS 프로세스에 전달한다. 이후 연결이 종료될 때까지 질의 요청은 '응용프로그램(드라이버 또는 인터페이스) - CAS 프로세스 - 서버 프로세스'의 연결 관계를 유지한다.

큐브리드 매니저 서버 프로세스는 큐브리드 매니저에서 사용하는 프로세스다. 큐브리드 매니저는 질의 실행뿐만 아니라 데이터베이스 추가, 백업, 복구 등 콘솔에서 수행하는 업무를 GUI로 수행할 수 있게 하는 도구다. 큐브리드 매니저 서버는 HTTPS 프로토콜로 정의된 API를 제공한다.

큐브리드 HA 기능을 사용해 복제 구성하는 경우에는 트랜잭션 로그(transaction log)가 상대방 노드에 복제되고, 복제 로그(replication log)가 서버 프로세스를 통해 반영되는 과정이 추가된다. 이에 대한 자세한 내용은 "8. HA"(225쪽)에서 설명한다.

응용프로그램이 서버에 연결되는 과정

응용프로그램이 서버에 연결되는 과정은 다음과 같다. 왼쪽부터 순서대로 진행된다.

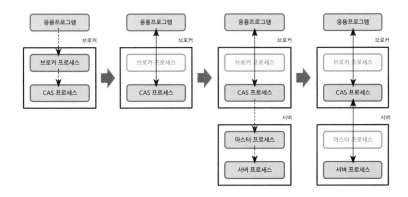

그림 3-2 응용프로그램과 서버의 연결 과정

1. 응용프로그램이 브로커 프로세스에 연결을 요청하면 브로커 프로세스는 CAS 프로세스를 할당한다.
2. 응용프로그램과 CAS 프로세스가 연결된다.
3. CAS 프로세스가 마스터 프로세스에 연결을 요청하면 마스터 프로세스는 서버 프로세스에 연결한다.
4. 응용프로그램 - CAS 프로세스 - 서버 프로세스 연결이 완료된다.

응용프로그램이 데이터베이스 서버에 연결되는 과정에서 브로커 프로세스와 마스터 프로세스는 각각 한 번만 연결되며, 이후 데이터베이스 접속이 종료되기 전까지 '응용프로그램 - CAS 프로세스 - 서버 프로세스'의 연결 관계를 유지한다.

큐브리드의 프로세스는 이렇게 응용프로그램, 서버 프로세스, 그리고 그 사이의 연결을 관리하는 브로커의 3계층으로 구성돼 있다.

리눅스에서 큐브리드를 실행하고 ps -ef | grep cub_ 명령을 사용하면 다음과 같이 프로세스 현황이 출력된다.

```
cubrid    8400    1  0 Feb26 ?        00:00:58 cub_master
cubrid    8403    1  0 Feb26 ?        01:39:39 cub_server demodb
cubrid    8621    1  0 Feb26 ?        02:26:47 cub_broker
cubrid    8623    1  0 Feb26 ?        00:00:08 query_editor_cub_cas_1
cubrid    8624    1  0 Feb26 ?        00:00:04 query_editor_cub_cas_2
cubrid    8625    1  0 Feb26 ?        00:00:01 query_editor_cub_cas_3
cubrid    8626    1  0 Feb26 ?        00:00:00 query_editor_cub_cas_4
cubrid    8627    1  0 Feb26 ?        00:00:00 query_editor_cub_cas_5
cubrid    8634    1  0 Feb26 ?        02:26:25 cub_broker
cubrid    8635    1  0 Feb26 ?        00:00:00 broker1_cub_cas_1
cubrid    8636    1  0 Feb26 ?        00:00:00 broker1_cub_cas_2
cubrid    8637    1  0 Feb26 ?        00:00:00 broker1_cub_cas_3
cubrid    8638    1  0 Feb26 ?        00:00:00 broker1_cub_cas_4
cubrid    8639    1  0 Feb26 ?        00:00:00 broker1_cub_cas_5
cubrid    8647    1  0 Feb26 ?        00:04:27 cub_auto start
cubrid    8654    1  0 Feb26 ?        00:36:00 cub_cmserver
cubrid    8722    1  0 Feb26 ?        00:00:00 cub_cmserver_ext
cubrid    8723    1  0 Feb26 ?        00:02:12 cub_js start
```

각 프로세스는 다음과 같다.

- **cub_master:** 마스터 프로세스.

- **cub_server:** 서버 프로세스. cub_server demodb는 demodb라는 데이터베이스를 관리하는 전용 서버 프로세스다.

- **cub_broker:** 브로커 프로세스. cubrid_broker.conf 파일에서 설정한 개수만큼 생성된다. 첫 번째 cub_broker 아래의 query_editor_cub_cas_1은 해당 브로커에서 구동되는 CAS 프로세스로, query_editor는 브로커의 이름이고 cub_cas는 CAS 프로세스임을 뜻하며 숫자는 프로세스의 순번이다. 즉, 응용프로그램이 데이터베이스로 연결하기 위해 query_editor 브로커가 제공하는 CAS기 5개 구동 중이디. 같은 방법으로, 두 번째 브로거 프로세스는 broker1이라는 것을 알 수 있다.

- **query_editor_cub_cas_1~5**: query_editor 브로커에서 구동 중인 5개의 CAS 프로세스.

- **broker1_cub_cas_1~5**: BROKER1 브로커에서 구동 중인 5개의 CAS 프로세스.

- **cub_cmserver**: 큐브리드 매니저 서버에서 사용하는 프로세스.

큐브리드 서비스

이제 큐브리드의 프로세스를 어떻게 시작하고 종료하는지, 그리고 상태를 어떻게 확인하는지 알아보자.

서비스 시작

프로세스를 시작하고 종료하는 방법은 윈도우와 리눅스에서 사용법이 크게 다르지 않으니 여기서는 리눅스를 기준으로 설명한다.

> **참고**
> 윈도우에서는 큐브리드 서비스를 제어하기 위해 명령 **프롬프트**를 시작할 때 **관리자 권한으로 실행**을 선택해야 한다.

서비스(service) 명령을 사용하면 큐브리드 관련 프로세스를 한 번에 시작하고 종료할 수 있다.

```
$ cubrid service start
```

이 명령을 실행하면 마스터 프로세스, 서버 프로세스, 브로커 프로세스, 매니저 프로세스가 순차로 일괄 실행된다.

```
@ cubrid master start
++ cubrid master start: success
@ cubrid server start: demodb

This may take a long time depending on the amount of recovery works to do.

CUBRID 9.3
```

```
++ cubrid server start: success
@ cubrid broker start
++ cubrid broker start: success
@ cubrid manager server start
++ cubrid manager server start: success
```

시작한 프로세스를 종료하려면 cubrid service stop을 실행한다.

```
$ cubrid service stop
@ cubrid server stop: demodb

Server demodb notified of shutdown.
This may take several minutes. Please wait.
++ cubrid server stop: success
@ cubrid broker stop
++ cubrid broker stop: success
@ cubrid manager server stop
++ cubrid manager server stop: success
@ cubrid master stop
++ cubrid master stop: success
```

시작한 순서의 정확한 역순은 아니지만 의존 관계를 고려해 단계별로 큐브리드의 모든 프로세스가 종료된다.

시작할 프로세스 지정

cubrid service start/stop 명령을 이용하면 큐브리드를 한 번에 시작하고 종료할 수 있다. 그런데 경우에 따라 데이터베이스와 브로커를 분리해서 운영하는 경우가 있다. 이 경우 사용하지 않는 프로세스까지 cubrid service 명령으로 구동해야 할까? 큐브리드는 이러한 구성을 이미 고려하고 있어서 서비스 시작 시 시작하는 프로세스를 cubrid.conf 파일에서 설정할 수 있다.

```
# Service section - a section for 'cubrid service' command
[service]

# The list of processes to be started automatically by 'cubrid service start' command
# Any combinations are available with server, broker, manager and heartbeat.
service=server,broker,manager
```

서버 프로세스, 브로커 프로세스, 매니저 프로세스가 모두 기본값으로 시작하도록 설정돼 있는데, 브로커 프로세스만 cubrid service 명령으로 제어하고 싶다면 다음과 같이 service 파라미터값에서 server와 manager를 제거하면 된다.

```
[service]


service=broker
```

이렇게 설정하면 다음부터 서비스를 시작하거나 종료할 때 해당 프로세스만 제어한다. 그런데 왜 마스터 프로세스만 없을까? 마스터 프로세스는 큐브리드 동작에 반드시 필요한 프로세스이기 때문이다. 마스터 프로세스는 서비스 시작 시 맨 먼저 시작되고 서비스 종료 시 맨 마지막에 종료된다.

서버 프로세스 시작

서버 프로세스는 데이터베이스별로 시작하거나 종료할 수 있다. 큐브리드 설치 시 자동으로 설치되는 데이터베이스인 demodb는 하나의 서버 프로세스가 관리한다. demodb만 시작하거나 종료하려면 다음과 같이 입력한다.

```
$ cubrid server start demodb
$ cubrid server stop demodb
```

데이터베이스가 여러 개 있다면 큐브리드 서비스를 시작하고 나서 다시 이 명령으로 필요한 데이터베이스를 하나씩 시작하기란 여간 번거로운 일이 아니다. 이렇게 번거로운 작업을 하지 않으려면 cubrid.conf 파일의 server 파라미터에 서비스 시작 시 기본으로 시작할 데이터베이스 이름을 지정하면 된다. 예를 들어, cubrid.conf 파일의 server 파라미터에 demodb를 입력해두면 큐브리드 서비스를 시작할 때 demodb 서버도 함께 시작된다.

```
# The list of database servers in all by 'cubrid service start' command.
# This property is effective only when the above 'service' property contains 'server' keyword.
server=demodb
```

서비스 시작 시 시작할 데이터베이스가 여러 개라면 다음과 같이 쉼표(,)로 구분해서 입력한다.

```
server=demodb, testdb1, testdb2
```

브로커 프로세스 시작

큐브리드를 설치하면 query_editor라는 브로커와 BROKER1이라는 브로커가 기본으로 생성된다. 이것들은 큐브리드를 처음으로 설치할 때 cubrid_broker.conf 파일에 기본으로 설정된 브로커다.

응용프로그램은 접속 포트로 각 브로커를 구분해 접속할 수 있으므로 사용 목적에 따라 브로커를 분리해 사용할 수 있다. 예를 들어 응용프로그램 A는 일반 사용자가 사용하는 프로그램이므로 브로커 #1만 사용하고, 응용프로그램 B는 운영자만 사용하는 프로그램이므로 브로커 #2만 사용하게 할 수 있다. 이렇게 구분하면 브로커 #1을 종료했을 때 브로커 #1에 접속하는 응용프로그램 A만 접속할 수 없게 할 수 있다. 또는 단순히 브로커의 설정을 조작해 브로커 #1에 접속하는 응용프로그램 X는 읽기/쓰기가 모두 가능하게 하고, 브로커#2에 접속하는 응용프로그램 Y는 읽기만 가능하게 할 수 있다.

브로커를 시작하고 종료하는 명령은 다음과 같다.

```
$ cubrid broker start
$ cubrid broker stop
```

브로커 프로세스를 시작한 후 특정 브로커의 사용 여부만 변경하려면 다음과 같은 명령을 실행한다.

```
$ cubrid broker on query_editor
```

query_editor는 브로커 이름으로, cubrid_broker.conf 파일에서 앞에 %가 붙은 것이 브로커 이름이다. 브로커를 끄려면 이 명령에서 on 대신 off를 사용한다.

매니저 프로세스 시작

큐브리드 GUI 도구에서 큐브리드를 원격 관리하기 위해 필요한 서비스다. 매니저 프로세스를 시작하고 종료하는 명령은 다음과 같다.

```
$ cubrid manager start
$ cubrid manager stop
```

서비스 상태 확인

서비스가 모두 실행된 상태인지 확인하려면 다음과 같이 cubrid service status 명령을 실행한다. 실행 결과에서 cubrid server status 아래에 서버 상태가 보이지 않는다면 서버 프로세스가 시작되지 않은 것이다.

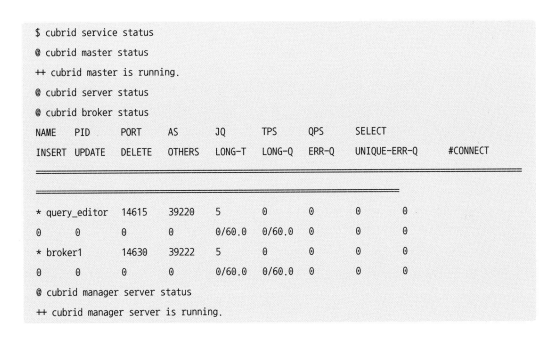

```
$ cubrid service status
@ cubrid master status
++ cubrid master is running.
@ cubrid server status
@ cubrid broker status
NAME    PID     PORT     AS       JQ       TPS      QPS      SELECT
INSERT  UPDATE  DELETE   OTHERS   LONG-T   LONG-Q   ERR-Q   UNIQUE-ERR-Q    #CONNECT
================================================================================

================================================================================

* query_editor  14615   39220    5        0        0        0        0
0       0       0        0        0/60.0   0/60.0   0        0        0
* broker1       14630    39222    5        0        0        0        0
0       0       0        0        0/60.0   0/60.0   0        0        0
@ cubrid manager server status
++ cubrid manager server is running.
```

이 경우 cubrid server start 명령으로 서버 프로세스를 구동한다.

```
$ cubrid server start demodb
@ cubrid server start: demodb
...
++ cubrid server start: success
```

서버 프로세스를 구동하고 다시 cubrid service status 명령을 실행하면 Server demodb (rel 9.3, pid 25969)와 같이 한 줄이 더 출력된다.

```
$ cubrid service status
...
@ cubrid server status
 Server demodb (rel 9.3, pid 25969)
...
```

서버 연결 테스트

큐브리드를 설치하고 서비스를 시작했다면 데이터베이스 서버에 잘 연결되는지 확인해볼 차례다. 큐브리드는 GUI 도구 없이도 데이터베이스에 연결하고 질의를 하는 CSQL이라는 질의 도구를 제공한다. CSQL을 사용해 데이터베이스 서버 연결 테스트를 해보자. 연결에 성공하면 다음과 같이 CSQL 명령을 실행할 수 있는 명령 창이 출력된다.

```
$ csql -u dba demodb
        CUBRID SQL Interpreter


Type `;help' for help messages.
csql>
```

데이터베이스

이제 데이터베이스 볼륨 구조를 먼저 살펴보고, 데이터베이스를 생성하는 방법, 데이터베이스에 볼륨을 추가하는 방법 등을 알아보자.

데이터베이스 볼륨 구조

큐브리드 데이터베이스 볼륨은 저장 형태에 따라 영구적인 볼륨(permanent volume), 일시적인 볼륨(temporary volume), 백업 볼륨(backup volume)으로 나뉜다.

- 영구적인 볼륨은 한 번 생성되면 데이터베이스가 삭제되기 전까지 유지되는 볼륨이다.
- 일시적인 볼륨은 데이터베이스 운영 중 필요한 중간 결과를 일시적으로 저장하기 위해 사용되는 볼륨이다.
- 백업 볼륨은 데이터베이스의 백업 시점의 스냅숏으로, 데이터베이스 백업 시 생성되는 볼륨이다.

영구적인 볼륨은 용도에 따라 범용 볼륨(generic volume), 데이터 볼륨(data volume), 인덱스 볼륨(index volume), 임시 볼륨(temp volume)으로 구분해 생성할 수 있다.

- 범용 볼륨은 범용적으로 사용하는 볼륨이다. 스키마, 인덱스, 데이터를 저장한다. 볼륨 생성 명령(cubrid createdb)을 실행할 때 볼륨 타입을 지정하지 않으면 범용 볼륨으로 생성된다.

- 데이터 볼륨은 데이터를 저장하기 위한 공간이다.

- 인덱스 볼륨은 인덱스를 저장하기 위한 공간이다.

- 임시 볼륨은 질의 처리 및 정렬을 수행할 때 중간 결과 및 최종 결과를 임시로 저장하는 공간이다. 이 공간이 모두 소진되면 일시적인 볼륨을 사용한다. 일시적인 볼륨은 데이터베이스를 재시작하면 삭제되지만 임시 볼륨은 영구 볼륨이므로 데이터베이스를 정지해도 유지된다.

다음은 cubriddb라는 이름의 데이터베이스를 생성한 후 데이터베이스 볼륨을 추가하는 예다.

```
cubrid createdb --db-volume-size=512M --log-volume-size=256M cubriddb ko_KR.utf8
cubrid addvoldb -S -p data -n cubriddb_DATA01 --db-volume-size=512M cubriddb
cubrid addvoldb -S -p data -n cubriddb_DATA02 --db-volume-size=512M cubriddb
cubrid addvoldb -S -p index -n cubriddb_INDEX01 cubriddb --db-volume-size=512M cubriddb
cubrid addvoldb -S -p temp -n cubriddb_TEMP01 cubriddb --db-volume-size=512M cubriddb
```

다음은 위의 명령 실행 후 큐브리드에 생성된 볼륨 파일을 그림으로 나타낸 것이다.

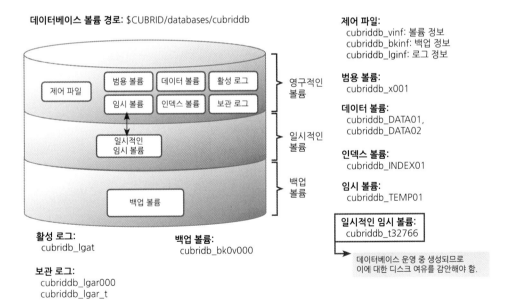

그림 3-3 볼륨 생성 시 생성되는 파일

데이터베이스 생성

새로운 데이터베이스를 생성하려면 cubrid createdb 명령을 사용한다. 이때 데이터베이스 볼륨과 로그 볼륨의 크기를 정한다. 기본값은 cubrid.conf 파일의 db_volume_size, log_volume_size 파라미터에서 정한 값이며 이 파라미터의 기본값은 512MB다.

다음은 데이터베이스를 생성하는 예다.

```
$ cd $CUBRID_DATABASES
$ mkdir testdb
$ cd testdb
$ cubrid createdb testdb ko_KR.utf8
Creating database with 512.0M size using locale ko_KR.utf8. The total amount of disk space
needed is 1.5G.
```

이와 같이 testdb를 생성한 상태에서 데이터베이스 볼륨 파일을 확인해보면 다음과 같다.

```
$ ls -l
total 1050928
drwxrwxr-x 2 brightest brightest      4096 Jun 10 12:03 lob
-rw------- 1 brightest brightest 536870912 Jun 10 12:03 testdb
-rw------- 1 brightest brightest 536870912 Jun 10 12:03 testdb_lgar_t
-rw------- 1 brightest brightest 536870912 Jun 10 12:03 testdb_lgat
-rw------- 1 brightest brightest       218 Jun 10 12:03 testdb_lginf
-rw------- 1 brightest brightest       288 Jun 10 12:03 testdb_vinf
```

- **testdb:** 데이터베이스의 데이터와 인덱스 정보를 저장하는 볼륨. 카탈로그 테이블 정보가 포함돼 있다.

- **testdb_lgar_t:** 보관 로그 파일을 저장하기 전에 사용되는 임시 파일. 활성 로그 파일이 가득 차면 보관 로그 파일이 생성되는데, 보관 로그 파일은 데이터베이스의 백업 또는 복구 시 사용된다. HA 구성 시 데이터 복제에도 보관 로그 파일이 사용된다. 이 예에서는 보관 로그 파일이 아직 생성되지 않은 상태다.

- **testdb_lgat:** 활성 로그 파일. 진행 중인 트랜잭션 정보를 저장한다.

- **testdb_lginf:** 로그 파일의 정보를 저장하는 파일.

- **testdb_vinf:** 볼륨 파일의 정보를 저장하는 파일.

데이터베이스 볼륨 추가

데이터베이스 범용 볼륨의 여유 공간이 generic_vol_prealloc_size 파라미터에 지정한 크기보다 작아지면 범용 볼륨이 자동으로 추가된다. 하지만 트랜잭션이 적은 시간을 이용해 예상되는 사용량만큼 용도에 맞게 데이터베이스 볼륨을 미리 생성해 두는 것을 권장한다. 또한 예상 사용량에 비해 너무 큰 볼륨을 미리 추가 하는 것은 피하는 것이 좋다. 볼륨이 크게 할당될수록 백업 시간이 길어지기 때문이다.

볼륨을 용도별로 나눠서 생성하면 파일명만 봐도 데이터베이스 볼륨 상태를 쉽게 파악할 수 있다.

```
cubrid addvoldb -S -p data -n testdb_DATA01 --db-volume-size=512M testdb
cubrid addvoldb -S -p data -n testdb_DATA02 --db-volume-size=512M testdb
cubrid addvoldb -S -p index -n testdb_INDEX01 --db-volume-size=512M testdb
cubrid addvoldb -S -p temp -n testdb_TEMP01 --db-volume-size=512M testdb
```

이와 같이 볼륨 파일을 추가한 상태에서 데이터베이스 볼륨 파일을 확인해보면 다음과 같다.

```
$ ls -l
drwxrwxr-x 2 brightest brightest      4096 Jun 10 12:03 lob
-rw------- 1 brightest brightest 536870912 Jun 10 16:38 testdb
-rw------- 1 brightest brightest 536870912 Jun 10 16:38 testdb_DATA01
-rw------- 1 brightest brightest 536870912 Jun 10 16:38 testdb_DATA02
-rw------- 1 brightest brightest 536870912 Jun 10 16:38 testdb_INDEX01
-rw------- 1 brightest brightest 536870912 Jun 10 16:38 testdb_lgar_t
-rw------- 1 brightest brightest 536870912 Jun 10 16:38 testdb_lgat
-rw------- 1 brightest brightest       218 Jun 10 16:38 testdb_lginf
-rw------- 1 brightest brightest 536870912 Jun 10 16:38 testdb_TEMP01
-rw------- 1 brightest brightest       529 Jun 10 16:38 testdb_vinf
```

- **testdb_DATA01, testdb_DATA02:** 데이터를 저장하는 볼륨 파일.

- **testdb_INDEX01:** 인덱스를 저장하는 볼륨 파일.

- **testdb_TEMP01:** 질의 시 정렬 중간 결과 등을 저장하는 임시 볼륨 파일. 이 파일이 모두 사용되면 일시적으로 testdb_t32766이라는 이름의 파일이 생성되는데, 이는 일시적인 임시 볼륨(temporary temp volume)이다. 큰 데이터를 저장한 테이블을 정렬하거나 인덱스를 생성할 때 정렬된 데이터를 임시로 저장하는 데 사용된다.

testdb_TEMP01은 데이터베이스가 재시작해도 파일이 유지되는 영구적인 임시 볼륨(temp volume)이고, testdb_t32766는 데이터베이스 재시작 시 삭제되는 일시적인 임시 볼륨(temporary temp volume)이다. 일시적인 임시 볼륨은 한 번 크기가 늘어나면 늘어난 상태를 유지해, 데이터베이스가 정지될 때까지 디스크의 여유 공간을 차지한다. 일시적인 임시 볼륨을 생성할 때 I/O 성능에 영향을 주므로 testdb_TEMP01과 같은 영구적인 임시 볼륨을 미리 추가로 생성해 두는 것을 고려해야 한다.

> **참고**
>
> 일시적인 임시 볼륨은 데이터베이스 서버 재시작 과정에서 자동으로 삭제된다.

데이터베이스 볼륨 사용량 확인

데이터베이스 볼륨의 사용량과 여유 공간을 확인하려면 cubrid spacedb -p 명령을 사용한다.

```
$ cubrid spacedb -p testdb
Space description for database 'testdb' with pagesize 16.0K. (log pagesize: 16.0K)


Volid   Purpose   total_size   free_size   data_size   index_size   temp_size
Vol Name
0       GENERIC   512.0 M      509.7 M     1.7 M       0.5 M        0.0 M
/home/brightest/CUBRID/databases/testdb/testdb
1       DATA      512.0 M      512.0 M     0.0 M       0.0 M        0.0 M
/home/brightest/CUBRID/databases/testdb/testdb_DATA01
2       DATA      512.0 M      512.0 M     0.0 M       0.0 M        0.0 M
/home/brightest/CUBRID/databases/testdb/testdb_DATA02
3       INDEX     512.0 M      512.0 M     0.0 M       0.0 M        0.0 M
/home/brightest/CUBRID/databases/testdb/testdb_INDEX01
4       TEMP      512.0 M      512.0 M     0.0 M       0.0 M        0.0 M
/home/brightest/CUBRID/databases/testdb/testdb_TEMP01
-------------------------------------------------------------------------------
5                 2.5 G        2.5 G       1.7 M       0.5 M        0.0 M
Space description for temporary volumes for database 'testdb' with pagesize 16.0K.


Volid   Purpose   total_size   free_size   data_size   index_size   temp_size
Vol Name


LOB space description file:/home/brightest/CUBRID/databases/testdb/lob
```

큐브리드 설정

큐브리드를 설치하면 큐브리드를 바로 시작할 수 있게 기본적으로 설정돼 있다. 그러나 특정 서버에서는 서비스 포트 번호를 변경하거나 메모리 설정을 조정해야 한다. 큐브리드는 목적에 따라 몇 개의 설정 파일을 제공한다. 이번 장에서는 서버를 구동하는 데 필요한 주요 파라미터 위주로 설명하겠다. 이들 설정 파일은 큐브리드 설치 경로 아래의 conf 디렉터리에 있다.

데이터베이스 서버 설정

큐브리드 서버와 관련된 파라미터는 cubrid.conf 파일에서 설정한다. cubrid.conf 파일 내용은 크게 네 부분으로 구분돼 있으며, 각 부분에서 설정하는 파라미터는 다음과 같다.

- **[service]:** 큐브리드 서비스 시작에 관련된 파라미터.
- **[common]:** 전체 데이터베이스에 공통으로 관련된 파라미터.
- **[@{데이터베이스 이름}]:** 각 데이터베이스에 개별적으로 적용되는 파라미터.
- **[standalone]:** cubrid 유틸리티가 독립 모드(stand-alone, --SA-mode)로 구동할 때 사용되는 파라미터. 큐브리드 9.3부터 추가됐다. cubrid 유틸리티란 cubrid로 시작하는 명령의 집합을 말한다(예: cubrid createdb, cubrid loaddb, cubrid backupdb 등).

다음은 데이터베이스 서버를 설정하는 cubrid.conf 파일의 예다.

```
[service]

service=server,broker,manager
server=testdb
[common]

# Size of data buffer are using K, M, G, T unit
data_buffer_size=512M

# Size of log buffer are using K, M, G, T unit
log_buffer_size=4M

# Size of sort buffer are using K, M, G, T unit
# The sort buffer should be allocated per thread.
```

```
# So, the max size of the sort buffer is sort_buffer_size * max_clients.
sort_buffer_size=2M

# The maximum number of concurrent client connections the server will accept.
# This value also means the total # of concurrent transactions.
max_clients=100

# TCP port id for the CUBRID programs (used by all clients).
cubrid_port_id=1523

# The createdb and addvoldb create a volume file of 'db_volume_size' size
# if don't have any options about size.
db_volume_size=512M

# The createdb creates a log volume file of 'log_volume_size' size
# if don't have any options about size.
log_volume_size=512M
# The log_max_archives parameter configures the maximum number of archive log files kept.
# To completely recover the database from the media failures with a backup,
# the archive log volumes that was archived from the backup must be kept.
# Tune this parameter with the enough number of archive logs to cope with a media failure.
#
# log_max_archives=2147483647
log_max_archives=0
[standalone]

sort_buffer_size=256M
```

- **data_buffer_size**: 캐싱되는 데이터 버퍼의 크기. 이 값이 클수록 캐싱되는 데이터가 많아지므로 디스크 I/O 비용을 줄일 수 있지만, 너무 크면 시스템 메모리가 과도하게 점유돼 운영체제에 의해 스와핑이 발생할 수 있다.

- **log_buffer_size**: 로그 버퍼의 크기.

- **sort_buffer_size**: 정렬을 수행하는 질의에서 사용하는 버퍼의 크기. 정렬을 요청하는 클라이언트마다 정렬 버퍼가 할당되며, 정렬이 완료되면 해제된다. 인덱스를 생성하는 경우 정렬 버퍼가 많이 필요하므로 정렬 버퍼를 늘리는 것이 좋지만 데이터베이스 운영 중에는 불필요하게 많은 메모리를 점유할 수 있으므로 다시 줄이는 것이 좋다.

- **max_clients**: 큐브리드 서버 프로세스에 접속 가능한 클라이언트의 최대 개수. 여기서 클라이언트란 브로커의 CAS, CSQL, HA 복제 관련 프로세스, cubrid 유틸리티를 의미한다. 따라서 사용하려는 응용프로그램의 최대 개수 보다 크게 설정해야 한다.

> **참고**
>
> 리눅스에서는 프로세스 하나당 오픈할 수 있는 파일 디스크립터 개수의 최댓값(ulimit -n)을 max_clients 파라미터의 값보다 크게 설정해야 한다.

- **cubrid_port_id**: 큐브리드 마스터 프로세스가 사용하는 포트 번호. 이 포트는 큐브리드 마스터 프로세스와 브로커 프로세스가 통신할 때 사용하는 포트다. 응용프로그램은 CAS 프로세스와 통신하므로 응용프로그램에서 사용하는 포트는 cubrid_broker.conf 파일의 BROKER_PORT 파라미터로 설정한다.
- **log_max_archives**: 보관 로그의 최대 개수. 특정 시점으로 복구하려면 해당 시점이 보관 로그에 보존돼야 하므로 이 값을 크게 설정해야 한다. 그 외의 경우에는 설정을 바꾸지 않아도 된다.

파라미터에 대한 더 자세한 설명과 나머지 파라미터에 대한 설명은 큐브리드 커뮤니티 웹사이트 사용자 매뉴얼에서 "데이터베이스 서버 설정"[6]을 참고한다.

> **참고**
>
> 데이터베이스 서버를 설정할 때 가장 유의해야 하는 것은 data_buffer_size 파라미터와 max_clients 파라미터다. 네이버 표준 data_buffer_size 파라미터값은 메모리 영역의 40~60% 정도다. 필요에 따라 60% 이상으로 설정하는 경우가 있는데, 다른 영역에서도 메모리를 사용해야 하므로 극단적으로 높게 설정하는 것은 피해야 한다.
> CUBRID 서버 프로세스에 접속 가능한 클라이언트 개수인 max_clients 파라미터값 또한, 설정할수록 메모리 사용량이 증가하므로 적절한 값을 설정해야 한다. 네이버에서는 max_clients 파라미터값을 1024로 설정한다.

브로커 설정

다음은 큐브리드 브로커를 설정하는 cubrid_broker.conf 파일의 예다.

```
[broker]
MASTER_SHM_ID        =30001
ADMIN_LOG_FILE       =log/broker/cubrid_broker.log
```

---

6   http://www.cubrid.org/manual/93/ko/admin/config.html#id2

```
[%query_editor]
SERVICE                  =ON
BROKER_PORT              =30000
MIN_NUM_APPL_SERVER      =5
MAX_NUM_APPL_SERVER      =40
APPL_SERVER_SHM_ID       =30000
LOG_DIR                  =log/broker/sql_log
ERROR_LOG_DIR            =log/broker/error_log
SQL_LOG                  =ON
TIME_TO_KILL             =120
SESSION_TIMEOUT          =300
KEEP_CONNECTION          =AUTO


[%BROKER1]
SERVICE                  =ON
BROKER_PORT              =33000
MIN_NUM_APPL_SERVER      =5
MAX_NUM_APPL_SERVER      =40
APPL_SERVER_SHM_ID       =33000
LOG_DIR                  =log/broker/sql_log
ERROR_LOG_DIR            =log/broker/error_log
SQL_LOG                  =ON
TIME_TO_KILL             =120
SESSION_TIMEOUT          =300
KEEP_CONNECTION          =AUTO
```

[broker] 아래에 정의된 파라미터는 모든 브로커에 공통으로 적용되는 파라미터다.

- **MASTER_SHM_ID**: 큐브리드 브로커가 사용하는 공유 메모리의 아이디. 시스템 내에서 유일한 값이어야 한다.

[%query_editor], [%BROKER1]과 같은 [%브로커 이름] 형식의 제목 아래에 정의된 파라미터는 각 브로커에 개별적으로 적용되는 파라미터다. 브로커 이름은 원하는 대로 지정할 수 있으며, 여기서 지정한 개수만큼 브로커가 구동된다.

- **SERVICE**: 해당 브로커의 구동 여부. ON이면 구동하고, OFF이면 구동하지 않는다.
- **BROKER_PORT**: 해당 브로커에서 사용하는 포트 번호.

- **MIN_NUM_APPL_SERVER**: 해당 브로커에서 구동되는 CAS 프로세스의 최소 개수. 브로커가 처음 구동될 때 이 개수만큼의 CAS 프로세스를 구동한다. 기본값은 5다.

- **MAX_NUM_APPL_SERVER**: 해당 브로커에서 구동되는 CAS 프로세스의 최대 개수. MIN_NUM_APPL_SERVER 파라미터로 지정한 개수보다 많은 연결 요청이 오면 CAS 프로세스 개수를 늘리며, 최대 개수를 초과하면 먼저 진행 중인 트랜잭션이 종료될 때까지 기다렸다가 CAS 프로세스를 할당한다. 기본값은 40이다.

브로커의 CAS 개수는 cubrid_broker.conf 파일에서 MIN_NUM_APPL_SERVER 파라미터와 MAX_NUM_APPL_SERVER 파라미터로 설정하는데, 데이터베이스 서버에 접속하는 모든 브로커의 MAX_NUM_APPL_SERVER 파라미터값의 합은 데이터베이스 서버의 cubrid.conf 파일에서 설정한 max_clients 파라미터의 값보다 작아야 한다. 또한 설정에 따라 브로커가 실행됐을 때 메모리 가용량이 충분한 지도 검토해야 한다.

예를 들어, 평상시에는 50개, 최대 100개의 CAS가 응용프로그램의 동시 접속을 처리하게 하고 싶다면 MIN_NUM_APPL_SERVER 파라미터값은 50, MAX_NUM_APPL_SERVER 파라미터값은 100으로 설정하고, max_clients 파라미터값은 120 정도로 설정한다. max_clients 파라미터값을 MAX_NUM_APPL_SERVER 파라미터값보다 좀 더 여유 있게 설정하는 이유는 데이터베이스 서버 프로세스에는 CAS 외에도 복제 로그 복사 프로세스(copylogdb), 복제 로그 반영 프로세스(applylogdb) 등 HA 관련 프로세스와 csql 등의 명령 프로세스가 데이터베이스 서버로의 연결을 사용하기 때문이다.

포트 설정과 관련한 자세한 설명은 큐브리드 커뮤니티 웹사이트의 사용자 매뉴얼에서 "포트 설정"[7]을 참고한다.

CAS 프로세스 메모리 사용 설정

cubrid_broker.conf 파일에서 MAX_NUM_APPL_SERVER 파라미터로 브로커당 CAS 프로세스의 최대 개수를 설정할 때는 CAS 프로세스당 필요한 메모리 공간을 고려해 이 값을 설정해야 한다.

CAS 프로세스당 메모리 공간이 얼마나 필요한지 확인하려면 cubrid broker status 명령을 실행한다. 실행 결과의 PSIZE 값이 프로세스가 차지하는 메모리 공간을 나타낸다. 초기 구동 시 이 값은 버전마다 조금씩 차이는 있지만 대략 50MB 정도인데, 대부분은 공유 메모리에 의해 공유되는 공간이고 이후 증가한 만큼이 실제로 사용하는 메모리 공간이다. 예를 들어, 초기 구동 시 CAS 프로세스의 PSIZE 값이 50MB였고 트랜잭션 수행 후 값이 70MB가 됐다면 해당 CAS 프로세스가 실제로 사용하는 메모리는 20MB다.

---

7 http://www.cubrid.org/manual/93/ko/env.html#connect-to-cubrid-server

cubrid_broker.conf 파일의 APPL_SERVER_MAX_SIZE 파라미터를 설정하면 해당 CAS 프로세스가 사용하는 메모리 공간의 최대 크기를 지정할 수 있으며, 이때 사용하는 메모리의 기준은 cubrid broker status 명령의 결과로 출력되는 PSIZE 값이다. CAS 프로세스의 PSIZE 값이 설정된 값을 초과하면 진행 중이던 트랜잭션을 모두 수행한 후 해당 CAS 프로세스를 재시작한다. 리눅스에서 기본값은 0이며, 이 경우 CAS 프로세스의 PSIZE 값이 초기 구동 시 PSIZE 값의 두 배가 되면 해당 CAS 프로세스를 재시작한다. 예를 들어, 초기 구동 시 PSIZE 값이 50MB라면 이 값이 100MB가 될 때 진행 중이던 트랜잭션을 모두 수행한 후 CAS 프로세스를 재시작한다.

APPL_SERVER_MAX_SIZE_HARD_LIMIT 파라미터는 APPL_SERVER_MAX_SIZE 파라미터와 비슷하지만 진행 중인 트랜잭션을 무시하고 CAS 프로세스를 재시작한다는 점이 다르다. 예를 들어 APPL_SERVER_MAX_SIZE 파라미터값이 200MB, APPL_SERVER_MAX_SIZE_HARD_LIMIT 파라미터값이 201MB이며, 초기 구동 시 CAS 프로세스의 PSIZE 값이 50MB라면 CAS 프로세스의 PSIZE 값이 200MB를 초과하는 시점에 진행 중이던 트랜잭션을 마저 수행하려 하지만 201MB에 도달하면 해당 트랜잭션의 수행을 포기하고 해당 CAS 프로세스가 재시작된다. 이는 예기치 않은 특정 질의가 메모리를 점유하는 위험을 방어하기 위한 것이다.

CAS 로그 파일

CAS의 로그 파일이 정해진 크기를 넘으면 {로그명}.bak 파일로 변경되고 신규 로그 파일이 생성된다. {로그명}.bak 파일은 최신 1개만 유지한다. CAS의 로그 파일 크기는 cubrid_broker.conf 파일의 SQL_LOG_MAX_SIZE 파라미터값을 따른다. 네이버에서는 100MB 정도로 설정한다.

CSQL

CSQL은 콘솔에서 질의를 실행하는 도구로, 큐브리드를 설치하면 함께 설치된다. CSQL은 주로 데이터베이스가 설치된 장비에서 사용하며, GUI 환경을 사용할 수 없는 콘솔(console) 환경에서 질의를 실행하고 결과를 조회하기 위해 주로 사용한다. 그리고 crontab 같은 작업 자동화 스크립트를 작성할 때도 이용할 수 있다. 서버에 연결됐는지 테스트할 때도 CSQL을 사용했다. CSQL은 큐브리드 설치 경로 아래의 bin 디렉터리에 위치하며, 환경 변수가 설정돼 있다면 콘솔에서 csql을 입력해 사용할 수 있다. 다음과 같이 옵션 없이 입력하면 도움말을 볼 수 있다.

```
$ csql
A database-name is missing.
interactive SQL utility, version 9.3
usage: csql [OPTION] database-name[@host]

valid options:
  -S, --SA-mode             standalone mode execution
  -C, --CS-mode             client-server mode execution
  -u, --user=ARG            alternate user name
  -p, --password=ARG        password string, give "" for none
  -e, --error-continue      don't exit on statement error
  -i, --input-file=ARG      input-file-name
  -o, --output-file=ARG     output-file-name
  -s, --single-line         single line oriented execution
  -c, --command=ARG         CSQL-commands
  -l, --line-output         display each value in a line
  -r, --read-only           read-only mode
      --string-width        display each column which is a string type in this width
      --no-auto-commit      disable auto commit mode execution
      --no-pager            do not use pager
      --no-single-line      turn off single line oriented execution
    - no-trigger-action     disable trigger action

For additional information, see http://www.cubrid.org
```

여기서는 데이터베이스에 연결해 dba 사용자의 비밀번호를 변경하는 방법만 설명하겠다. 서버에 연결됐는지 테스트할 때처럼 질의를 실행하기 위해 demodb에 연결하려면 다음과 같은 명령을 실행한다. 기본으로 설치한 demodb는 dba 사용자의 비밀번호가 설정돼 있지 않으므로 비밀번호 없이 연결할 수 있지만 비밀번호를 설정한 후에는 -p 옵션을 사용해 비밀번호를 지정해야 연결할 수 있다.

```
$ csql -u dba demodb
        CUBRID SQL Interpreter


Type `;help' for help messages.
csql>
```

CSQL을 사용해 현재 빈 문자열인 dba 비밀번호를 바꿔보자.

```
alter user dba password '1234';
```

dba 사용자의 비밀번호를 1234로 변경했다. 확인을 위해 ;exit 명령을 실행해 CSQL을 종료한 다음 명령을 다시 실행해 연결을 시도한다.

```
csql> ;exit

$ csql -u dba demodb
Enter Password :
```

이번에는 조금 전의 시도와 달리 비밀번호를 묻는다. 방금 비밀번호를 1234로 변경했으므로 1234를 입력하면 연결될 것이다. 다시 비밀번호가 없게 설정하고 싶다면 CSQL에서 다음과 같은 명령을 실행한다.

```
alter user dba password '';
```

CSQL은 다양한 옵션을 제공하는데 자세한 사항은 CSQL 도움말 또는 큐브리드 커뮤니티 웹사이트의 사용자 매뉴얼[8]을 참고한다.

> **참고**
> CSQL에서 실행하면 질의문이 SQL 로그에 남지 않는다. 브로커를 통하는 응용프로그램에서만 SQL 로그가 남으므로 자신이 수행하는 질의문에 대한 SQL 로그를 남기고 싶다면 큐브리드 매니저를 사용하는 것을 권장한다.
> 브로커의 SQL 로그는 $CUBRID/log/broker/sql_log 디렉터리 아래에 존재한다.

큐브리드 매니저

2장의 "큐브리드 GUI 도구 설치"(36쪽)에서 소개한 것처럼 큐브리드 매니저는 질의 실행뿐만 아니라 콘솔에서만 실행할 수 있는 데이터베이스 생성, 관리, 백업 등을 GUI 환경에서 수행할 수 있는 도구다. 큐브리

---

8 http://www.cubrid.org/manuals

드 매니저를 사용하려면 큐브리드 매니저 서버 프로세스가 시작돼 있어야 하는데, 다음과 같은 명령을 실행하면 현재 큐브리드 매니저 서버가 동작 중인지 확인할 수 있다.

```
$ cubrid manager status
@ cubrid manager server status
++ cubrid manager server is running.
```

만약 큐브리드 매니저 서버가 시작되지 않았다면 다음과 같은 명령을 실행해 매니저 프로세스를 구동한다.

```
$ cubrid manager start
@ cubrid manager server start
++ cubrid manager server start: success
```

큐브리드 서비스를 시작하면 기본적으로 큐브리드 매니저도 함께 시작된다. 만약 큐브리드 매니저가 자동으로 시작되지 않으면 cubrid.conf 파일의 [service] 항목을 확인한다. 다음과 같이 manager가 설정돼 있어야 서비스 시작 시 큐브리드 매니저가 자동으로 시작된다.

```
[service]

# The list of processes to be started automatically by 'cubrid service start' command
# Any combinations are available with server, broker, manager and heartbeat.
service=server,broker,manager
```

큐브리드 매니저에는 관리 모드와 질의 모드의 두 가지 모드가 있다.

관리 모드는 데이터베이스 운영자를 위한 모드로, 권한에 따라 데이터베이스 생성, 관리, 백업 등의 데이터베이스 관리와 질의 실행이 가능하다. 관리 모드에서 데이터베이스 서버에 연결하려면 큐브리드 매니저 서버 정보(특히 매니저 서버 포트 번호)를 알고 있어야 하며, 큐브리드 매니저 계정이 필요하다.

질의 모드는 개발자를 위한 모드로, 큐브리드 매니저 계정이 없어도 연결할 브로커 정보와 데이터베이스 사용자 계정만 있으면 데이터베이스 서버에 연결해 질의를 실행할 수 있다.

> **주의**
>
> 큐브리드 매니저 계정은 데이터베이스 사용자 계정과는 별개의 계정으로, 데이터베이스 사용자 계정은 특정 데이터
> 베이스에만 영향을 주지만 큐브리드 매니저 계정은 큐브리드 호스트 내의 모든 데이터베이스에 영향을 줄 수 있으므
> 로 주의해서 관리해야 한다. 특히 큐브리드 매니저의 admin 계정은 데이터베이스를 생성하고 삭제할 수 있는 슈퍼
> 사용자(super user)이므로 더욱 주의해야 한다.

여기서는 관리 모드와 질의 모드에서 각각 데이터베이스 서버에 연결해보겠다.

관리 모드

큐브리드 매니저로 큐브리드 호스트에 연결하려면 다음 사항을 확인해야 한다. 특히 큐브리드 매니저 서버
포트는 cm.conf 파일의 cm_port 파라미터에 설정돼 있으므로 포트 설정을 변경한 경우 cm_port 파라미
터값을 확인해 연결 정보를 입력한다.

- 큐브리드 매니저 서버가 설치된 호스트 주소(기본값은 localhost)
- 큐브리드 매니저 서버가 사용하는 포트 번호(기본값은 8001)

큐브리드 매니저를 설치하고 실행하면 다음 그림처럼 호스트에 localhost가 기본 등록돼 있음을 알 수 있
다. localhost를 마우스 오른쪽 버튼으로 클릭한 후 **호스트 정보 편집**을 클릭한다.

그림 3-4 큐브리드 매니저의 호스트 목록

호스트 정보 편집

CUBRID 호스트 대화 상자에서 호스트 정보를 입력한다. **호스트 주소**에는 큐브리드가 설치된 호스트의
주소를 정확하게 입력해야 하며, 사용자 PC에 설치한 경우에는 입력돼 있는 localhost를 그대로 둔다. **CM
사용자**와 **CM 비밀번호**에는 데이터베이스 사용자 계정이 아니라 큐브리드 매니저 계정의 아이디와 비밀
번호를 입력하는데, 초기 설정은 아이디와 비밀번호 모두 admin이다.

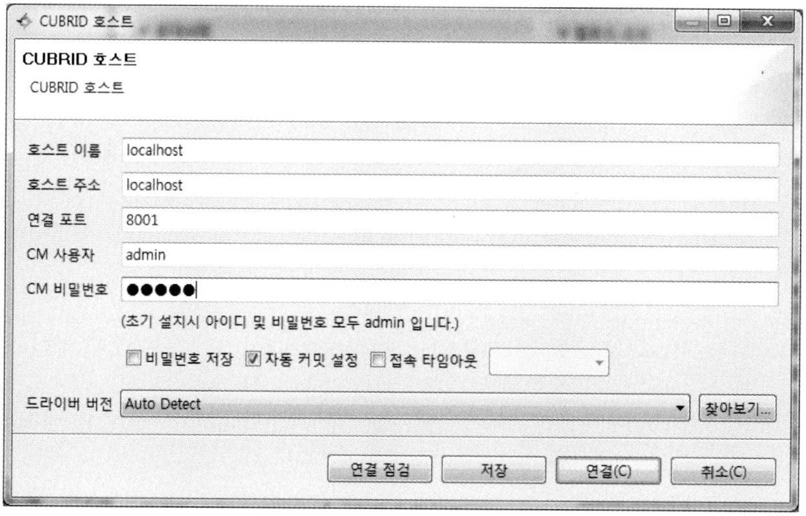

그림 3-5 큐브리드 호스트 정보 입력

초기 설정된 비밀번호를 사용해 데이터베이스 매니저 서버에 로그인하면 바로 **비밀번호 변경** 대화 상자가
나타난다. 새 비밀번호를 입력하고 **확인**을 클릭하면 큐브리드 호스트에 연결된다.

로그인에 성공하면 다음과 같은 화면을 볼 수 있다.

그림 3-6 로그인 결과 호스트 창 화면

데이터베이스 구동 및 로그인

호스트 창에서 demodb 옆에 해당 데이터베이스가 정지된 상태임을 나타내는 아이콘📇이 보인다. 큐브리드 매니저를 이용해 demodb를 시작해보자. **호스트** 창에서 demodb를 마우스 오른쪽 버튼으로 클릭하고 **데이터베이스 시작**을 클릭하거나, 위쪽 도구 모음에서 **시작하기**를 클릭한다. 그러면 잠시 후 demodb 아이콘이 운영 중을 나타내는 아이콘📇으로 변경되며 데이터베이스를 사용할 수 있다.

데이터베이스에 로그인하려면 해당 데이터베이스를 마우스 오른쪽 버튼으로 클릭하고 **데이터베이스 로그인**을 클릭하거나, 해당 데이터베이스를 더블클릭한다. 서버 프로세스를 시작하고 종료할 때에는 큐브리드 매니저 admin 계정을 사용하지만 데이터베이스에 로그인하려면 데이터베이스 사용자 계정이 필요하다. demodb에는 dba 사용자 계정이 있으며 초기 설정에는 비밀번호가 설정돼 있지 않다. **데이터베이스 로그인** 대화 상자에서 사용자 이름에 dba를 입력하고 비밀번호는 입력하지 않은 채로 **확인**을 클릭한다. 만약 비밀번호를 변경했다면 비밀번호를 입력해야 한다.

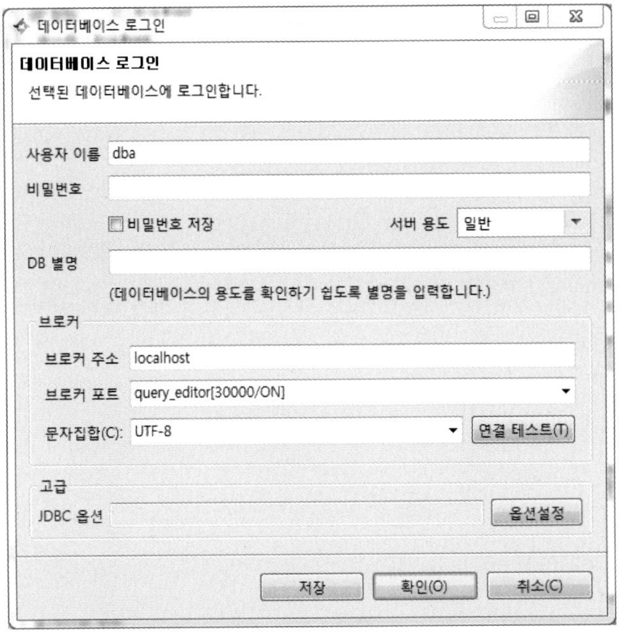

그림 3-7 데이터베이스 로그인

로그인 후 데이터베이스 사용자 계정의 비밀번호를 변경하려면 다음과 같이 **호스트** 창에서 해당 데이터베이스 사용자를 마우스 오른쪽 버튼으로 클릭하고 **DB 사용자 편집**을 클릭한다.

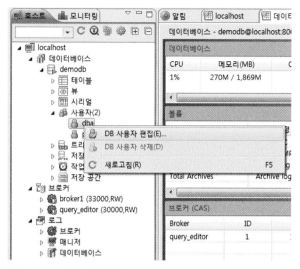

그림 3-8 DB 사용자 편집 메뉴

테이블 목록 보기

데이터베이스의 테이블 목록을 확인하고 싶으면 **테이블** 왼쪽의 삼각형을 클릭한다.

그림 3-9 테이블 목록

또는 질의 편집기에서 다음 질의를 수행하면 해당 데이터베이스가 보유하고 있는 테이블 목록을 확인할 수 있다.

```
SHOW TABLES;
```

질의 편집기에서 SHOW CREATE TABLE {테이블 이름}을 수행하면 해당 테이블의 생성문을 확인할 수 있다.

```
SHOW CREATE TABLE athlete;
```

질의 편집기 실행

큐브리드 매니저는 질의를 실행하기 위해 질의 편집기를 제공한다. 로그인한 데이터베이스를 클릭한 후 위쪽의 도구 모음에서 **질의 편집기**를 클릭하면 질의 편집기를 열 수 있다.

그림 3-10 도구 모음의 질의 편집기 버튼

질의 편집기에는 위쪽에 도구 모음이 있고, 그 아래 SQL **편집** 창, 제일 아래에 **질의 결과** 창이 있다. 큐브리드 매니저 화면의 왼쪽 **호스트** 창에서 특정 테이블을 더블클릭하면 SQL **편집** 창에 해당 테이블에 대한 SELECT 질의가 자동 생성돼 실행되고 아래의 질의 결과 창에 **질의 결과**가 출력된다.

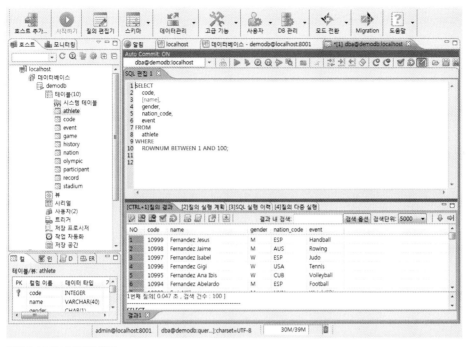

그림 3-11 질의 편집기 화면

질의 모드

큐브리드 매니저는 모드에 따라 데이터베이스 서버에 연결하는 방법도 다르다. 데이터베이스를 운영하는 관리자를 위한 관리 모드와 달리, 개발자를 위한 질의 모드에서 데이터베이스 서버에 연결하려면 브로커 정보와 데이터베이스 사용자 계정만 있으면 된다.

질의 모드의 큐브리드 매니저로 큐브리드 데이터베이스를 연결하려면 다음의 사항을 미리 알고 있어야 한다.

- 호스트 주소(브로커 주소)

- 브로커 포트 번호

- 데이터베이스 이름

큐브리드를 설치했다면 설치한 큐브리드와 동일한 호스트에 브로커가 설치된다. 하지만 서비스 규모에 따라 독립된 호스트에 브로커를 설치할 수도 있으므로 브로커 주소가 큐브리드 호스트 주소와 다를 수도 있다. 브로커 포트는 큐브리드 설치 경로 아래의 conf 디렉터리에 있는 cubrid_broker.conf 파일에서 확인할 수 있다. 브로커는 용도에 따라 다중으로 설정해 사용할 수 있는데 여기서는 큐브리드 설치 시 기본으로 설정돼 있는 query_editor 브로커를 이용해 연결한다. BROKER_PORT가 30000이므로 이 브로커의 포트는 30000이다.

```
[%query_editor]
SERVICE              =ON
BROKER_PORT          =30000
```

큐브리드 매니저를 관리 모드로 실행하고 있었다면 질의 모드로 전환해야 한다. 큐브리드 매니저 위쪽 도구 모음에서 모드 전환을 클릭하고 원하는 모드를 클릭하면 모드를 전환할 수 있다.

그림 3-12 큐브리드 매니저의 관리 모드와 질의 모드

데이터베이스 연결 정보 등록

질의 모드로 전환했다면 이제 demodb에 연결해보자. 처음으로 큐브리드 매니저를 질의 모드로 실행하면 관리 모드와 달리 연결 정보가 없기 때문에 다음 그림처럼 **연결 정보** 창이 비어 있다. 연결 정보를 추가하려면 위쪽 도구 모음에서 **연결 정보 등록**을 클릭한다.

그림 3-13 연결 정보 등록

여기서는 **연결 이름**에 localhost, **브로커 Port**에 30000을 입력하고 나머지 정보는 기본값으로 두고 **연결**을 클릭한다.

그림 3-14 연결 정보 편집

로그인하면 다음 그림처럼 질의 편집기가 자동으로 열린다. 특정 테이블에 질의를 생성하고 실행하는 방법은 관리 모드와 같다.

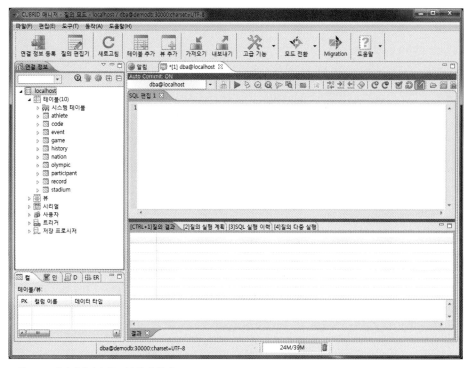

그림 3-15 데이터베이스 로그인 결과 화면

지금까지 큐브리드를 시작하고 종료하는 방법과 데이터베이스 연결 및 질의 실행을 위한 도구를 소개하고 간략히 사용 방법을 소개했다. 여기서 소개한 도구의 기능을 좀 더 알고 싶다면 큐브리드 커뮤니티 웹사이트의 사용자 매뉴얼[9]과 큐브리드 매니저 매뉴얼[10]을 참고한다.

---

9   http://www.cubrid.org/manuals
10 http://www.cubrid.org/wiki_tools/entry/cubrid-manager-manual_kr

04
응용프로그램 연동

큐브리드는 사용자 응용프로그램이 큐브리드 데이터베이스에 연결할 수 있도록 주요 프로그래밍 언어별 드라이버를 제공한다. 이 장에서는 자바와 PHP 프로그래밍 언어에서 어떻게 큐브리드 데이터베이스에 연결해 질의를 실행하고 결과를 확인하는지 소개한다. 자바와 PHP를 선택한 이유는 프로그래밍 언어 중에서도 널리 알려져 있고 사용자층도 폭넓기 때문이다. 다른 프로그래밍 언어용 드라이버에 대한 설명은 큐브리드 커뮤니티 웹사이트의 큐브리드 API 위키 페이지[11]를 참고하기 바란다.

자바로 연동하기

응용프로그램을 만들면서 DBMS에 연결하기 위해 사용하는 API가 DBMS마다 다르다면 DBMS를 다른 것으로 변경할 경우 코드를 대부분 새로 작성해야 할지도 모른다. 다행히 자바는 JDBC(Java Database Connectivity)라는 표준 데이터베이스 연결 인터페이스를 제공해서 이런 문제를 해결했다. JDBC API를 이용해서 개발하면 DBMS를 다른 것으로 변경한다고 해도 코드를 거의 변경할 필요가 없다. 물론, 이후 부연 설명하겠지만 연결 정보라든가 특정 DBMS만 제공하는 전용 기능을 이용하려면 DBMS 개발사가 제공하는 전용 API를 사용해야 하는데, 이런 것조차도 최소한의 코드만 변경하면 된다.

---

11 http://www.cubrid.org/wiki_apis

DBMS 개발사들은 이 인터페이스 규약에 맞게 JDBC 드라이버를 제공하므로 JDBC 프로그램을 작성하려면 DBMS 개발사가 제공한 JDBC 드라이버를 다운로드해 사용한다. 즉, JDBC API 규약은 자바 프로그래밍 언어에 이미 내재돼 있지만 개별 DBMS의 JDBC API 구현체(드라이버)는 사용자가 직접 DBMS 개발사로부터 받아야 한다. 큐브리드는 배포본에 큐브리드 버전과 동일한 JDBC 드라이버가 포함돼 있으며 JDBC 드라이버만 별도로 제공하기도 한다.

JDBC 프로그램을 작성해본 경험이 있다면 이 장을 건너뛰어도 무방하다. 다만, 큐브리드만 제공하는 몇몇 JDBC URL 파라미터, 브로커 페일오버(failover) 설정, 특정 자료형 사용법 등을 알기 위해서 이 장을 읽어둘 필요는 있다.

실제 개발에 참고할 수 있게 약간의 소스 코드가 예제로 들어 있으므로 통합개발환경을 사용해 코드를 작성하는 것이 좋을 것이다. 이 장에서는 메이븐(Maven)[12] 의존성 관리를 설명하면서 이클립스(Eclipse)[13]를 이용하지만, 이클립스만 제공하는 기능을 사용하는 것은 아니므로 익숙한 통합개발환경을 사용해도 무방하다. 일반적으로 자바 프로그램을 개발할 때는 이클립스, 인텔리제이(IntelliJ)[14], 넷빈즈(NetBeans)[15] 등을 주로 사용한다. 이클립스와 넷빈즈는 무료이며, 인텔리제이는 기능 제한이 있는 커뮤니티 버전이 무료이고, 유료 버전도 있다. 아직 통합개발환경을 사용한 경험이 없다 하더라도 어느 것이든 큰 차이는 없으니 개인 취향에 따라 적절히 선택해 사용하면 된다.

JDBC 드라이버 버전 확인

최신 버전의 큐브리드 JDBC 드라이버는 하위 버전 호환성이 있어서 상위 버전 JDBC 드라이버가 하위 버전의 큐브리드 엔진에 연결할 수 있다. 반대로 하위 버전의 JDBC 드라이버가 상위 버전의 큐브리드 엔진에도 연결할 수 있다. 즉, 상위와 하위 버전의 드라이버와 엔진이 상호 호환 가능한데, 호환되는 버전의 범위는 2008 R4.1부터 9.3까지다. 2008 R2.2부터 2008 R3.1까지는 상위 버전 또는 동일 버전의 드라이버만이 하위 버전의 엔진에 연결할 수 있다.

---

12 http://maven.apache.org
13 http://eclipse.org
14 http://www.jetbrains.com
15 https://netbeans.org

하지만 특정 버전에서 원하는 기능을 온전히 사용하려면 가급적 연결하려는 큐브리드 버전에 맞는 JDBC 드라이버를 이용하는 것이 좋다. 예를 들어 큐브리드 버전이 9.3이면 JDBC 드라이버 버전도 9.3을 이용하는 것이 적절하다.

현재 설치된 큐브리드의 버전을 모른다면 cubrid_rel 명령을 실행해 다음과 같이 확인해볼 수 있다. 이 명령은 큐브리드 설치 경로의 bin 디렉터리에 있다.

```
$ cubrid_rel

CUBRID 9.3 (9.3.0.0206) (32bit release build for linux_gnu) (May 15 2014 00:09:36)
```

실행 결과에서 알 수 있듯이 큐브리드 버전은 9.3이고 버전 문자열은 9.3.0.0206이며, 빌드 번호는 0206이다. 이 데이터베이스에 연결하기에 가장 적합한 JDBC 드라이버는 JDBC-9.3.0.0206-cubrid.jar다. 대부분 빌드 번호까지 맞출 필요는 없으며 동일한 버전 중 빌드 번호가 가장 높은 드라이버를 사용하면 된다.

JDBC 드라이버 다운로드

적절한 JDBC 드라이버 버전을 확인했다면 이제는 JDBC 드라이버를 어디서 구할 수 있는지 궁금할 것이다. 이미 설명한 것처럼 자바의 JDBC 규약은 표준이지만 데이터베이스 연결을 위한 JDBC 드라이버는 DBMS 개발사별로 제작한 전용 드라이버를 다운로드해야 한다.

메이븐

자바로 개발하는 경우 메이븐으로 외부 라이브러리 의존성을 관리하는 경우가 많다. 큐브리드는 이런 개발 환경을 위해 maven.cubrid.org 웹사이트를 운영하고 있다. 프로젝트 내에 있는 pom.xml에 큐브리드 메이븐 저장소(repository)와 의존성(dependency)만 추가하면 메이븐은 큐브리드 JDBC 드라이버를 자동으로 다운로드한다.

다음은 큐브리드 JDBC 드라이버를 사용하기 위해 pom.xml 파일에 추가해야 하는 repository와 dependency 설정이다.

```
<repositories>
...
    <repository>
        <id>CUBRID</id>
        <name>CUBRID-releases</name>
        <url>http://maven.cubrid.org</url>
    </repository>
...
</repositories>
...
<dependencies>
...
    <dependency>
        <groupId>cubrid</groupId>
        <artifactId>cubrid-jdbc</artifactId>
        <version>9.3.0.0206</version>
    </dependency>
...
</dependencies>
...
```

<dependency>의 <version>에는 버전 문자열을 정확하게 입력해야 하는데, 큐브리드 메이븐 저장소 (http://maven.cubrid.org/cubrid/cubrid-jdbc)에서 최근까지 배포한 버전 문자열을 확인할 수 있다. 또한 큐브리드는 큐브리드 버전 번호와 JDBC 드라이버 버전 번호가 정확하게 일치하므로 cubrid_rel 명령으로 확인한 큐브리드 버전 문자열을 그대로 입력해도 된다. 큐브리드는 새로운 버전을 빌드할 때 JDBC 드라이버도 함께 빌드해서 큐브리드의 새로운 버전을 배포할 때 항상 동일한 버전의 JDBC 드라이버를 메이븐 저장소에 등록한다.

다음 그림은 이클립스에서 작성한 pom.xml 파일의 예다. 왼쪽 화면의 Maven Dependencies 항목에서 cubrid-jdbc-9.3.0.0206.jar가 설치됐음을 확인할 수 있다.

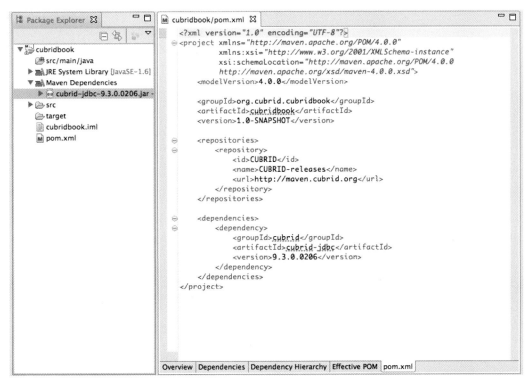

그림 4-1 이클립스에서 작성한 pom.xml 파일

공식 웹사이트에서 다운로드

큐브리드는 다음 주소에서도 JDBC 드라이버를 제공한다.

- **큐브리드 커뮤니티 웹사이트의 다운로드 페이지:** http://www.cubrid.org/downloads
- **큐브리드 FTP 웹사이트의 CUBRID_Drivers/JDBC_Driver 디렉터리:** http://ftp.cubrid.org/CUBRID_Drivers/ JDBC_Driver

FTP 웹사이트에서는 모든 버전의 큐브리드 JDBC 드라이버를 한눈에 볼 수 있으므로 이전 버전 드라이버도 쉽게 찾을 수 있다.

큐브리드 배포본

큐브리드 배포본(윈도우, 리눅스 공통)의 jdbc 디렉터리에 JDBC 드라이버가 있으므로 이를 복사해서 사용해도 된다.

데이터베이스 연결 및 데이터 조회

JDBC 드라이버를 프로젝트에 추가했다면 큐브리드의 demodb 데이터베이스에 연결하는 소스 코드를 작성하겠다. 여기서는 demodb에 연결하고 간단한 질의를 실행해 JDBC 드라이버가 잘 구성됐는지 확인한다. 최근 하이버네이트(Hibernate)[16]나 마이바티스(MyBatis)[17]의 영향으로 JDBC 코드를 직접 작성할 기회가 점점 줄어들고 있으나 어떻게 API를 사용해서 질의를 실행하는지 알면 프레임워크를 사용할 때도 문제의 원인을 파악하는 데 도움이 되므로 응용프로그램이 큐브리드 드라이버를 어떻게 사용하는지 코드를 보면서 파악하기 바란다. JDBC 프로그램 개발 경험이 있다면 기존에 작성했던 코드와 많이 다르지는 않을 것이다.

```java
package org.cubrid.cubridbook;

import java.sql.Connection;
import java.sql.DriverManager;
import java.sql.ResultSet;
import java.sql.SQLException;
import java.sql.Statement;

public class SelectTest {

    public static void main(String[] args) {
        // 클래스 로더에서 JDBC 드라이버를 로드
        try {
            Class.forName("cubrid.jdbc.driver.CUBRIDDriver");
        } catch (ClassNotFoundException e) {
            // 이 예에서는 JDBC 드라이버를 찾을 수 없다면
            // 뒤의 단계로 진행할 필요가 없으므로
            // 언체크 예외(unchecked exception)를 이용해 프로그램을 중지
```

---

16 http://hibernate.org
17 https://mybatis.github.io/mybatis-3

```
            throw new RuntimeException(e);
        }

    Connection conn = null;
    Statement stmt = null;
    ResultSet rs = null;

    try {
        // 데이터베이스 연결
        String jdbcUrl = "jdbc:cubrid:127.0.0.1:33000:demodb:dba::?charset=utf-8";
        conn = DriverManager.getConnection(jdbcUrl);

        // Statement 객체 생성
        stmt = conn.createStatement();

        // 질의를 실행하고 ResultSet 객체를 결과로 받음
        String sql = "SELECT COUNT(*) FROM athlete WHERE gender='M'";
        rs = stmt.executeQuery(sql);

        // 데이터베이스로부터 가져온 결과 레코드가 있는지 확인
        if (rs.next()) {
            // 레코드의 첫 번째 칼럼값
            int total = rs.getInt(1);
            System.out.println("Total records: " + total);
        }

        // 트랜잭션을 종료(자동 커밋이 꺼져 있는 상태에서 필요)
        // conn.commit();
    } catch (SQLException e) {
        // 트랜잭션을 종료(자동 커밋이 꺼져 있는 상태에서 필요)
        // conn.rollback();
        e.printStackTrace();
    } finally {
        try { if (rs!=null) rs.close(); } catch (Exception ignored) {}
        try { if (stmt!=null) stmt.close(); } catch (Exception ignored) {}
        try { if (conn!=null) conn.close(); } catch (Exception ignored) {}
    }
}

}
```

이 코드는 큐브리드를 설치할 때 기본으로 설치되는 demodb 데이터베이스에 있는 athlete 테이블의 레코드 개수를 조회한다. 이제 코드의 주요 부분을 살펴보자.

JDBC 드라이버 로드

```
Class.forName("cubrid.jdbc.driver.CUBRIDDriver");
```

Class.forName()은 자바 클래스 로더(class loader)에서 큐브리드 JDBC 드라이버를 메모리로 읽어오기 위한 메서드다. 큐브리드 JDBC 드라이버의 클래스 경로는 cubrid.jdbc.driver.CUBRIDDriver다. Class.forName()으로 클래스를 읽어오는 도중에 CLASSPATH 환경 변수에서 JDBC 드라이버를 찾지 못하면 ClassNotFoundException이 발생하므로 여기서는 예외 처리를 해뒀다.

데이터베이스 연결

```
String jdbcUrl = "jdbc:cubrid:127.0.0.1:33000:demodb:dba::?charset=utf-8";
conn = DriverManager.getConnection(jdbcUrl);
```

그다음 코드는 JDBC URL에 지정한 데이터베이스에 연결하는 과정이다. DriverManager를 이용해 JDBC URL에 지정된 DBMS 코드인 cubrid를 식별해 큐브리드 드라이버가 데이터베이스에 연결하고 연결 객체를 반환받는다. 연결할 DBMS 종류를 JDBC URL에서 식별했다면 어디로 연결해야 하는지도 JDBC URL을 이용해 알 수 있다. JDBC URL의 기본 구조는 다음과 같다.

```
jdbc:cubrid:호스트 주소:브로커 포트 번호:데이터베이스 이름:사용자 이름:비밀번호:
```

큐브리드의 demodb는 dba 사용자의 비밀번호가 설정돼 있지 않으므로 직접 비밀번호를 변경하지 않았다면 비밀번호를 입력하지 않아도 연결된다. 비밀번호를 지정해야 하는 경우에는 URL에 비밀번호를 입력하는 것보다는 getConnection()의 파라미터로 입력하는 것이 좋다. 즉, 다음과 같은 코드를 작성한다.

```
String jdbcUrl = "jdbc:cubrid:127.0.0.1:33000:demodb:::?charset=utf-8";
conn = DriverManager.getConnection(jdbcUrl, "dba", "");
```

이 코드에서는 jdbcUrl에서 dba를 제거하고 대신 getConnection()의 두 번째와 세 번째 파라미터로 입력했다.

아직 설명하지 않은 파라미터로 charset이 있다. 이 파라미터는 연결하려는 데이터베이스의 문자 집합을 JDBC 드라이버가 인식하게 한다. 이 파라미터값을 잘못 지정하면 멀티바이트 문자가 모두 깨진 문자로 출력되므로 데이터베이스 문자 집합을 정확히 확인해서 지정해야 한다. 대부분의 경우 이 파라미터는 반드시 입력해야 한다.

이 예에서도 보듯, JDBC 표준 API만으로 개발하는 경우에는 큐브리드만의 JDBC URL 파라미터를 제외하면 다른 DBMS에서 작성했던 JDBC 프로그램과 별로 다를 것이 없다.

자동 커밋이 꺼져 있는 경우에는 SELECT 질의도 직접 conn.commit()으로 커밋하거나 conn.rollback()으로 롤백해 트랜잭션을 처리해야 한다. SELECT 질의를 실행할 때 읽고 있는 레코드에 대해 S_LOCK이 발생할 수 있기 때문이다. 격리 수준에 따라 S_LOCK 유지 범위가 다를 수 있는데, 격리 수준이 READ COMMITTED라면 읽는 순간에만 잠금을 유지하고 REPEATABLE READ라면 트랜잭션이 종료될 때까지 잠금을 유지한다. 잠금과 격리 수준에 대한 자세한 설명은 "6. 트랜잭션과 잠금"(153쪽)을 참고한다.

> **참고**
>
> 2008 R4.4 이하 버전에서는 SELECT 질의 후에 conn.commit() 또는 conn.rollback()을 실행하면 결과 집합(ResultSet)이 내부적으로 종료돼 더 이상 사용할 수 없다. 이는 커서가 유지되지 않기 때문인데, 9.0부터는 커서 유지가 기본 동작이므로 커밋이나 롤백 이후에도 결과 집합이 유지된다. 따라서 더 이상 사용하지 않는 결과 집합은 반드시 ResultSet.close()를 호출해 메모리 자원을 반납해야 한다.

SELECT뿐만 아니라 CREATE, DROP과 같은 DDL(data definition language) 구문도 트랜잭션 내에서 실행되며, 자동 커밋이 꺼져 있다면 명시적으로 커밋이나 롤백을 실행해야 한다. 즉, 커밋 또는 롤백을 명시적으로 실행하거나, 자동 커밋이 켜져 있는 상태에서 질의를 실행하는 것이 좋다.

> **참고**
>
> 큐브리드는 기본적으로 자동 커밋 모드에서 수행된다. 자동 커밋을 끄려면 DriverManager.getConnection()으로 연결을 받은 후 conn.setAutoCommit(false)를 실행한다. 필요에 의해 자동 커밋을 끄더라도 마지막에는 자동 커밋을 켜는 것이 안전하며, DBCP와 같은 연결 풀을 사용한다면 연결을 반납하기 전에 반드시 자동 커밋을 켜야 한다.

PreparedStatement 사용

"데이터베이스 연결 및 데이터 조회"(76쪽)의 예에서는 Statement를 이용했는데 이번에는 Prepared Statement를 이용해보자. PreparedStatement는 Statement 인터페이스를 확장한 것이다. 우선 큐브리드의 질의 실행 절차를 살펴본 후, 왜 PreparedStatement가 필요하며 성능상 어떤 장점이 있는지 설명하겠다.

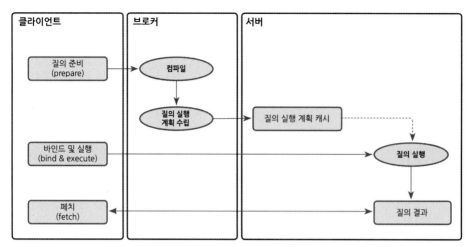

그림 4-2 큐브리드 질의 실행 절차

그림에서 보는 것처럼 큐브리드 질의는 '컴파일 – 실행 계획 수립 – 질의 실행' 단계로 이뤄진다. 즉 질의가 브로커의 CAS 프로세스에 전달되면 브로커는 질의를 해석해(컴파일) 해석한 질의 파스 트리(parse tree)를 기준으로 질의 실행 계획을 세우고(질의 실행 계획 수립), 서버는 질의를 실행해 질의 결과를 만든다(질의 실행).

여기서 주목해야 할 부분이 바로 컴파일과 실행 계획 수립 과정인데, 큐브리드는 질의 실행 계획 캐시를 제공하므로 같은 질의에 대해 매번 실행 계획을 수립하지 않아도 된다. 이를 위해서는 질의와 파라미터를 구분하도록 소스 코드를 작성해야 하는데, JDBC의 Statement 대신 PreparedStatement 클래스를 이용하면 가능하다.

Statement를 이용한 소스 코드를 PreparedStatement를 이용해 다시 작성하면 다음과 같다.

```
public class PreparedStatementTest {

    public static void main(String[] args) {

...

        Connection conn = null;
```

```
        PreparedStatement stmt = null;
        ResultSet rs = null;
        try {
...

            String sql = "SELECT COUNT(*) FROM athlete WHERE gender=?";
            stmt = conn.prepareStatement(sql);
            stmt.setString(1, "M");

            // 질의를 실행하고 ResultSet 객체를 결과로 받음
            rs = stmt.executeQuery();
...
        }
    }


}
```

이 소스 코드에서 굵은 글씨로 표시한 부분을 살펴보자.

```
String sql = "SELECT COUNT(*) FROM athlete WHERE gender=?";
```

JDBC에서 질의 내에 있는 물음표(?)는 바인딩 변수(binding variable, 큐브리드에서는 간혹 오류 메시지에 host variable이라는 용어를 볼 수 있는데 둘 다 같은 의미다)를 의미한다. Statement를 이용해 작성한 코드는 다음과 같았다.

```
String sql = "SELECT COUNT(*) FROM athlete WHERE gender='M'";
```

즉, PreparedStatement를 사용한 코드에서는 'M' 파라미터가 물음표로 바뀌었기 때문에 큐브리드가 질의를 해석하는 시점에는 그 이후 'M'이 대입되든 'F'가 대입되든 동일한 질의로 판단하고 최초 질의 분석 이후부터는 중복된 질의 분석을 하는 대신 질의 실행 계획 캐시에 저장된 실행 계획을 활용한다.

바인딩 변수에 대입할 값은 setString()과 같은 메서드를 이용해 다음과 같이 입력할 수 있다.

```
stmt = conn.prepareStatement(sql);
stmt.setString(1, "M");
```

Statement를 이용해 작성한 코드에서는 executeQuery()에 질의를 파라미터로 사용했지만 Prepared Statement를 사용한 모드에서는 다음과 같이 파라미터 없이 실행하고 그 결과를 받는다.

```
rs = stmt.executeQuery();
```

이와 같이 실제로는 동일하지만 파라미터가 매번 달라지는 유형의 질의는 PreparedStatement에 맞게 다시 작성하면 컴파일 및 실행 계획 수립 단계가 줄어 성능을 향상시킬 수 있기 때문에 PreparedStatement 사용을 권장한다.

성능 관점 외에 PreparedStatement 사용을 권장하는 또 다른 이유는 데이터베이스 보안 측면에서도 도움이 되기 때문이다. PreparedStatement 사용은 SQL 주입(injection) 공격을 방어하는 가장 기본적이고 쉬운 대응 방법이다. 대부분 질의에 유입되는 조건값은 사용자가 입력하거나 특정 경로로 유입되는 것을 조합해서 만들어진다. 이 경우 악의적인 사용자가 특정 테이블에 있는 개인 정보를 빼내거나, 실행할 질의를 DELETE 또는 DROP TABLE로 변형하는 공격을 할 수 있으므로 유입되는 모든 값을 이스케이핑(escaping)해야 한다. 그런데 PreparedStatement를 사용하면 유입되는 조건값을 이스케이핑 없이 그대로 사용해도 질의문의 의도치 않은 악의적인 변경을 미연에 방지할 수 있다.

INSERT/UPDATE/DELETE

지금까지 사용한 SELECT 질의는 executeQuery()를 실행해 ResultSet를 받았다. 이와 달리, INSERT/UPDATE/DELETE는 executeUpdate()를 이용하고 결과로는 변경된 레코드 개수를 반환한다.

```java
public class UpdateTest {

    public static void main(String[] args) {

...

        Connection conn = null;
        Statement stmt = null;

        try {
            // 데이터베이스 연결
            String jdbcUrl = "jdbc:cubrid:127.0.0.1:33000:demodb:dba::?charset=utf-8";
```

```
            conn = DriverManager.getConnection(jdbcUrl);
            conn.setAutoCommit(false);

            // Statement 객체 생성
            stmt = conn.createStatement();

            String sql = "UPDATE athlete SET event='Volleyball' "
                + "WHERE event='Handball'";
            int updatedCounts = stmt.executeUpdate(sql);

            // 변경된 레코드 개수 출력
            System.out.println("Updated record counts: " + updatedCounts);

            // 트랜잭션을 종료
            conn.commit();
        } catch (SQLException e) {
            try { conn.rollback(); } catch (Exception ignored) { }
            e.printStackTrace();
        } finally {
            try { stmt.close(); } catch (Exception ignored) {}
            try { conn.close(); } catch (Exception ignored) {}
        }
    }
}
```

이 코드는 athlete 테이블에 있는 event 칼럼값이 Handball인 것을 모두 Volleyball로 변경한다. 연속된 변경을 하나의 트랜잭션으로 처리하려면 자동 커밋을 끄고 질의를 실행할 것이다. 이처럼 자동 커밋 모드가 아닌 경우 커밋과 롤백을 신경 써서 코드를 작성하지 않으면 한 트랜잭션이 다른 트랜잭션의 종료를 대기해야만 하는 잠금 대기(lock waiting)가 발생할 수 있으므로 주의해야 한다. 이에 대한 자세한 내용은 6장의 "느린 질의 탐지"(171쪽)를 참고한다. 여기서는 setAutoCommit(false)로 수동 커밋을 유도했는데, 특별한 이유가 없다면 자동 커밋을 사용하는 것이 코딩 실수나 로직 오류로 발생할 교착 상태도 미연에 방지할 수 있다. 만약 자동 커밋을 껐다면 마지막에 setAutoCommit(true)로 다시 자동 커밋을 켜두는 것이 안전하다. 물론 위의 경우에는 conn.close()로 연결을 종료하므로 자동 커밋을 끈 상태로 둬도 문제가 없겠지만, DBCP와 같은 연결 풀을 사용한다면 conn.close()가 연결을 종료하는 대신 연결 풀에 연결을 되돌려주므로 자동 커밋이 꺼진 상태에서 반환될 가능성이 있다.

여기서는 executeUpdate()로 UPDATE를 실행했는데, INSERT와 DELETE도 이 구문을 사용한다. 또한 CREATE, DROP 같은 DDL 구문의 경우에도 executeUpdate()를 사용해서 실행한다.

INSERT와 REPLACE

JDBC 프로그램 작성 중 프로그램 로직으로 처리하기 번거로운 부분 중 하나는 바로 테이블에 레코드를 입력하기 전에 동일한 기본 키(primary key)를 가진 레코드가 있는지 확인하는 것이다. 만약 동일 레코드를 입력하면 SQLException이 발생한다.

일반적으로, 먼저 SELECT 구문으로 기본 키나 고유 키(unique key)와 같은 제약 조건이 설정된 칼럼에 중복된 값이 있는지 확인한 후 값이 없다면 INSERT 구문을 실행하고 값이 있다면 UPDATE 구문을 실행하도록 코드를 작성한다. 또 다른 방법은 INSERT 구문 실행 후 유일성 제약 조건 오류가 발생하면 다시 UPDATE 구문을 실행하는 것이다. 반대로 UPDATE 실행 후 INSERT를 실행하는 방법도 있다. 그러나 결국 이들 방법 모두 번거로운 작업이면서 코드 또한 복잡해진다.

큐브리드는 이를 도와주는 두 가지 방법을 제공한다.

첫 번째는 INSERT 구문에 ON DUPLICATE KEY UPDATE 절을 사용하는 것이다. 입력할 데이터가 데이터베이스에 있는 데이터의 유일성 제약 조건을 위반하는 경우, 즉 기본 키나 고유 키 제약 조건 칼럼에 동일한 값을 가진 레코드가 있을 경우 INSERT를 실행하는 대신 ON DUPLICATE KEY UPDATE 절에 지정된 칼럼값만 갱신하고, 그렇지 않다면 INSERT 구문을 수행한다.

```
public class InsertUpdateTest {

    public static void main(String[] args) {
...
        try {
...
            // 질의를 실행하고 ResultSet 객체를 결과로 받음
            String sql = "INSERT INTO record (host_year, event_code, athlete_code, medal, "
                    + "score, unit) "
                    + "VALUES (2000, 20243, 14214, 'S', '681.0', 'Score') "
                    + "ON DUPLICATE KEY UPDATE medal='S', score='681.0'";
```

```
            int counts = stmt.executeUpdate(sql);


            // 입력되거나 변경된 레코드 개수 출력
            System.out.println("Inserted or updated record counts: " + counts);
…
        }
    }


}
```

위의 코드에서 굵은 글씨로 표시한 부분을 살펴보자.

```
String sql = "INSERT INTO record (host_year, event_code, athlete_code, medal, "
        + "score, unit) "
        + "VALUES (2000, 20243, 14214, 'S', '681.0', 'Score') "
        + "ON DUPLICATE KEY UPDATE medal='S', score='681.0'";
```

이 예에서 record 테이블에는 host_year, event_code, athlete_code 칼럼을 가진 기본 키가 있다. 만약 record 테이블의 host_year, event_code, athlete_code에 해당하는 값 중 이미 입력된 값이 있다면 입력이 실패하면서 오류가 발생한다. 그런데 중복된 레코드가 있는 경우에 기본 키 외의 지정된 값만 변경하고 싶다면, 즉 메달 종류와 점수만 변경하려면 ON DUPLICATE KEY UPDATE에 medal, score의 입력값을 명시한다. 그러면 INSERT가 실패하는 경우 여기에 지정된 값으로 UPDATE를 실행한다.

큐브리드가 제공하는 두 번째 방법은 REPLACE 구문을 사용하는 것이다. INSERT 구문에서 INSERT 대신 REPLACE를 사용하면 되며 질의가 더 단순해진다.[18]

```
String sql = "REPLACE INTO record (host_year, event_code, athlete_code, medal, "
        + "score, unit) "
        + "VALUES (2000, 20243, 14214, 'S', '681.0', 'Score')";
```

그런데 INSERT … ON DUPLICATE KEY UPDATE와 REPLACE 구문은 큰 차이점이 있다. 따라서 사용할 때 다음과 같은 사항에 주의해야 한다.

---

18 REPLACE 구문은 REPLACE INTO {테이블} SET {칼럼}='{값}' 형태도 사용할 수 있다.

첫째, INSERT … ON DUPLICATE KEY UPDATE 문은 INSERT를 시도하고 고유 키(또는 기본 키) 제약 조건 위반 시 UPDATE를 실행하는 데 비해 REPLACE 구문은 DELETE 후에 INSERT를 실행하는 방식이므로 기존 데이터를 삭제하고 입력할 공간을 찾은 후 새로운 레코드를 입력하는 비용이 추가로 발생한다. 고정 길이 칼럼을 주기적으로 변경하는 경우가 많다면 REPLACE를 사용하기보다는 INSERT … ON DUPLICATE KEY UPDATE 구문을 잘 활용하는 것이 좋다. INSERT … ON DUPLICATE KEY UPDATE 구문이 동작하는 방식을 인플레이스 갱신(in-place update)이라고 하는데, 고정 길이 칼럼 (CHAR, INTEGER, FLOAT 등) 값을 변경해야 하는 경우 변경 전의 값이 위치한 곳에 변경할 값을 덮어 쓰기 때문에 데이터를 추가하기 위한 공간을 확보하는 데 소요되는 자원을 절약할 수 있다.

둘째, 기본 키와 고유 키가 동시에 적용된 테이블에 대해 INSERT … ON DUPLICATE KEY UPDATE 문과 REPLACE 문을 수행하는 경우 동작의 차이로 인해 결과가 다를 수 있음을 주의해야 한다.

다음의 테이블과 데이터를 예로 들어 INSERT … ON DUPLICATE KEY UPDATE와 REPLACE 구문의 동작 차이를 살펴보자.

```
CREATE TABLE tbl(a INT PRIMARY KEY, b INT UNIQUE, c INT);
INSERT INTO tbl VALUES (1,1,1), (2,2,2);
```

먼저 INSERT … ON DUPLICATE KEY UPDATE 문을 살펴보자.

```
INSERT INTO tbl VALUES (1,2,3) ON DUPLICATE KEY UPDATE c=c+1;
```

이 구문은 primary key a=1 조건도 만족하고, unique key b=2 조건도 만족하므로 둘 중 어느 하나의 조건을 만족하는 레코드를 찾아 UPDATE를 수행한다. 조건을 만족하는 레코드가 두 건이라는 것도 문제지만 둘 중 어느 조건을 만족하는 레코드만 갱신할지 알 수 없다는 것 또한 문제다. 결국, 큐브리드는 둘 중 어느 하나만 갱신하고 다른 하나는 갱신하지 않는다.

다음으로 REPLACE 문을 살펴보자.

```
REPLACE INTO tbl VALUES (1,2,3);
```

이 구문은 a=1 조건과 b=2 조건을 가진 레코드를 모두 삭제하고 레코드 (1, 2, 3)을 입력해 결국 한 건만 남고 의도와 다르게 데이터가 삭제될 수 있다.

이와 같은 경우를 방지하려면 기본 키와 고유 키를 동시에 같은 테이블에 생성하지 않거나, 2개의 키가 공존하는 테이블에 INSERT … ON DUPLICATE KEY UPDATE 문 또는 REPLACE 문을 사용하지 않거나, 응용프로그램의 로직에서 이를 허용할 경우에만 사용하게 한다.

일괄 입력

많은 데이터를 한꺼번에 입력하려면 loaddb 유틸리티를 이용할 수 있다. 온라인에서는 사용할 수 없다는 제약 사항이 있기는 하지만 큐브리드에서는 가장 빠르게 데이터를 입력하는 방식이다.

또 다른 방법은 INSERT INTO code (s_name, f_name) VALUES ('W', 'Woman'), ('M', 'Man')과 같이 여러 개의 레코드를 한 번에 입력하도록 질의를 작성하고 실행하는 것이다. 하지만 이런 질의를 작성하려면 입력할 데이터를 반복해서 문자열로 만들어야 하고, 서버 측(정확히는 브로커 CAS)에서는 상당히 큰 크기의 INSERT 구문을 해석해야 한다는 부담이 있다.

JDBC 프로그램을 작성하는 경우 JDBC의 배치 API를 사용할 수 있는데, Prepared Statement와 함께 사용한다면 개별 실행보다 입력 성능을 크게 높일 수 있다.

다음은 code 테이블에 다량의 데이터를 입력하기 위해 배치 방식을 이용하는 예다. prepareStatement()를 실행한 후 addBatch()를 사용해 데이터를 레코드 단위로 입력하고, 마지막에 executeBatch()를 실행한다. 단, 자동 커밋이 켜져 있으면 executeBatch()를 실행하는 시점에서 addBatch()로 입력된 각 데이터가 데이터베이스에 입력될 때마다 커밋이 수행된다.

또한 executeBatch()가 실행될 때까지는 입력된 데이터가 클라이언트 메모리에 유지되기 때문에 적당한 시점에서 executeBatch()를 실행해야 한다. 그렇지 않으면 입력해야 할 데이터가 많은 경우 메모리 부족 오류가 발생할 수 있다.

```java
public class BatchInsertTest {

    public static List<Map<String, String>> loadCodeList() {
        List<Map<String, String>> codeList = new ArrayList<Map<String, String>>();

        // Map<String, String> codeMap = new HashMap<String, String>();
        // codeMap.put("code", "M");
        // codeMap.put("title", "Male");
```

```
            // CSV 파일의 내용을 읽어서 code, title로 담아 ArrayList로 반환

        return codeList;
    }


    public static void main(String[] args) {
...

        List<Map<String, String>> codeList = loadCodeList();


        Connection conn = null;
        PreparedStatement stmt = null;


        try {
            // 데이터베이스 연결
            String jdbcUrl = "jdbc:cubrid:127.0.0.1:33000:demodb:dba::?charset=utf-8";
            conn = DriverManager.getConnection(jdbcUrl);
            conn.setAutoCommit(false);


            String sql = "INSERT INTO code (s_name, f_name) VALUES (?, ?)";
            stmt = conn.prepareStatement(sql);


            for (Map<String, String> code : codeList) {
                stmt.setString(1, code.get("code"));
                stmt.setString(2, code.get("title"));
                stmt.addBatch();
            }


            stmt.executeBatch();


            // 트랜잭션 종료
            conn.commit();
...

        }
    }
}
```

브로커 페일오버 설정

큐브리드는 서버-브로커-클라이언트의 3계층 구성으로, 클라이언트가 서버에 직접 연결하는 대신 브로커를 경유해 질의를 실행한다. 이러한 특성으로 브로커는 다수의 물리적 장비에 분산 구성할 수 있으며, 특정 장비에 서비스가 불가능한 문제가 발생했을 때 JDBC 드라이버에서 세컨더리(secondary) 브로커 장비로 연결을 전환하는 기능을 제공한다.

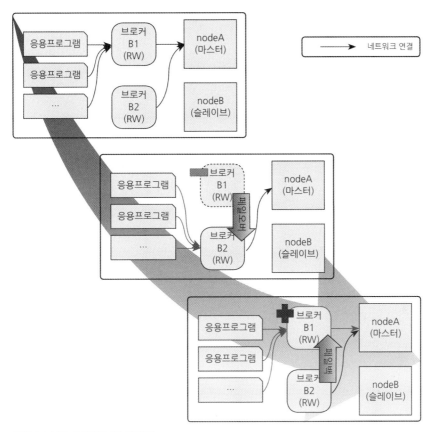

그림 4-3 브로커 페일오버와 페일백

그림 4-3을 보면 응용프로그램은 현재 브로커 B1에 연결하고 있다가 브로커 B1에 연결하지 못하게 되는 경우 브로커 B2로 페일오버(failover)[19]되고 여전히 응용프로그램은 마스터 데이터베이스로 연결할 수 있다. 그 후 브로커 B1을 복구해 연결 가능한 상태가 되면 페일백(failback)[20]으로 브로커 B1에 연결된다.

---

19 컴퓨터 서버, 시스템, 네트워크 등에서 이상이 생겼을 때 예비 시스템으로 자동 전환하는 것.
20 페일오버에 따라 전환된 컴퓨터 서버, 시스템, 네트워크 등을 장애가 발생하기 전의 상태로 되돌리는 것.

큐브리드 JDBC URL을 설정할 때 jdbc:cubrid:localhost:33000:demodb:dba::?charset=utf-8과 같이 설정했다. localhost와 33000은 각각 브로커 주소와 포트를 의미한다는 것도 이미 설명했다. 그러면 이렇게 지정한 브로커에 연결이 실패했을 때 큐브리드에서는 어떻게 다른 브로커에 연결하도록 설정할 수 있을까?

우선 이해하기 쉽게 jdbc:cubrid:localhost:33000과 같이 JDBC URL의 필수 옵션으로 지정한 것을 프라이머리(primary) 브로커라 하고, 연결에 실패했을 때 연결할 다른 브로커를 세컨더리(secondary) 브로커라 하자. 이제 세컨더리 브로커를 어떻게 지정하는지 설명하겠다.

큐브리드 JDBC는 세컨더리 브로커를 지정하는 altHosts 옵션을 제공한다. 세컨더리 브로커는 여러 개 지정할 수 있으며, 프라이머리 브로커에 연결 실패하면 altHosts 옵션으로 지정한 브로커 연결 정보 중 첫 번째 연결 정보를 이용해 연결을 시도한다. 세컨더리 브로커에 해당하는 altHosts 옵션에 나열한 브로커 중에서 첫 번째 브로커 연결도 실패하면 두 번째 브로커에 연결을 시도하고 또 실패하면 그다음 브로커에 연결을 시도하다가, 더 이상 옵션에 지정된 브로커가 없으면 다시 프라이머리 브로커부터 한 번씩 더 연결을 시도한다. 이런 방식으로 최대 두 번 연결을 시도해도 연결 가능한 브로커가 없다면 응용프로그램에 연결이 실패했음을 알리고 연결 시도를 중단한다.

다음 예에서 보는 것처럼 altHosts 옵션은 쉼표(,)로 브로커를 구분하고 콜론(:)으로 브로커 주소와 포트를 구분해 입력한다.

```
jdbc:cubrid:localhost:33000:demodb:dba:?altHosts=192.168.0.1:33000,192.168.0.2:32000
```

altHosts 외에도 브로커 페일오버 및 페일백 관련 옵션이 몇 가지 있다.

브로커에서 페일오버는 프라이머리 브로커 연결에 실패하면 세컨더리 브로커(altHosts에 명시한 브로커)에 연결하는 것을 말한다. 페일백은 프라이머리 브로커의 이상 상태가 해결됐다면 다시 프라이머리 브로커로 연결하는 것을 말하며, 현재 연결의 실행 중인 모든 트랜잭션을 완료한 후 프라이머리 브로커로 연결을 시도한다. 이때 프라이머리 브로커로의 페일백까지 임계 시간을 rcTime 옵션으로 지정할 수 있다. 세컨더리 브로커에 연결하고 rcTime 옵션에 초 단위로 지정한 만큼의 시간이 경과한 후 트랜잭션이 종료되면 프라이머리 브로커와 연결이 가능한 경우 세컨더리 브로커 연결은 해제하고 다시 프라이머리 브로커와 연결한다. 기본값은 600(단위: 초)이다.

페일오버를 위해 장애가 발생한 브로커와 연결하도록 영원히 기다릴 수는 없을 것이다. 그래서 큐브리드는 connectTimeout 옵션에 지정한 시간만큼 기다렸다가 연결이 안 되면 다른 브로커로 연결을 전환한다. 물론, **Network is unreachable.**(네트워크에 도달할 수 없음)과 같은 오류가 발생하는 상황에는 connectTimeout 옵션으로 지정한 임계 시간이 경과하기 전에 연결 실패로 인해 자연적으로 다른 브로커로 연결을 전환한다. connectTimeout 옵션의 값은 rcTime 파라미터처럼 초 단위로 설정하는데 기본값은 30(단위: 초)이다. 즉, 연결을 시도한 지 30초가 지나도 연결에 성공하지 못하면 JDBC 드라이버에서 현재 연결을 강제로 종료하고 다른 브로커로 연결하도록 유도한다.

마지막으로 loadBalance 옵션이 있다. 이 옵션을 true로 설정하면 프라이머리 브로커에 우선 연결하는 것이 아니라 프라이머리 브로커와 세컨더리 브로커 중 무작위로 1개를 선택해 연결을 시도한다. 이름에서 알 수 있듯이 여러 브로커에 부하를 분산하기 위해 사용하는 옵션이며 기본값은 false다.

LOB(CLOB, BLOB) 자료형 사용하기

CLOB 자료형과 BLOB 자료형은 대용량의 바이너리 또는 텍스트를 저장하기 위한 것으로, 큐브리드에서는 데이터베이스 파일에 저장되지 않고 별도 위치에 개별 파일로 저장된다. 따라서 LOB 자료형을 사용하는 칼럼에는 서버의 파일 시스템에서 단일 파일에 저장할 수 있는 최대 크기까지만 저장할 수 있다. 그러나 이 값은 큐브리드에서 데이터베이스로 데이터를 저장할 때의 최대 크기이고, 데이터를 가져올 때는 최대 1GB까지만 가능하다.

또한 HA(high availability) 복제 기능을 사용하고자 하는 경우 LOB 자료형은 복제되지 않으므로 HA 복제 기능을 사용하는 환경에서는 LOB 자료형을 사용하지 않거나 LOB 파일을 각 복제 데이터베이스마다 동일한 경로에서 접근할 수 있게 운영 환경을 구성해야 한다.

LOB 자료형 특성상 데이터의 크기가 클 수 있으므로 LOB 자료형을 읽고 쓰는 API는 부분 데이터 접근 기능을 지원한다.

이미지 파일을 읽어서 데이터베이스에 저장하는 간단한 코드를 작성하면서 큐브리드 JDBC에서 BLOB 자료형을 어떻게 사용하는지 알아보자.

우선, BLOB 자료형을 사용해 이미지를 저장할 테이블을 만든다.

```
CREATE TABLE book_image(
    id INTEGER AUTO_INCREMENT(1,1) PRIMARY KEY NOT NULL,
    img BLOB
);
```

특정 위치에 있는 이미지를 읽어와서 book_image 테이블에 입력한다.

```
public class WriteLobTest {

    public static void main(String[] args) {
...
        Connection conn = null;
        PreparedStatement stmt = null;

        try {
...
            String sql = "INSERT INTO book_image (img) VALUES (?)";
            stmt = conn.prepareStatement(sql);

            // 이미지 파일을 byte 배열에 담는다.
            File file = new File("src/main/resources/cubrid.png");
            byte[] buffer = new byte[(int) file.length()];
            FileInputStream fis = new FileInputStream(file);
            fis.read(buffer);
            // 버퍼 내용을 BLOB 칼럼에 입력한다.
            Blob blob = conn.createBlob();
            blob.setBytes(1, buffer);
            stmt.setBlob(1, blob);
            stmt.executeUpdate();
...
        }
    }
}
```

BLOB 자료형 칼럼에 바이트 배열을 입력하는 부분은 바로 다음의 코드다.

```
Blob blob = conn.createBlob();
blob.setBytes(1, buffer);
stmt.setBlob(1, blob);
```

여기서는 Blob.setBytes()를 사용했지만 자바의 표준 스트림 입력인 OutputStream을 이용해 입력할 수도 있다. 바로 Blob.setBinaryStream(pos)를 사용하는 것이다. 즉, 다음처럼 고쳐 쓸 수 있다.

```
Blob blob = conn.createBlob();
OutputStream os = blob.setBinaryStream(1);
```

pos는 시작 위치값인데 1부터 시작[21]한다는 것을 유의하기 바란다.

이제는 입력한 데이터를 조회하는 프로그램 코드를 작성해보자.

```
public class ReadLobTest {

    public static void main(String[] args) {
...
        try {
...
            String sql = "SELECT id, img FROM book_image LIMIT 1";
            stmt = conn.createStatement();
            rs = stmt.executeQuery(sql);
            if (rs.next()) {
                int id = rs.getInt("id");
                System.out.println("Id: " + id);

                Blob blob = rs.getBlob("img");
                byte[] buffer = blob.getBytes(1, (int) blob.length());
                System.out.println("Image length: " + buffer.length);
            }
```

---

21 pos에 0을 입력하면 **The argument is invalid.**(파라미터값 오류) 예외가 발생한다.

```
    ...
        }
    }
}
```

실행한 결과는 다음과 같다.

```
Id: 1
Image length: 216007
```

BLOB 자료형 img 칼럼에 저장된 이미지 이진 데이터를 읽어오는 주요 코드는 다음과 같다. ResultSet.
getBlob()으로 Blob 객체를 얻어서 Blob.getBytes(pos, length)를 이용하면 원하는 위치부터 필요한 크기
만큼 가져올 수 있다. 여기서도 주의할 것은 pos가 1부터 시작한다는 것이다.

```
Blob blob = rs.getBlob("img");
byte[] buffer = blob.getBytes(1, (int) blob.length());
```

물론, InputStream도 지원하므로 Blob.getBinaryStream() 또는 Blob.getBinaryStream(pos, length)를
사용해 InputStream을 받아 데이터를 조회해도 된다.

컬렉션 자료형 사용하기

큐브리드는 하나의 칼럼에 여러 개의 값을 넣을 수 있게 자바 언어의 List, Set과 같은 컬렉션 자료형을 지
원한다. 지원하는 컬렉션 자료형에는 SET, SEQUENCE, MULTISET이 있다.

JDBC API 규약에는 없지만 큐브리드에서만 제공하는 특수한 자료형을 사용하기 위해 큐브리드 JDBC 드
라이버는 JDBC API에서 제공하는 몇몇 인터페이스에 대응하는 구현체를 형변환해 사용할 수 있다.

컬렉션 자료형을 사용하는 예를 살펴보기 전에, 큐브리드의 demodb에는 컬렉션 자료형이 없으므로 예에
서 사용할 테이블과 데이터를 준비하기 위해 다음 SQL 문을 실행한다.

```
CREATE TABLE book_list(
    id integer AUTO_INCREMENT(1,1) NOT NULL,
    categories SET(VARCHAR(10)) NOT NULL,
    CONSTRAINT pk PRIMARY KEY(id)
);


INSERT INTO book_list (id, categories) VALUES (1, {'fiction', 'novel'});
```

INSERT 문에서 입력하는 {'fiction', 'novel'}처럼 SET 자료형은 중복되지 않는 여러 값을 하나의 칼럼에 입력할 수 있다. SET 자료형은 getObject()를 사용해야 값을 정상적으로 읽어올 수 있다.

```
import cubrid.jdbc.driver.CUBRIDResultSet;

public class CollectionTest {

    public static void main(String[] args) {
...
        try {
...
            String sql = "SELECT id, categories FROM book_list LIMIT 1";
            stmt = conn.createStatement();
            rs = stmt.executeQuery(sql);
            while (rs.next()) {
                int id = rs.getInt(1);
                System.out.println("Id: " + id);
                String[] categories = (String[]) rs.getObject(2);
                for (String category : categories) {
                    System.out.println("Category: " + category);
                }
            }
...
        }
    }
}
```

코드를 실행한 결과는 다음과 같다.

```
ID: 1
Category: fiction
Category: novel
```

결과에서 보듯 categories 칼럼에 입력된 fiction, novel 두 값은 getCollection()을 이용해 배열로 가져올 수 있다.

BIT 자료형 사용하기

큐브리드 BIT 자료형은 비트값을 데이터베이스에 저장하기 위해 제공하는 자료형이다. 그런데 비트값이 채워지는 방식이 8비트 단위로 왼쪽 최상위 비트(MSB, most significant bit)부터 채워진다는 것에 유의해야 한다. 즉, BIT(8)로 선언된 칼럼의 경우 SQL 작성 시 비트열 B'1'을 입력하면 데이터베이스에 2진수 10000000이 저장되고, 입력 후 csql로 조회하면 16진수 X'80'이 출력된다. 따라서 숫자 1에 해당하는 값을 저장하려면 B'00000001'[22]과 같이 입력해야 한다.

JDBC에서 BIT 자료형을 사용해보기 위해 다음과 같이 테이블을 작성한다.

```
CREATE TABLE bit_test (a BIT(8));
```

다음 코드는 bit_test 테이블에 비트 1을 입력하는 코드다.

```
public class BitTest {

    public static void main(String[] args) {
...
        try {
...
            String sql = "INSERT INTO bit_test (a) VALUES (?)";
            stmt = conn.prepareStatement(sql);
```

---

22 큐브리드 SQL에서 2진수를 입력하려면 2진수 앞에 리터럴 B를 붙여 B'00000001'과 같이 입력한다. 16진수는 리터럴 X를 붙여 X'80'과 같이 입력할 수 있다.

```
                byte b[] = new byte[1];
                b[0] = (byte) 1; // 비트 1

                stmt.setBytes(1, b);
                stmt.executeUpdate();
...
        }
    }
}
```

이 코드에서는 PreparedStatement를 사용했는데, csql이나 Statement를 사용하려면 B'1'을 입력하면 안
되고 반드시 B'00000001'를 입력해야 원하는 숫자 1을 입력할 수 있다.

큐브리드는 BIT 자료형을 사용할 때 BIT(8)과 같이 8비트 단위로 사용하는 것을 권장한다. JDBC에서
PreparedStatement를 이용하면 바이트 단위로 데이터를 취급하기 때문에 1과 0만 필요하다고 하더라도
BIT(8)을 이용해야 한다. BIT(8)보다 작은 크기의 BIT 자료형을 사용하면 입력 후 데이터를 조회할 때 원
하지 않는 값이 출력되기 때문이다. 즉, BIT(1)은 어떤 값을 입력하더라도 0x8과 0x0만 출력된다.

큐브리드와 DBCP

대부분 JDBC 응용프로그램을 개발할 때, 질의를 실행할 때마다 서버와 새로운 연결을 맺는 대신 연결 풀
(connection pool)을 만들어두고 필요할 때 연결하거나 이미 연결된 연결 객체를 재사용해 응용프로그램
의 성능을 높이는 방법을 이용한다.

큐브리드 JDBC 응용프로그램을 작성할 때도 대부분 연결 풀을 설정해 응용프로그램을 개발한다. 그런데
큐브리드는 3계층으로 구성돼 있고 그 가운데에는 브로커(CAS)가 있다. 브로커는 데이터베이스 서버와 연
결을 맺은 CAS를 cubrid_broker.conf 파일에 지정된 개수만큼 유지하면서, 응용프로그램에서 요청할 때
마다 CAS를 할당해주고 다시 반납받는 구조로 돼 있다. 즉, 자체 연결 풀을 관리한다고 볼 수 있는데 이 차
이점으로 인해 DBCP[23] 등의 연결 풀 설정이 다른 DBMS와 다소 다르다. 큐브리드에서는 브로커가 데이터
베이스와의 연결 상태를 계속 관리하기 때문에 DBCP의 연결 검증을 별도로 실행하지 않아도 된다.

---

23 http://commons.apache.org/proper/commons-dbcp

일반적으로 연결 풀에 있는 연결을 검증하기 위해 가벼운 질의를 주기적으로 실행하는 방식을 사용하는데, DBCP는 validationQuery 설정에 SELECT 1과 같이 지정한다. 그에 비해 큐브리드는 드라이버와 브로커가 상호 연동하며 자동으로 연결을 유지하기 때문에 validationQuery 설정이 의미가 없을 뿐만 아니라 validationQuery를 설정하는 경우 무의미한 연결 검증 때문에 브로커에 자꾸 연결을 요청하느라 정작 응용프로그램에 필요한 연결이 늦어질 수 있다. 그래서 validationQuery의 수행과 관련된 다음의 DBCP 옵션은 모두 비활성화하는 것이 큐브리드 응용프로그램의 성능을 향상하는 데 도움이 된다.

```
testOnBorrow=false
testOnReturn=false
testWhileIdle=false
```

DBCP가 아닌 JDBC 연결 객체를 관리하는 다른 라이브러리를 사용하는 경우에도 연결을 검증하는 부분은 비활성화하는 것이 좋다.

연결 풀을 설정할 때는 동시 연결 가능한 CAS 프로세스 개수의 제약을 고려해야 한다. 데이터베이스에 동시에 연결할 수 있는 응용프로그램의 최대 개수는 DBCP의 maximumActiveConnections 값으로 설정한다. 응용프로그램은 CAS 프로세스를 통해 데이터베이스에 연결하는데, 동시에 구동될 수 있는 CAS 프로세스의 최대 개수는 cubrid_broker.conf 파일의 MAX_NUM_APPL_SERVER 파라미터로 설정한다. 따라서 DBCP의 maximumActiveConnections 설정값이 MAX_NUM_APPL_SERVER 파라미터값을 초과하지 않는 것이 좋다.

예를 들어 브로커 서버의 MAX_NUM_APPL_SERVER 파라미터값을 300으로 설정했고 이 값이 브로커 서버의 자원 한계를 넘지 않도록 계산한 최댓값이라면, 모든 DBCP의 maximumActiveConnections 설정값의 합은 최대 300을 넘지 않는 것이 좋다. 즉, DBCP를 사용하는 웹 서버가 3대라면 각 서버 DBCP의 maximumActiveConnections 설정값이 100을 넘지 않는 것이 좋다.

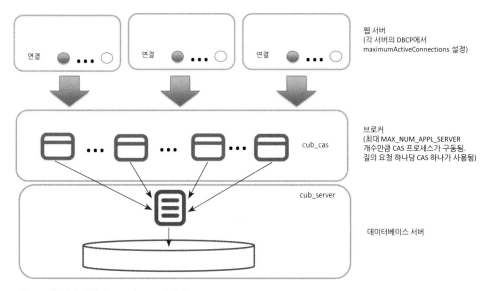

그림 4-4 웹 서버 연결과 브로커 CAS의 관계

브로커 서버 자원이 넉넉해서 MAX_NUM_APPL_SERVER 파라미터값을 높게 설정한다면 cubrid.conf 파일의 max_clients 파라미터를 고려해야 한다. max_clients 파라미터는 해당 서버가 동시 연결을 허용하는 브로커 CAS의 최대 개수를 설정한다. 만약 max_clients 파라미터값이 모든 브로커의 MAX_NUM_APPL_SERVER 파라미터값 총합보다 작다면 아무리 MAX_NUM_APPL_SERVER 파라미터값을 높게 설정하더라도 max_clients 파라미터값 이상의 동시 연결을 얻을 수 없다. 이와 같이 사용자 응용프로그램의 DBCP 설정은 cubrid_broker.conf 파일 설정뿐만 아니라 cubrid.conf 파일 설정도 함께 고려해야 한다.

PHP로 연동하기

PHP는 개인 홈페이지 제작용으로 시작해 현재는 대형 서비스에서도 사용되는 인기 있는 프로그래밍 언어다. 기본으로 제공하는 기능도 풍부하지만 확장 모듈을 추가해 다양한 외부 확장 기능을 바로 사용할 수 있다는 것도 장점 중 하나다. 데이터베이스 연결도 확장 모듈로 추가할 수 있는데, 다른 DBMS와 마찬가지로 큐브리드에도 PHP 확장 모듈을 추가해 윈도우, 리눅스 시스템 모두 큐브리드에 연결하고 질의를 실행할 수 있다.

여기서는 PC에 PHP 웹 개발 환경을 구성하기 위해 윈도우와 리눅스 환경에서 아파치(Apache), PHP, 큐브리드를 설치하고 큐브리드 데이터베이스 연결 및 질의를 위한 소스 코드를 작성한다.

윈도우 개발 환경 구성

PHP 웹 개발을 하려면 아파치 서버를 우선 설치해야 한다. 물론, 윈도우에서 개발한다면 아파치 대신 IIS(Internet Information Services)를 이용해도 된다. 그러나 여기서는 IIS와 달리 무료로 쉽게 구할 수 있는 아파치를 이용해 개발 환경을 구성한다.

아파치 설치

아파치 설치 파일은 아파치 공식 웹사이트의 다운로드 페이지(http://httpd.apache.org/download.cgi) 에서 다운로드할 수 있다. PHP를 소스 코드가 아닌 바이너리로 설치할 것이므로 웹사이트에서 제공하는 아파치 버전 중 PHP에서 지원하는 버전이 무엇인지 확인하고 설치한다. 여기서는 PHP 5.4를 설치할 것이므로 이와 호환되는 아파치 2.2를 설치한다. 다운로드한 아파치를 기본 경로가 아닌 다른 위치에 설치하려면 다음과 같이 원하는 설치 경로를 입력한다. 기본값은 C:\Program Files\Apache인데, 아파치 설치 경로 아래의 htdocs 폴더에서 소스 코드를 작성할 것이므로 접근하기 쉬운 폴더를 지정하는 것이 좋다. 여기서는 C:\Dev\Apache에 설치한다.

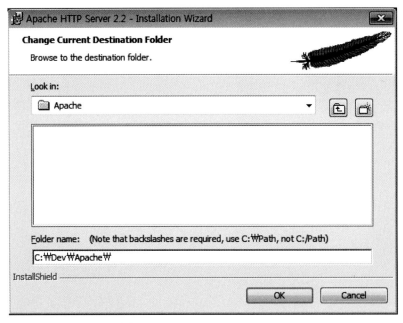

그림 4-5 아파치 설치 경로 설정

설치가 끝나면 아파치 서버 프로세스가 시작되고 윈도우 알림 영역에는 아파치 모니터(Apache monitor)가 표시된다. 아파치 모니터 아이콘이 녹색 삼각형 아이콘이라면 제대로 설치된 것이다.

그림 4-6 설치 후 표시된 아파치 모니터

아파치 웹 서버가 잘 동작하는지 확인하려면 웹 브라우저에 http://localhost를 입력한다. 다음과 같이 It works!라는 문구가 출력되면 잘 동작하는 것이다.

그림 4-7 아파치 웹 서버가 정상적으로 설치된 모습

PHP 설치 및 연동

웹 프로그래밍을 위해 필요한 웹 서버를 설치했으니 이제는 PHP를 설치한다. PHP 설치 파일은 PHP 공식 웹사이트의 윈도우용 PHP 다운로드 페이지(http://windows.php.net/download)에서 다운로드할 수 있다. 아파치는 설치 프로그램으로 설치했지만 PHP는 설치 프로그램 형태가 아닌 ZIP 압축 파일로 다운로드할 수 있으므로, ZIP 압축 파일을 다운로드해 적절한 위치에 압축을 푼다. 여기서는 C:\Dev\Php 경로에 압축을 푼 것을 기준으로 설명한다.

큐브리드 PHP 드라이버는 PHP 5.3.x, 5.4.x, 5.5.x, 5.6.x를 지원하므로 다운로드할 PHP 버전도 이 중에서 선택한다. 여기서는 5.4를 다운로드한다.

> **참고**
>
> PHP 5.6.x는 큐브리드 PHP 드라이버 9.3.0.0002부터 지원한다. 따라서 PHP 5.6.x를 사용하려면 큐브리드 데이터베이스 서버는 9.3을 사용하고, 큐브리드 PHP 드라이버는 9.3.0.0002 이상 버전을 사용해야 한다.

파일을 다운로드한 후 다음과 같은 방법으로 PHP를 설치하고 확인한다.

1. PHP 5.4의 VC9 x86 Thread Safe ZIP 파일을 다운로드해 C:\Dev\Php 디렉터리에 압축을 푼다.

2. PHP 디렉터리에는 php5apache로 시작하는 DLL 파일이 있는데 아파치 2.2와 연동하기 위해 php5apache2_2.dll 파일을 사용한다. 즉, C:\Dev\Apache\conf\httpd.conf 파일에 다음 내용을 추가해 아파치와 PHP를 연동한다.

```
PHPIniDir "C:/Dev/Php"
LoadModule php5_module "C:/Dev/Php/php5apache2_2.dll"
```

3. C:\Dev\Apache\conf\mime.types 파일에 다음 내용을 추가해 .php와 .phps 확장자를 PHP 스크립트로 인식하게 한다.

```
application/x-httpd-php php
application/x-httpd-php-source phps
```

4. 큐브리드와 PHP를 연동하려면 php.ini 파일이 있어야 한다. C:\Dev\Php 디렉터리에 있는 php.ini-development 파일의 이름을 php.ini로 변경한다.

5. 아파치 모니터를 이용해 서버를 다시 시작한다.

6. phpinfo() 함수를 실행해 PHP가 제대로 설치됐는지 확인한다. C:\Dev 디렉터리에 아파치를 설치했으므로 apache.conf 파일의 DocumentRoot 경로는 C:\Dev\Apache\htdocs다. C:\Dev\Apache\htdocs\phpinfo.php 파일에 다음과 같이 작성한다.

```
<?php phpinfo() ?>
```

웹 브라우저에 http://localhost/phpinfo.php를 입력했을 때 다음과 같이 출력된다면 제대로 설치된 것이다.

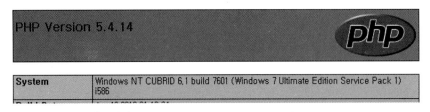

그림 4-8 phpinfo() 출력 화면

큐브리드 PHP 드라이버 설치

PHP에서 큐브리드 함수를 사용하려면 큐브리드 PHP 드라이버를 다운로드해야 한다. 큐브리드 PHP 드라이버는 큐브리드 공식 웹사이트의 다운로드 페이지(http://www.cubrid.org/downloads)에서 다운로드할 수 있다. 이때 주의할 점은 PHP 5.4의 VC9 x86 Thread Safe를 설치했으므로 큐브리드 PHP 드라이버도 동일하게 Windows (x86, 32-bit), TS, VC9, ZIP 파일을 다운로드해야 한다는 것이다. 추가로 PDO(PHP Data Objects) 드라이버가 필요하다면 CUBRID-PDO-5.4-WIN32-VC9-TS-9.3.0.0002.bin.zip 파일을 다운로드한다.

파일을 다운로드한 후 다음과 같은 방법으로 큐브리드 PHP 드라이버 및 PDO 드라이버를 설치하고 확인한다.

1. 다운로드한 파일의 압축을 푼 다음 php_cubrid.dll 파일을 C:\Dev\Php\ext 디렉터리에 복사하고 C:\Dev\Php\php.ini 파일에 다음과 같이 큐브리드 PHP 드라이버를 설정한다.

```
extension_dir="C:/Dev/Php/ext"
extension=php_cubrid.dll
```

2. PDO 드라이버를 추가로 설치하려면 다음 내용을 추가한다.

```
extension=php_pdo_cubrid.dll
```

3. 큐브리드 PHP 드라이버는 CCI 드라이버를 설치해야 사용할 수 있다. 큐브리드 공식 웹사이트의 다운로드 페이지에서 32비트 CCI 윈도우 드라이버를 다운로드한 후 압축을 풀고 lib 폴더에 있는 cascci.dll 파일을 Apache\bin 위치에 복사한다. 이때 큐브리드 PHP 드라이버와 CCI 드라이버의 아키텍처가 동일해야 한다는 점에 주의한다.

아파치를 재시작한 다음 웹 브라우저에 http://localhost/phpinfo.php를 입력해 그림 4-9, 그림 4-10과 같이 출력되는지 확인한다. 다음과 같이 출력된다면 제대로 설치된 것이다.

CUBRID

CUBRID support	enabled
Driver Version	9.3.0.0002
CCI Version	9.3.0

그림 4-9 큐브리드 PHP 드라이버 연동 확인

PDO

PDO support	enabled
PDO drivers	sqlite, cubrid

pdo_cubrid

pdo_cubrid support	enabled
Client API version	9.3.0.0002
CCI Version	9.3.0

그림 4-10 큐브리드 PDO 드라이버 연동 확인

그림과 같이 출력되지 않고 화면에 Warning: phpinfo(): It is not safe to rely on the system's timezone settings.라는 메시지가 출력되면 php.ini 파일에 다음과 같은 내용을 추가해 표준 시간대를 설정한다.

```
date.timezone = Asia/Seoul
```

리눅스 개발 환경 구성

리눅스는 윈도우와 달리 큐브리드 PHP 드라이버를 설치하는 방법이 다양하다. 아파치와 PHP 모듈만으로 가볍게 사용하려면 소스 코드를 다운로드해 컴파일하는 것이 좋겠지만 여기서는 개발 환경을 구성하는 것이 목표이므로 배포 버전을 이용해 설치하는 방법을 설명한다. CentOS 6.4 32비트 버전을 사용해 개발 환경을 구성한다.

아파치 설치

먼저 아파치 설치 방법을 알아보자.

1. CentOS를 설치할 때 보통 아파치도 함께 설치된다. 아파치가 설치되지 않았다면 root 계정 또는 sudo 권한을 가진 계정에서 다음과 같이 yum을 이용해 설치한다.

```
$ sudo yum install httpd


===================================================================

 Package          Arch         Version                Repository    Size
===================================================================
Updating:
 httpd            x86_64       2.2.15-26.el6.centos   base          821 k
Updating for dependencies:
```

```
 httpd-tools        x86_64        2.2.15-26.el6.centos        base        72 k

Transaction Summary
================================================================================
Upgrade       2 Package(s)

Total download size: 893 k
Is this ok [y/N]: y
```

2. 다음 내용을 입력해 아파치를 시작한다.

```
$ sudo /etc/init.d/httpd start
```

3. 웹 브라우저에서 http://{설치한 서버의 IP 주소}를 입력해 연결을 확인한다. 만약 localhost가 아닌 원격 서버라면 CentOS의 기본 방화벽 설정에 의해 80번 포트가 막혀 연결되지 않을 것이다. 이 경우 다음과 같이 iptables를 이용해 80번 포트를 열어주면 된다.

```
sudo iptables -I INPUT -p tcp --dport 80 -j ACCEPT
sudo iptables -I OUTPUT -p tcp --sport 80 -j ACCEPT
```

웹 브라우저에서 다음과 같은 화면이 보이면 설치가 완료된 것이다.

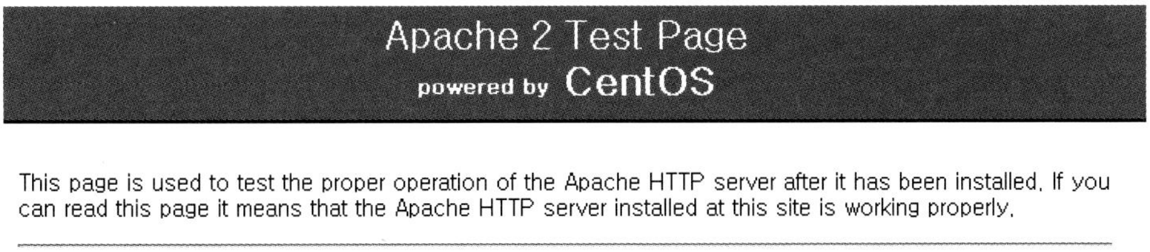
Apache 2 Test Page
powered by CentOS
This page is used to test the proper operation of the Apache HTTP server after it has been installed. If you can read this page it means that the Apache HTTP server installed at this site is working properly.

그림 4-11 아파치 설치 완료 확인 화면

PHP 설치 및 연동

아파치를 성공적으로 설치했다면 이제는 PHP를 설치하고 연동한 후 연동을 확인하는 방법을 알아보자.

1. root 계정 또는 sudo 권한을 가진 계정에서 yum으로 php와 php-devel 패키지를 설치한다.

```
$ sudo yum install php php-devel

 Package            Arch        Version           Repository      Size
================================================================================
Installing:
 php                x86_64      5.3.3-22.el6      base            1.1 M
 php-devel          x86_64      5.3.3-22.el6      base            507 k
Installing for dependencies:
 autoconf           noarch      2.63-5.1.el6      base            781 k
 automake           noarch      1.11.1-4.el6      base            550 k
 php-cli            x86_64      5.3.3-22.el6      base            2.2 M
 php-common         x86_64      5.3.3-22.el6      base            524 k

Transaction Summary
================================================================================
Install       6 Package(s)

Total download size: 5.6 M
Installed size: 20 M
Is this ok [y/N]: y
```

2. 다음과 같은 방법으로 php.conf 파일을 연다.

```
$ sudo vi /etc/httpd/conf.d/php.conf
```

3. 파일 마지막 줄에 다음 내용을 추가한다.

```
AddType application/x-httpd-php .php
```

4. 편집기를 종료한 후 다음 내용을 입력해 아파치를 재시작한다.

```
$ sudo /etc/init.d/httpd restart
```

5. phpinfo.php 파일을 아파치의 DocumentRoot 경로에 작성한다. yum으로 설치했다면 DocumentRoot 경로는 /var/www/html이다. 편집기에 다음 내용을 입력한다.

```
$ sudo vi /var/www/html/phpinfo.php


<?php phpinfo(); ?>
```

웹 브라우저에 http://{설치한 서버의 IP 주소}/phpinfo.php를 입력했을 때 다음과 같이 출력된다면 제대로 연동된 것이다.

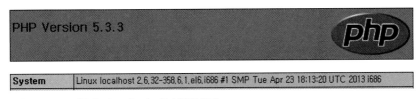

그림 4-12 PHP 연동 후 phpinfo.php를 실행한 결과

큐브리드 PHP 드라이버 설치

마지막으로 큐브리드 PHP 드라이버를 설치하는 방법을 알아보자. 큐브리드 PHP 드라이버를 설치하는 가장 쉬운 방법은 yum으로 설치하는 것이다. 큐브리드 PHP 드라이버를 yum으로 설치하려면 큐브리드에서 제공하는 yum 저장소를 설치한다. 운영체제에 맞는 yum 저장소는 http://www.cubrid.org/yum_repository에서 확인할 수 있다.

1. http://www.cubrid.org/yum_repository에서 설치하려는 운영체제와 큐브리드 버전을 클릭한다.

2. 설치하려는 운영체제와 큐브리드 버전에 해당하는 명령을 복사해 root 계정 또는 sudo 권한을 가진 계정에서 실행한다.

```
$ sudo rpm -ivh http://yumrepository.cubrid.org/cubrid_repo_settings/9.1.0/
cubridrepo-9.1.0-1.el6.noarch.rpm
```

3. 저장소 설치가 완료되면 다음과 같이 php-cubrid 드라이버를 설치한다.

```
$ sudo yum install php-cubrid
```

아파치를 재시작한 후 웹 브라우저에 http://{설치한 서버의 IP 주소}/phpinfo.php를 입력해 제대로 설치됐는지 확인한다. 다음과 같이 출력된다면 제대로 설치된 것이다.

CUBRID

CUBRID support	enabled
Driver Version	9.3.0.0002
CCI Version	9.3.0

그림 4-13 큐브리드 PHP 드라이버가 설치됐을 때 phpinfo.php가 출력된 모습

이제 정상적으로 큐브리드 항목이 나타난다면 설치한 큐브리드 PHP 드라이버로 간단한 코드를 작성해 보자.

PHP로 데이터베이스 질의

큐브리드 PHP 드라이버를 사용하는 방법은 PHP 공식 웹사이트의 큐브리드 매뉴얼 페이지[24]를 참고한다. 여기서는 큐브리드 데이터베이스에 연결하고 질의하는 방법을 설명한다.

데이터베이스 연결 및 종료하기

큐브리드는 두 가지 방식의 데이터베이스 연결 함수를 제공한다. 다음은 큐브리드 드라이버에서 제공하는 가장 기본적인 연결 함수다. IP 주소, 포트 번호, 데이터베이스 이름을 입력해 데이터베이스에 연결한다.

```
$conn = cubrid_connect("localhost", 33000, "demodb");
```

altHosts, queryTimeout 등의 옵션을 사용하려면 cubrid_connect_with_url() 함수를 사용한다. 예를 들어, URL을 다음과 같이 입력하면 host1에 연결이 실패한 경우 host2에 연결을 시도하며(페일오버), rctime=100을 설정하면 페일오버 이후 100초가 지나고 나서 페일백을 시도한다. login_timeout의 기본 값은 큐브리드 PHP 드라이버마다 다르기 때문에 명시적으로 지정하는 것이 좋은데, 이 값이 0이면 사용자의 응용프로그램은 연결이 완료될 때까지 계속 기다리고, 30000(단위: 밀리초)이면 30초까지 대기한 후

---

24 http://www.php.net/manual/en/book.cubrid.php

연결 실패로 처리한다. 페일오버 기능을 사용하려면 가급적 0이 아닌 값을 지정하는 것이 좋다. 그 외에도 다양한 옵션이 있으므로 PHP 공식 매뉴얼의 cubrid_connect_with_url 설명[25]을 참고한다.

```
$conn =
cubrid_connect_with_url("CUBRID:localhost:33000:demodb:public:123456:?althost=host2:33000&rcti
me=100&login_timeout=30000");
```

cubrid_connect_with_url() 함수는 비밀번호를 연결 URL에 포함할 수 있다. 물음표(?)와 콜론(:)은 연결 URL 문자열에서 속성 구분자로 사용되므로, 비밀번호에 물음표(?)나 콜론(:) 같은 특수문자가 포함돼 있다면 다음과 같이 연결 URL에서는 비밀번호를 생략하고 세 번째 파라미터에 비밀번호를 입력한다.

```
$conn = cubrid_connect_with_url("CUBRID:localhost:33000:demodb:::?charset=utf-8", "public",
"1234:?");
```

연결된 데이터베이스의 연결을 종료하려면 cubrid_disconnect() 함수를 사용한다.

```
cubrid_disconnect($conn);
```

데이터베이스 질의하기

큐브리드를 설치하면 기본으로 생성되는 demodb 데이터베이스에 연결하고, 질의를 실행한 후 결과를 출력하는 코드를 다음과 같이 작성해보자.

```
$ vi cubrid_query.php

<?php
$conn = cubrid_connect("localhost", 33000, "demodb", "public", "");
if (!$conn) {
  die("Can't connect the database: ".cubrid_error());
}
cubrid_set_autocommit($conn, CUBRID_AUTOCOMMIT_FALSE);
```

---

25 http://php.net/manual/en/function.cubrid-connect-with-url.php

```
$sql = "SELECT code, name, gender FROM athlete LIMIT 5";
$stmt = cubrid_query($sql, $conn);
if (!$stmt) {
  die("The query is failed: ".cubrid_error());
}

while ($row = cubrid_fetch_assoc($stmt)) {
echo "code=".$row['code'].", ";
echo "name=".$row['name'].", ";
echo "gender=".$row['gender']."<br />";
}

cubrid_free_result($stmt);
cubrid_commit($conn);
cubrid_disconnect($conn);
?>
```

연결, 질의 등을 실행하는 큐브리드 PHP 함수는 MySQL PHP 함수와 유사하기 때문에 MySQL PHP 개발에 익숙하다면 이 코드도 익숙할 것이다. 기본적으로 자동 커밋 모드로 동작하지만, 자동 커밋 모드가 아닌 경우에는 SELECT 질의를 실행하더라도 트랜잭션을 정리하기 위해 마지막에 항상 cubrid_commit() 또는 cubrid_rollback() 함수를 실행해야 한다.

LOB 자료형 사용하기

LOB(CLOB, BLOB)는 텍스트, 이미지 등 크기가 큰 데이터를 처리하기 위한 데이터 자료형이다. 큐브리드 PHP 드라이버는 LOB 자료형을 이용하기 위한 함수를 제공한다.

다음은 cubrid_prepare(), cubrid_lob2_bind() 함수를 이용해 'Hello world' 문자열을 body 칼럼(CLOB)에 입력하는 방법을 보여주는 예다.

```
$ vi cubrid_lob.php

<?php
$conn = cubrid_connect("localhost", 33000, "demodb", "public", "");
if (!$conn) {
```

```php
  die("Can't connect the database: ".cubrid_error());
}

$sql = "CREATE TABLE lob_test (code INTEGER, body CLOB)";
$stmt = cubrid_query($sql, $conn);
if (!$stmt) {
  die("The query is failed: ".cubrid_error());
}

$stmt = cubrid_prepare($conn, "INSERT INTO lob_test VALUES (1, ?)");
if (!$stmt) {
  die("The query is failed: ".cubrid_error());
}

$lob = cubrid_lob2_new($conn, 'CLOB');
// cubrid_lob2_new() 함수를 이용해 CLOB 자료형의 LOB 객체를 만든다.
$len = cubrid_lob2_write($lob, "Hello world");
cubrid_lob2_bind($stmt, 1, $lob);
cubrid_execute($stmt);

$sql = "SELECT CLOB_TO_CHAR(body) FROM lob_test WHERE code=1";
$stmt = cubrid_query($sql, $conn);
if (!$stmt) {
  die("The query is failed: ".cubrid_error());
}

$row = cubrid_fetch_row($stmt);
echo $row[0];
$sql = "DROP TABLE lob_test";
cubrid_query($sql, $conn);

cubrid_commit($conn);
cubrid_disconnect($conn);
?>
```

이 중에서 CLOB 자료형 칼럼에 데이터를 쓰기 위한 주요 코드는 다음과 같다.

```
$lob = cubrid_lob2_new($conn, 'CLOB');
$len = cubrid_lob2_write($lob, "Hello world");
cubrid_lob2_bind($stmt, 1, $lob);
cubrid_execute($stmt);
```

cubrid_lob2_new() 함수를 이용해 CLOB 자료형의 LOB 객체를 만든다. 이어서 cubrid_lob2_write() 함수는 cubrid_lob2_new()로 만든 LOB 객체에 실제 데이터를 입력하고, cubrid_lob2_bind() 함수가 이 LOB 객체를 cubrid_prepare() 함수로 프리컴파일(precompile)한 질의에 값을 바인딩한다. 여기서는 body 칼럼에 대응되는 물음표(?)에 바인딩됐다. 마지막으로 cubrid_execute() 함수로 질의를 실행해 데이터를 입력한다.

입력된 CLOB 데이터를 확인하기 위해 CLOB_TO_CHAR() SQL 함수를 이용해 문자열로 변환했는데, 만약 CLOB에 저장된 데이터에서 일부 데이터만 가져오려면 다음과 같이 작성한다.

```
<?php
$conn = cubrid_connect("localhost", 33000, "demodb", "public", "");
if (!$conn) {
  die("Can't connect the database: ".cubrid_error());
}


$sql = "CREATE TABLE lob_test (code INTEGER, body CLOB)";
$stmt = cubrid_query($sql, $conn);
if (!$stmt) {
  die("The query is failed: ".cubrid_error());
}


$stmt = cubrid_prepare($conn, "INSERT INTO lob_test VALUES (1, ?)");
if (!$stmt) {

  die("The query is failed: ".cubrid_error());
}
$lob = cubrid_lob2_new($conn, 'CLOB');
$len = cubrid_lob2_write($lob, "Hello world");
```

```php
cubrid_lob2_bind($stmt, 1, $lob);
cubrid_execute($stmt);

$sql = "SELECT body FROM lob_test WHERE code=1";
$stmt = cubrid_query($sql, $conn);
if (!$stmt) {
  die("The query is failed: ".cubrid_error());
}

$row = cubrid_fetch_row($stmt, CUBRID_LOB);

cubrid_lob2_seek($row[0], 3, CUBRID_CURSOR_FIRST);
$data = cubrid_lob2_read($lob, 5);
echo $data;

cubrid_commit($conn);
cubrid_disconnect($conn);
?>
```

이 코드는 3바이트 이후부터 5바이트만큼 데이터를 가져오되 cubrid_lob2_seek() 함수를 이용해 특정 위치까지 커서를 이동한 후 cubrid_lob2_read() 함수를 이용해 원하는 만큼 읽어오라는 의미다.

LOB가 대량의 데이터를 저장하기 위한 데이터 자료형인 만큼 모든 데이터를 일시에 가져오는 대신 필요한 일부분만 가져온 후 나머지 데이터는 필요에 따라 가져올 수 있다. 예를 들어, 저장된 데이터가 이미지라면 이미지의 헤더만 먼저 읽은 후 필요에 따라 전체 이미지를 가져오도록 구현할 수 있다.

지금까지 큐브리드 데이터베이스를 연결하고 질의하는 자바 프로그램과 PHP 프로그램을 어떻게 작성하는지 알아봤고 큐브리드만이 제공하는 독특한 설정이나 프로그램 코드를 살펴봤다. 큐브리드가 제공하는 몇몇 SQL을 소개했는데, 다음 장에서는 본격적으로 큐브리드 SQL을 다루고 코드 예를 통해 주요 구문을 살펴볼 것이다.

05
—
SQL

이 장에서는 예를 통해 큐브리드 SQL을 살펴보고, 큐브리드의 식별자 형태, 자료형, SQL 기능을 다른 DBMS와 비교한다. 큐브리드는 기본적으로 ANSI SQL 92 표준을 따르지만 그 외에 서비스 개발에 유용한 시리얼, 계층적 질의, MERGE, 분석 함수 등을 지원한다. SQL의 사용 방법을 자세히 설명하려면 별도의 책을 한 권 내야 할 정도로 분량이 방대하다. 따라서 이 책에서는 일반적인 SQL 설명을 배제하고 특징적인 부분을 위주로 살펴보겠다. 큐브리드 SQL의 사용 방법에 대한 자세한 설명은 큐브리드 커뮤니티 웹사이트의 사용자 매뉴얼에서 "CUBRID SQL 설명서"[26]를 참고하기 바란다.

큐브리드 SQL 사용 예

여기서는 일반적인 게시판 기능을 구현한다고 가정하고, 해당 기능을 구현하는 데 필요한 SQL 구문을 살펴본다. 큐브리드가 지원하는 SQL에 대한 전반적인 설명은 "부록 A. 큐브리드 SQL 구문"(355쪽)을 참고한다.

---

26 http://www.cubrid.org/manual/93/ko/sql/index.html

테이블 생성

CREATE TABLE

우선 게시글 일련번호, 사용자 아이디, 글 제목, 글 내용, 작성 일자, 수정 일자를 저장하는 테이블을 생성한다.

```
CREATE TABLE content(
  id INT AUTO_INCREMENT (1,1) PRIMARY KEY,   // 게시글 일련번호
  uid INT NOT NULL,                          // 사용자 아이디
  title VARCHAR(256),                        // 글 제목
  content VARCHAR(8096),                     // 글 내용
  cr_date DATETIME DEFAULT SYSDATETIME,      // 작성 일자
  up_date DATETIME DEFAULT SYSDATETIME       // 수정 일자
);
```

사용자 정보를 저장하는 테이블도 생성한다.

```
CREATE TABLE user_info(
uid INT PRIMARY KEY,                         // 사용자 아이디
alias VARCHAR(128),                          // 사용자 별칭
uname VARCHAR(256)                           // 사용자 이름
);
```

SERIAL

user_info.uid도 AUTO_INCREMENT로 정의하는 것이 좋겠으나, 여기서는 SERIAL의 사용법을 소개하기 위해 SERIAL을 적용한다. user_info.uid에 저장할 값을 구할 때 사용하기 위해 다음과 같이 SERIAL을 생성한다.

```
CREATE SERIAL u_serial START WITH 1 INCREMENT BY 1;
```

테이블 변경

ADD COLUMN

user_info 테이블에 사용자의 직업 정보를 저장하는 ujob을 추가한다.

```
ALTER TABLE user_info ADD COLUMN ujob VARCHAR(128) AFTER uname;
```

ADD CONSTRAINT

alias는 항상 고유한 값을 가져야 하므로 UNIQUE 조건을 추가한다.

```
ALTER TABLE user_info ADD CONSTRAINT UNIQUE (alias);
```

content.uid는 user_info.uid를 참조하므로 참조 키를 설정한다.

```
ALTER TABLE content ADD CONSTRAINT FOREIGN KEY (uid) REFERENCES user_info(uid);
```

MODIFY

user_info의 alias는 반드시 입력해야 하므로 NOT NULL 조건을 추가한다.

```
ALTER TABLE user_info MODIFY alias VARCHAR(128) NOT NULL;
```

이 때 MODIFY 절 뒤에 서술하는 칼럼 자료형은 기존과 동일하게 설정해야 한다.

AUTO_INCREMENT의 시작값 변경

기존 데이터를 새 장비에 마이그레이션하기 위해 테이블을 새로 생성하는 경우, AUTO_INCREMENT나 SERIAL의 시작값이 기존의 최댓값보다 크게 설정돼야 한다. 위의 content.id는 AUTO_INCREMENT로 정의돼 있으므로 데이터 마이그레이션 시 시작값을 반드시 변경해야 한다.

예를 들어, 현재 가장 큰 content.id의 값이 100이라면 다음을 수행한다.

```
ALTER TABLE content AUTO_INCREMENT=101;
```

user_info.uid에 들어가는 값은 u_serial에서 가져오므로 user_info.uid의 최댓값이 10이라면 u_serial의
시작값을 다음과 같이 변경해야 한다.

```
ALTER SERIAL u_serial START WITH 11;
```

조회 및 조작

이제 생성된 테이블에 데이터를 추가, 갱신, 삭제, 조회하는 작업을 수행해보자.

INSERT

먼저 user_info에 데이터를 추가한다.

```
INSERT INTO user_info VALUES (u_serial.next_value, 'chpark', 'CH Park', 'baseball player');
INSERT INTO user_info VALUES (u_serial.next_value, 'kimchi', 'Roy Kim', 'engineer');
INSERT INTO user_info VALUES (u_serial.next_value, 'iu', 'I U', 'singer');
INSERT INTO user_info VALUES (u_serial.next_value, 'chsoo', 'Chulsu Lee', 'office worker');
INSERT INTO user_info VALUES (u_serial.next_value, 'healer', 'Chunhee Ho', NULL);
```

다음으로 content에 데이터를 추가한다.

```
INSERT INTO content VALUES (NULL, 11, 'hello', 'hello, nice to meet you.', SYSDATETIME,
SYSDATETIME);
INSERT INTO content VALUES (NULL, 12, 'hello12', 'hello, good to see you.', SYSDATETIME,
SYSDATETIME);
INSERT INTO content VALUES (NULL, 13, 'hello13', 'may I ask you a question?', SYSDATETIME,
SYSDATETIME);
INSERT INTO content VALUES (NULL, 14, 'hello14', 'hello, isn''t it a good weather?',
SYSDATETIME, SYSDATETIME);
INSERT INTO content VALUES (NULL, 15, 'hello15', 'hello, where is the bus station?',
SYSDATETIME, SYSDATETIME);
```

DELETE

alias가 'healer'인 사용자가 탈퇴하는 경우 해당 사용자를 삭제한다. 단, user_info.uid는 content.uid가 참조하므로 content 테이블에 user_info의 uid와 같은 값이 존재하는 경우 해당 사용자를 삭제할 수 없다.

```
DELETE FROM user_info WHERE alias='healer';


ERROR: Update/Delete operations are restricted by the foreign key 'fk_content_uid'.
```

alias가 'healer'인 사용자를 삭제하려면 먼저 'healer'의 user_info.uid를 찾고, content.uid와 user_info.uid가 같은 content 테이블의 레코드를 삭제해야 한다.

```
DELETE FROM content WHERE content.uid=
(SELECT u.uid FROM user_info u, content c WHERE u.alias='healer' AND  u.uid=c.uid);
```

이제 user_info.alias='healer'를 참조하고 있는 레코드가 content 테이블에 더 이상 존재하지 않으므로 user_info 테이블에서 user_info.alias='healer'인 레코드를 삭제할 수 있다.

```
DELETE FROM user_info WHERE alias='healer';
```

UPDATE

alias가 'chsoo'인 사용자가 작성한 content를 ' '로 갱신한다.

```
UPDATE content SET content='', up_date=SYSDATETIME WHERE content.uid =
(SELECT u.uid FROM user_info u WHERE u.alias='chsoo');
```

SELECT

작성자(alias)와 제목(title)을 포함하는 전체 글 목록을 출력한다.

```
SELECT u.alias, c.title FROM user_info u, content c
WHERE u.uid=c.uid;
```

MERGE

하나 이상의 원본으로부터 하나의 테이블 또는 뷰에 INSERT 또는 UPDATE를 수행한다. 그리고 DELETE 조건도 추가할 수 있다.

다음은 작성자와 제목을 포함하는 전체 글 목록 테이블(mg_table)을 새로 생성하고, user_info 테이블과 content 테이블로부터 데이터를 추출해 mg_table 테이블에 입력하는 예다.

```
CREATE TABLE mg_table (
    id INT PRIMARY KEY,
    alias VARCHAR(128),
    title VARCHAR(256),
    cr_date DATETIME,
    up_date DATETIME
);


MERGE INTO mg_table mt USING
(SELECT c.id id, u.alias alias, c.title title
  , c.cr_date cr_date, c.up_date up_date
   FROM user_info u, content c WHERE u.uid = c.uid) uc
ON (mt.id=uc.id)
WHEN MATCHED THEN
  UPDATE SET mt.up_date=SYSDATETIME
WHEN NOT MATCHED THEN
  INSERT VALUES (uc.id, uc.alias, uc.title, uc.cr_date, uc.up_date);
```

위의 MERGE 문을 중복 수행하는 경우, 이미 데이터가 들어있으므로 mg_table.up_date만 갱신되는 것을 확인할 수 있다.

INSERT ⋯ ON DUPLICATE KEY UPDATE

INSERT를 시도하고 고유 키 위반(unique key violation) 오류가 발생하는 경우 UPDATE를 수행한다.

고유 키 위반은 기본 키(primary key)뿐만 아니라 고유 키(unique key)가 존재하는 상황에서도 발생할 수 있으므로 기본 키와 고유 키가 공존하거나 고유 키가 여러 개인 테이블에 INSERT ⋯ ON DUPLICATE KEY UPDATE 문장을 수행하는 경우 사용에 주의해야 한다.

예를 들어, id라는 기본 키와 alias라는 고유 키를 함께 보유하고 있는 user_info라는 테이블에 다음 질의를 수행한다고 가정하자.

```
INSERT INTO user_info VALUES (15, 'chpark', 'Chulho Park', 'office worker') ON DUPLICATE KEY
 UPDATE uname='Chulho Park', ujob='office worker';
```

이 질의를 수행하면 alias 칼럼에 'chpark'이라는 값을 가진 레코드가 이미 존재하므로 해당 레코드에 대해 갱신을 시도하며, 기존의 레코드가 다른 값으로 갱신된다.

- **기존 레코드:** (11, 'chpark', 'CH Park', baseball player')
- **갱신 후 레코드:** (11, 'chpark', 'Chulho Park', 'office worker')

사용자가 새로운 레코드를 입력하되, uid가 15인 레코드가 존재할 때만 해당 레코드에 대해 uname과 ujob을 갱신하려는 의도로 이 질의를 수행하는 것이라면 기대와 달리 uid 11의 레코드가 갱신되는 것을 확인할 수 있다.

- **새로 입력되길 기대한 레코드:** (15, 'chpark', 'Chulho Park', 'office worker')

이미 uid가 15인 레코드가 테이블에 이미 있는 경우 위의 INSERT INTO ··· ON DUPLICATE KEY UPDATE 문장에 의해 uid가 11인 레코드와 15인 레코드 중 어느 것이 갱신될 것인지 알 수 없다.

INSERT ··· ON DUPLICATE UPDATE 구문은 고유 키 위반 여부만 확인하기 때문에 (기본 키를 포함해) 고유 키가 여러 개인 테이블에서는 사용을 자제하는 것이 좋다.

REPLACE

REPLACE 문은 INSERT ··· ON DUPLICATE KEY UPDATE 문과 비슷하지만 내부적인 동작 방식은 다르다. INSERT ··· ON DUPLICATE KEY UPDATE 문은 추가(INSERT)하거나 갱신(UPDATE)하므로 사용자에게 INSERT, UPDATE 권한이 부여돼야 하지만 REPLACE 문은 추가(INSERT)하거나 '삭제(DELETE)하고 추가(INSERT)'하기 때문에 사용자에게 DELETE와 INSERT 권한이 부여돼야 한다.

앞서 봤던 INSERT ··· ON DUPLCATE KEY UPDATE 문은 다음과 같이 표현할 수 있다.

```
REPLACE INTO user_info VALUES (15, 'chpark', 'Chulho Park', 'office woker');
```

REPLACE 문 역시 INSERT … ON DUPLCATE KEY 문과 같이 고유 키 위반 여부만 확인하므로 (기본 키를 포함해) 고유 키가 여러 개 존재하는 경우 사용에 주의해야 한다.

권한 부여

큐브리드는 기본적으로 DBA와 PUBLIC이라는 두 종류의 사용자를 제공하며, 처음 제품을 설치하면 비밀 번호가 설정돼 있지 않다.

CREATE USER

다음은 사용자 cubrider를 생성하고 암호를 부여하는 예다.

```
CREATE USER cubrider;
ALTER USER cubrider PASSWORD 'test123';
```

GRANT

다음은 user_info, content 테이블에 대해 사용자 cubrider에게 SELECT, INSERT, UPDATE, DELETE 권한을 부여하는 예다.

```
GRANT SELECT, INSERT, UPDATE, DELETE ON user_info, content TO cubrider;
```

식별자 비교

큐브리드와 MySQL의 식별자(identifier) 특징을 비교하면 다음과 같다.

항목	큐브리드	MySQL
데이터베이스 이름	도메인 내에서 고유(*). 대소문자를 구분하지 않음.	도메인 내에서 고유. 대소문자를 구분함.
테이블 이름	데이터베이스 내에서 고유(**). 대소문자를 구분하지 않음.	데이터베이스 내에서 고유. 대소문자를 구분함.
칼럼 이름	테이블 내에서 고유(***). 대소문자를 구분하지 않음.	테이블 내에서 고유. 대소문자를 구분하지 않음.
인덱스 이름	테이블 내에서 고유(***). 대소문자를 구분하지 않음.	테이블 내에서 고유. 대소문자를 구분하지 않음.

항목	큐브리드	MySQL
식별자 작성 규칙	반드시 문자로 시작. 공백을 포함할 수 없음. 연산자로 사용되지 않는 특수문자, 숫자를 포함할 수 있음.	공백을 포함할 수 없음. 백슬래시(\), 빗금(/), 마침표(.)를 포함할 수 없음.
예약어를 식별자로 사용	큰따옴표("), 백틱(`) 또는 각괄호([ ])로 감싸서 처리.	큰따옴표("), 백틱(`)으로 감싸서 처리.
문자열과 식별자 구분	작은따옴표(')로 감싸서 처리. 단, cubrid.conf 파일의 ansi_quotes 파라미터값이 no인 경우 큰따옴표(")로 감싸서 처리.	큰따옴표(")로 감싸서 처리.
주석 처리	-- 주석, // 주석, /* 주석 */	-- 주석, # 주석, /* 주석 */
BLOB, CLOB 저장소	DB 볼륨과는 별도의 외부 파일로 보관. HA 복제를 지원하지 않음.	다른 데이터 페이지에 저장.

(*): "데이터베이스 이름이 도메인 내에서 고유하다"를 다른 말로 바꾸면 장비가 다르면 데이터베이스 이름이 같아도 다르게 구분된다는 의미다. 예를 들어, 시스템 X의 testdb와 시스템 Y의 testdb는 서로 다르다.

(**): "테이블 이름이 데이터베이스 내에서 고유하다"를 다른 말로 바꾸면 데이터베이스가 다르면 테이블 이름이 같아도 다르게 구분된다는 의미다. 예를 들어, 데이터베이스 testdb의 테이블 tbl_a와 testdb2의 tbl_a는 서로 다르다.

(***): "칼럼 이름 또는 인덱스 이름이 테이블 내에서 고유하다"를 다른 말로 바꾸면 테이블이 다르면 칼럼 이름 또는 인덱스 이름이 같아도 다르게 구분된다는 의미다. 예를 들어, tbl_a의 칼럼 col_a와 tbl_b의 칼럼 col_a는 서로 다르며, tbl_a의 인덱스 idx_a와 tbl_b의 인덱스 idx_a는 서로 다르다.

자료형 비교

큐브리드는 기본적인 문자 자료형, 숫자 자료형, 날짜/시간 자료형을 지원하며, 추가로 BLOB, CLOB 자료형을 지원한다.

MySQL, 오라클과 큐브리드의 자료형을 비교하면 다음과 같다.

숫자 자료형

MySQL	오라클	큐브리드	바이트	큐브리드 설명
BOOL, BOOLEAN	지원 안 함	지원 안 함		BIT나 SMALLINT로 대체
UNSIGNED	지원 안 함	지원 안 함		

MySQL	오라클	큐브리드	바이트	큐브리드 설명
TINYINT	NUMBER(3,0)	SMALLINT로 대체	2	TINYINT: 1바이트, SMALLINT: 2바이트
SMALLINT	NUMBER(5,0)	SMALLINT	2	
MEDIUMINT	NUMBER(10,0)	INT로 대체	4	MIDIUMINT: 3바이트, INT: 4바이트
INT	NUMBER(10,0)	INT	4	INT: 4바이트
BIGINT	NUMBER(19,0)	BIGINT	8	BIGINT: 8바이트
FLOAT(n)	FLOAT	FLOAT(n)	4	MySQL: 1<=n<=53 큐브리드: 1<=n<=38
NUMERIC(p, s)	NUMBER(p,s)	NUMERIC(p, s)	16	MySQL: 1<=p<=65, 0<=s<=30 큐브리드: 1<=p<=38, 0<=s<=p
DOUBLE	FLOAT(24)	DOUBLE	8	

스트링 자료형

MySQL	오라클	큐브리드	바이트	큐브리드 설명
BIT(n)	RAW	BIT(n)	n/8 올림	비트열 자료형은 8비트 단위로 저장(*)
BINARY(M)	RAW(M)	BIT(n)	n/8 올림	비트열 자료형은 8비트 단위로 저장(*)
VARBINARY(M)	RAW(M)	BIT VARYING(n)	n/8 올림	비트열 자료형은 8비트 단위로 저장(*)
CHAR(M)	CHAR(M)	CHAR(n)		큐브리드 2008 R4.x 이하 버전에서는 M!=n, 9.x 이상 버전에서는 M=n (**)
VARCHAR(M)	VARCHAR2(M)	VARCHAR(n)		
TINYBLOB, BLOB, MEDIUMBLOB, LONGBLOB,	BLOB, RAW	BLOB(n)	n	HA 복제 지원 안 함(***)
TINYTEXT, TEXT, MEDIUMTEXT, LONGTEXT	CLOB, RAW	CLOB(n)	n	HA 복제 지원 안 함(***)
ENUM	지원 안 함	ENUM		

(*): 큐브리드의 비트열 자료형은 8비트 단위로 저장된다. 따라서 n/8을 정수로 올림한 만큼의 바이트 수를 필요로 한다. 또한 8비트 단위로 왼쪽부터 값이 채워진다. 예를 들어, B'1'의 값은 B'10000000'과 같은 값으로 출력된다. 따라서 8비트 단위로 크기를 선언하고 입력할 것을 권장한다. 비트열 자료형 사용에 대한 자세한 내용은 4장의 "BIT 자료형 사용하기"(96쪽)를 참고한다.

(**): CHAR, VARCHAR와 같은 문자 자료형에서 n을 선언할 때 큐브리드는 버전에 따라 그 의미가 다르다. 2008 R4.x 이하 버전에서는 n이 바이트 크기를 나타내며, 9.x 이상 버전에서는 n이 문자 개수를 의미한다. 이는 2008 R4.x까지는 문자 집합(character set)을 지원하지 않았기 때문에 발생하는 현상이다. 2008 R4.x 이하 버전에서는 입력한 그대로 저장하므로 글자 수를 파악할 수 없고, 따라서 바이트 수로 n을 표현해야 한다. 이 규칙은 문자열 함수에도 적용된다.

SUBSTR(string, position, substring_length) 함수의 예를 들어보자. 이 함수는 스트링을 입력받아 substring_length로 지정한 길이만큼의 문자를 position으로부터 출력하는 함수다. 문자 집합이 UTF-8로 정의돼 있고 다음과 같은 질의가 수행된다고 하자.

```
SELECT SUBSTR ('12345가나다라마가나다라마', 9 , 6);
```

큐브리드 2008 R4.x 이하 버전은 '나다'를, 9.x 이상 버전은 '라마가나다라'를 반환한다. UTF-8 문자 집합에서 한글 한 글자는 3바이트를 차지하기 때문이다.

(***): 큐브리드는 BLOB, CLOB 자료형의 데이터를 외부 저장소에 저장하고 있으며, HA 기능으로 복제 구성한 환경에서 이 자료형의 데이터는 복제되지 않는다. 또한 BLOB, CLOB 자료형은 백업을 지원하지 않으며, 백업이 필요하다면 백업 명령 수행과 함께 외부 저장소의 BLOB, CLOB 디렉터리 이하 전체를 함께 백업해야 한다. 단, cubrid backupdb 명령으로 볼륨을 백업하는 작업과 BLOB, CLOB 외부 저장소를 백업하는 작업 사이에 발생하는 INSERT, UPDATE, DELETE 연산의 정합성은 보장할 수 없다는 점을 감안해야 한다.

날짜 자료형

MySQL	오라클	큐브리드	형식	큐브리드 설명
DATE	DATE	DATE	'10/31/2008'	일 단위
DATETIME	TIMESTAMP	DATETIME	'01:15:45.000 PM 10/31/2008'	밀리초 단위(*)"
TIMESTAMP	DATE	TIMESTAMP	'01:15:45 PM 10/31/2008'	초 단위
TIME	DATE	TIME	'01:15:45 PM '	초 단위
YEAR[(2|4)]	지원 안 함. CHAR(4)로 대체.	지원 안 함. CHAR(4)로 대체.		

(*): MySQL은 밀리초 단위까지 표현할 때 DATETIME 자료형과 TIMESTAMP 자료형을 모두 사용할 수 있지만, 큐브리드는 DATETIME 자료형만이 밀리초 단위를 허용한다. 오라클은 DATE 자료형으로 시간 데이터까지 저장할 수 있으며, TIMESTAMP 자료형으로 밀리초 단위까지 저장할 수 있다.

SQL 기능 비교

큐브리드는 기본적으로 ANSI SQL-92 표준을 따르는 것 외에도 계층 질의, MERGE 문, 분석 함수 (analytic function) 등을 추가로 지원한다. 큐브리드 외의 다른 DBMS가 제공하는 특징적인 SQL 기능은 무엇이 있으며, 이 중 큐브리드 9.3이 지원하는 기능은 무엇일까? 이 절에서는 오라클, 마이크로소프트 SQL 서버(이하 SQL 서버), MySQL, 큐브리드가 어떤 특징적인 SQL 기능을 지원하는지, 해당 기능들이 무엇인지 간단히 알아보겠다.

다음 표는 각 DBMS가 지원하는 질의문의 종류를 정리한 것이다. 이 표에서 비교한 DBMS의 주요 버전은 오라클 12c, SQL 서버 2008, MySQL 5.6, 큐브리드 9.3이다.

내용을 살펴보기에 앞서 다음 사항을 염두에 두기 바란다.

- 아래의 모든 표에서 O 표시에 붙은 (*) 표시는 기능의 일부만 지원한다는 의미다. X 표시에 붙은 (*) 표시는 지원한다고 보기는 애매하지만 대체 기능이 존재하거나 차기 버전에서 지원 예정이라는 의미다.
- SQL 표준이 아니거나 표준 여부를 파악하지 못한 경우 SQL 표준 여부를 명시하지 않았다.

질의문

기능	오라클	SQL 서버	MySQL	큐브리드
윈도우 함수(window function)	O	O	X	O(*)
공통 테이블 식(common table expression, CTE)	O	O	X	X
계층적 질의(hierarchical query)	O	X	X	O
PIVOT 지원	O	O	X	X(*)
GROUP BY … ROLLUP	O	O	O	O
시간 지원 데이터베이스(temporal database)	O	X	X	X
병렬 질의 처리(parallel query processing)	O	O	X	X
문자열 집계(string aggregation)	O(*)	X	O	O

윈도우 함수

윈도우 함수는 각 그룹의 누적, 이동, 중앙 집계를 계산하는 함수이며, 각 그룹에 대해 여러 개의 행을 반환한다는 점이 집계 함수(aggregate function)와 다르다. OVER 절을 사용하는 윈도우 함수는 SQL:2003 표준으로 제정됐고 SQL:2008 표준에서 확장됐다.

큐브리드에서는 분석 함수라고 불리는 함수 중 누적, 이동, 중앙 집계를 계산하는 일부가 윈도우 함수에 속한다. 또한 큐브리드 10.0부터 함수 집계 대상 범위의 기준을 지정하는 WINDOW 절을 지원할 예정이다.

다음은 WINDOW 절 없이 윈도우 함수를 사용하는 예다.

```
SELECT manager_id, last_name, hire_date, salary,
AVG(salary) OVER (PARTITION BY manager_id ORDER BY hire_date) AS c_mavg
FROM employees
WHERE manager_id BETWEEN 100 AND 102
ORDER BY manager_id, hire_date, salary;
```

employees 테이블에는 직원의 매니저 아이디, 고용 일자, 급여 정보가 저장돼 있다. 이 질의는 직원을 매니저 아이디(manager_id)별로 그룹화해 고용 일자(hire_date)순으로 정렬하고, 급여(salary)를 차례대로 누적하면서 평균을 집계한 결과를 보여준다. PARTITION BY 기준인 매니저 아이디(manager_id)별로 집계되며, AVG(salary)는 위의 행들만을 누적하면서 평균을 구한다. 즉, 현재 행의 평균을 집계할 때 오직 자신과 위의 행들만 포함한다.

예를 들어, 이 질의의 결과가 다음과 같다면 Raphaely의 AVG(salary)는 위의 De Haan의 salary를 자신의 salary와 더한 후 평균을 계산한 값이다. Kaufling의 AVG(salary)는 위의 De Haan과 Raphaely의 salary를 자신의 salary와 더한 후 평균을 계산한 값이다. 단, ORDER BY 절 칼럼의 값이 동일한 경우 이들의 평균이 동일하게 출력된다. MANAGER_ID가 101인 그룹 중 HIRE_DATE가 02/06/07로 동일한 행의 C_MAVG 값은 세 SALARY의 평균인 9502.66667로 동일하다. 이 예를 통해, 각 매니저별로 직원 고용 일자에 따른 직원 급여 평균의 변화 추이를 확인할 수 있다.

```
MANAGER_ID LAST_NAME     HIRE_DATE   SALARY    C_MAVG
---------- ------------  ---------  --------  ----------
       100 De Haan       01/01/13     17000       17000
       100 Raphaely      02/12/07     11000       14000
       100 Kaufling      03/05/01      7900  11966.6667
       100 Hartstein     04/02/17     13000       12225
       100 Weiss         04/07/18      8000       11380
       100 Russell       04/10/01     14000  11816.6667
       100 Partners      05/01/05     13500  12057.1429
       100 Errazuriz     05/03/10     12000       12050
       100 Fripp         05/04/10      8200  11622.2222
       100 Kochhar       05/09/21     17000       12160
       100 Vollman       05/10/10      6500  11645.4545
```

```
100 Cambrault      07/10/15    11000 11591.6667
100 Mourgos        07/11/16     5800 11146.1538
100 Zlotkey        08/01/29    10500      11100
101 Mavris         02/06/07     6500 9502.66667
101 Baer           02/06/07    10000 9502.66667
101 Higgins        02/06/07    12008 9502.66667
101 Greenberg      02/08/17    12008      10129
101 Whalen         03/09/17     4400     8983.2
102 Hunold         06/01/03     9000       9000
```

다음은 오라클에서 WINDOW 절을 사용하는 예다. 큐브리드 9.3은 WINDOWS 절을 지원하지 않는다.

```
SELECT manager_id, last_name, hire_date, salary,
AVG(salary) OVER (PARTITION BY manager_id ORDER BY hire_date
ROWS BETWEEN 1 PRECEDING AND 1 FOLLOWING) AS c_mavg
FROM employees
WHERE manager_id BETWEEN 100 AND 102
ORDER BY manager_id, hire_date, salary;
```

WINDOW 절은 집계 범위를 바로 직전(1 PRECEDING)과 직후(1 FOLLOWING)로 제한하고 있어서, 자신과 직전의 직원, 직후의 직원에 대한 평균을 계산하고 있다.

예를 들어, De Hann의 직전 직원은 없으므로 AVG(salary)는 자신의 salary와 Raphaely의 salary 평균을 계산한 값이다. Raphaely의 AVG(salary)는 자신과 De Haan, Kaufling의 salary 평균을 계산한 값이다.

```
MANAGER_ID LAST_NAME    HIRE_DATE   SALARY     C_MAVG

---------- ------------ --------- -------- ----------
       100 De Haan      01/01/13    17000      14000
       100 Raphaely     02/12/07    11000 11966.6667
       100 Kaufling     03/05/01     7900 10633.3333
       100 Hartstein    04/02/17    13000 9633.33333
       100 Weiss        04/07/18     8000 11666.6667
       100 Russell      04/10/01    14000 11833.3333
       100 Partners     05/01/05    13500 13166.6667
       100 Errazuriz    05/03/10    12000 11233.3333
```

```
100 Fripp        05/04/10    8200     12400
100 Kochhar      05/09/21   17000  10566.6667
100 Vollman      05/10/10    6500     11500
100 Cambrault    07/10/15   11000  7766.66667
100 Mourgos      07/11/16    5800      9100
100 Zlotkey      08/01/29   10500      8150
101 Mavris       02/06/07    6500      8250
101 Baer         02/06/07   10000  9502.66667
101 Higgins      02/06/07   12008  11338.6667
101 Greenberg    02/08/17   12008      9472
101 Whalen       03/09/17    4400      8204
102 Hunold       06/01/03    9000      9000
```

공통 테이블 식

공통 테이블 식(이하 CTE)은 질의 결과가 한 번 이상 사용되는 경우 질의 결과를 부질의(subquery) 형태로 임시 저장해 일반 테이블처럼 여러 곳에서 참조할 수 있게 하는 기능으로, SQL:1999 표준이다. 큐브리드는 이를 지원하지 않는다.

CTE는 객체로 저장되지 않고 질의 기간 동안에만 지속된다는 점에서 유도 테이블(derived table)과 비슷하다. 유도 테이블과 다른 점은, CTE는 자기 참조(self-referencing)가 가능하고 같은 질의 내에서 여러 번 참조될 수 있다는 점이다. 한 번의 질의에 특정 테이블이 여러 번 조인되는 경우 해당 테이블에 접근하는 횟수를 줄이기 위해 CTE를 사용할 수 있다.

다음은 CTE를 사용하는 예다.

```
INSERT INTO t2
WITH rn AS (
SELECT rownum rn
  FROM dual
  CONNECT BY LEVEL <= (SELECT MAX(cases) FROM t1))
SELECT pname
FROM t1, rn
WHERE rn <= cases
ORDER BY pname;
```

예에서는 INSERT 문에 WITH 절로 정의한 rn을 SELECT 문에 사용해 INSERT … SELECT 문을 수행한다.

이렇게 복잡해지거나 분리될 수밖에 없는 질의도 CTE를 사용하면 간단하게 수행할 수 있다.

계층적 질의

계층적 질의는 테이블에 포함된 행 간에 수직적 계층 관계가 성립되는 데이터에 대해 각 행을 출력하는 질의이며 SQL 표준은 아니다. 큐브리드는 이를 지원한다.

다음은 계층적 질의를 사용하는 예다.

```
SELECT id, mgrid, name
FROM tree
CONNECT BY PRIOR id=mgrid
ORDER BY id;
```

tree 테이블에는 직원의 아이디, 매니저 아이디, 직원 이름이 저장돼 있다. 이 질의는 다음과 같이 각 직원의 매니저 아이디를 출력한다.

id	mgrid	name
====	=======	======
1	null	Kim
2	null	Moy
3	1	Jonas
3	1	Jonas
4	1	Smith
4	1	Smith
5	2	Verma
5	2	Verma
6	2	Foster
6	2	Foster
7	6	Brown
7	6	Brown
7	6	Brown

PIVOT 연산자

PIVOT 연산자는 특정 열의 값을 같은 값끼리 그룹화하고 각 그룹을 열로 변환해 출력한다. SQL:2003 표준이다. 즉, 특정 행을 열로 회전(rotation)하는 것이다. 큐브리드는 이를 10.0부터 지원할 예정이다. 참고로, UNPIVOT은 특정 열을 행으로 회전하는 것이며 이 연산자 역시 큐브리드 10.0부터 지원할 예정이다.

다음은 PIVOT을 사용하는 예다.

```
SELECT *
FROM (SELECT job, deptno, sum(sal) sal
      FROM emp
      GROUP BY job, deptno)
PIVOT (sum(sal) FOR deptno IN (10, 20, 30, 40));
```

이 질의는 행의 값으로 출력되는 deptno의 값을 다음과 같이 열로 출력하도록 회전한 것이다.

```
JOB               10         20         30         40
--------- ---------- ---------- ---------- ----------
CLERK           1300       1900        950
SALESMAN                              5600
PRESIDENT       5000
MANAGER         2450       2975       2850
ANALYST                    6000
```

PIVOT 연산자가 없다면 다음과 같이 출력될 것이다.

```
SELECT job, deptno, sum(sal) sal
FROM emp
GROUP BY job, deptno;

JOB         deptno   sum(sal)
--------- ---------- ----------
CLERK           10       1300
CLERK           20       1900
```

CLERK	30	950
SALESMAN	30	5600
PRESIDENT	10	5000
MANAGER	10	2450
MANAGER	20	2975
MANAGER	30	2850
ANALYST	20	6000

GROUP BY … ROLLUP

GROUP BY … ROLLUP은 그룹화된 전체 칼럼 외에 각 칼럼을 기준으로 집계 결과 행을 추가로 출력하는 기능으로, SQL:1999 표준이다. 큐브리드는 이를 지원한다.

다음은 GROUP BY … ROLLUP의 예다.

```
SELECT dept_no AS a1, name AS a2, avg(sales_amount) AS a3
FROM sales_tbl
GROUP BY a1, a2 WITH ROLLUP;
```

WITH ROLLUP이 없다면 a1과 a2를 묶은 그룹별 집계만 출력하지만 WITH ROLLUP이 추가돼 다음과 같이 a1별 집계, 모든 행에 대한 집계 결과가 추가로 출력된다.

a1	a2	a3
201	'George'	3.500000000000000e+02
201	'Laura'	3.000000000000000e+02
201	**NULL**	**3.250000000000000e+02**
301	'Max'	3.000000000000000e+02
301	**NULL**	**3.000000000000000e+02**
501	'Chang'	1.500000000000000e+02
501	'Stephan'	2.000000000000000e+02
501	'Sue'	1.750000000000000e+02
501	**NULL**	**1.750000000000000e+02**
NULL	**NULL**	**2.458333333333333e+02**

WITH ROLLUP이 없다면 다음과 같이 a1별 집계, 모든 행에 대한 집계는 출력에서 제외된다.

```
SELECT dept_no AS a1, name AS a2, avg(sales_amount) AS a3
FROM sales_tbl
GROUP BY a1, a2;
          a1  a2                                           a3
==============================================================
         201  'George'              3.500000000000000e+02
         201  'Laura'               3.000000000000000e+02
         301  'Max'                 3.000000000000000e+02
         501  'Chang'               1.500000000000000e+02
         501  'Stephan'             2.000000000000000e+02
         501  'Sue'                 1.750000000000000e+02
```

참고로, SQL:1999에서 확장된 GROUP BY 표준에는 ROLLUP 외에 CUBE, GROUPING SETS도 포함되는데, CUBE와 GROUPING SETS는 큐브리드 10.0부터 지원할 예정이다.

시간 지원 데이터베이스

시간 지원 데이터베이스는 유효 시간(valid time)과 트랜잭션 시간(transaction time)을 메타데이터로 내장한 데이터베이스로, SQL:2011 표준이다. 큐브리드는 이를 지원하지 않는다.

유효 시간과 트랜잭션 시간은 각각 시작 시간과 종료 시간을 기록한다. 유효 시간은 응용프로그램 기간(application time period)을 나타내고 트랜잭션 시간은 시스템 기간(system time period)을 나타낸다. 하나의 테이블은 최대 하나의 유효 시간과 트랜잭션 시간을 가질 수 있다.

유효 시간은 실제 세계에서 어떤 사건이 사실인 기간이다. 예를 들면, 어떤 사람이 A 동네에 거주하면 거주 시작 시간이 기록되고, 끝 시간은 무한대가 된다. 그 사람이 B 동네로 이주하면 A 동네의 이력은 삭제되지 않고 끝 시간이 갱신되며, B 동네 거주 시작 시간이 기록된다. 그리고 그 사람이 죽으면 B 동네 거주 끝 시간이 갱신된다.

John Doe라는 사람이 Smallville이라는 마을에서 태어나면 다음과 같은 레코드가 기록된다.

```
Person(John Doe, Smallville, 3-Apr-1975, ∞).
```

John Doe가 Smallville에서 거주하다가 Bigtown으로 이주하면 Smallville의 종료일은 갱신되고 Bigtown에 대한 기록이 시작일과 함께 추가된다.

```
Person(John Doe, Smallville, 3-Apr-1975, 26-Aug-1994).
Person(John Doe, Bigtown, 26-Aug-1994, ∞).
```

John Doe가 사망하면 Bigtown의 종료일이 갱신된다.

```
Person(John Doe, Smallville, 3-Apr-1975, 26-Aug-1994).
Person(John Doe, Bigtown, 26-Aug-1994, 1-Apr-2001).
```

이 기록을 보면 John Doe의 출생일과 사망일, John Doe가 거주한 동네와 거주 기간을 알 수 있다.

트랜잭션 시간은 데이터베이스에 저장된 사건이 사실로 간주되는 기간으로, 특정 시간의 데이터베이스 상태에 대한 질의를 가능하게 한다. 트랜잭션 시간 테이블에서 레코드는 절대 삭제되지 않으며, 새 레코드가 추가되거나 어떤 레코드가 더 이상 존재하지 않음을 표현하기 위해 종료 시간만 갱신된다.

유효 시간을 설명할 때 등장한 John Doe를 예로 들어 보자.

```
Person(John Doe, Smallville, 3-Apr-1975, 26-Aug-1994).
Person(John Doe, Bigtown, 26-Aug-1994, 1-Apr-2001).
```

그런데 John Doe는 Bigtown에 거주했다고 기록된 기간 중에 Beachy에 거주했던 사실이 있다고 하자. 그 사실을 기록하면 다음과 같다.

```
Person(John Doe, Smallville, 3-Apr-1975, 26-Aug-1994).
Person(John Doe, Bigtown, 26-Aug-1994, 1-Jun-1995).
Person(John Doe, Beachy, 1-Jun-1995, 3-Sep-2000).
Person(John Doe, Bigtown, 3-Sep-2000, 1-Apr-2001).
```

하지만 이렇게만 기록된다면 John Doe가 Beachy에 거주했음을 (Beachy에 세금을 내지 않으려는 등의 이유로) 숨겼다는 사실을 파악할 수 없다.

한 개인의 주소나 날짜가 잘못돼서 변경해야 하고 그러한 변경 기록을 모두 가지고 있으려면, 트랜잭션 시간이 필요하다. 트랜잭션 시간은 데이터베이스 내에 변경 이력을 캡처할 수 있게 한다. 유효 시간과 트랜잭션 시간이 모두 포함된 데이터베이스의 내용은 다음과 같다.

```
Person(John Doe, Smallville, 3-Apr-1975,  ∞,        4-Apr-1975,  27-Dec-1994).
Person(John Doe, Smallville, 3-Apr-1975, 26-Aug-1994, 27-Dec-1994, ∞       ).
Person(John Doe, Bigtown,    26-Aug-1994, ∞,        27-Dec-1994, 2-Feb-2001 ).
Person(John Doe, Bigtown,    26-Aug-1994, 1-Jun-1995, 2-Feb-2001, ∞       ).
Person(John Doe, Beachy,     1-Jun-1995, 3-Sep-2000, 2-Feb-2001, ∞       ).
Person(John Doe, Bigtown,    3-Sep-2000, ∞,         2-Feb-2001, 1-Apr-2001 ).
Person(John Doe, Bigtown,    3-Sep-2000, 1-Apr-2001, 1-Apr-2001, ∞       ).
```

기록되는 순서는 '사람 이름, 도시 이름, 유효 시간 시작, 유효 시간 종료, 트랜잭션 시간 시작, 트랜잭션 시간 종료'이다.

병렬 질의 처리

병렬 질의 처리 기능은 처리 속도를 높이기 위해 질의문 하나를 처리하는 데 필요한 작업을 여러 개의 서버 프로세스에 나눠 처리하는 기능이다. 큐브리드는 이를 지원하지 않는다.

오라클 서버는 다음 질의에 대해 병렬 질의 처리를 수행할 수 있다.

- SELECT 문
- UPDATE, INSERT, DELETE 문의 부질의
- CREATE TABLE … AS SELECT 문
- CREATE INDEX 문

문자열 집계

문자열 집계는 그룹화되는 칼럼을 기준으로 여러 개의 행으로 표현되는 다른 칼럼의 값들이 하나의 행에 표현되도록 문자열을 합치는 기능으로, SQL:2008 표준이며 ARRAY_AGG라는 함수 이름으로 정의돼 있다. 특정 숫자 칼럼을 그룹화해 집계하면 집계된 결과를 한 행에 표현해 주는 것과 마찬가지로, 특정 문자열 칼럼을 그룹화하면 사용자가 명시한 분리자(separator)를 넣어서 하나의 문자열로 병합한다. 큐브리드는 GROUP_CONCAT이라는 이름의 함수로 이를 지원한다.

다음은 큐브리드에서 GROUP_CONCAT 함수가 문자열을 집계하는 예다.

```
SELECT deptno, GROUP_CONCAT(ename ORDER BY ename SEPARATOR ',') AS employees
FROM    emp
GROUP BY deptno;


    DEPTNO EMPLOYEES
---------- --------------------------------------------
        10 CLARK,KING,MILLER
        20 ADAMS,FORD,JONES,SCOTT,SMITH
        30 ALLEN,BLAKE,JAMES,MARTIN,TURNER,WARD
```

오라클은 LISTAGG라는 함수를 사용한다.

```
SELECT deptno, LISTAGG(ename, ',') WITHIN GROUP (ORDER BY ename) AS employees
FROM    emp
GROUP BY deptno;

    DEPTNO EMPLOYEES
---------- --------------------------------------------
        10 CLARK,KING,MILLER
        20 ADAMS,FORD,JONES,SCOTT,SMITH
        30 ALLEN,BLAKE,JAMES,MARTIN,TURNER,WARD
```

정규 표현식

기능	오라클	SQL 서버	MySQL	큐브리드
정규 표현식 기반 비교	O	X	O	O
정규 표현식 기반 부분 문자열(substring)	O	X	X	X
정규 표현식 기반 REPLACE	O	X	X	X

정규 표현식 기반 비교

정규 표현식 기반 비교는 비교 연산 시 정규 표현식을 사용할 수 있게 하는 기능으로 SQL:1999 표준이다. 큐브리드에서는 REGEXP 조건 연산자를 이용해 이 기능을 사용할 수 있다.

다음은 큐브리드에서 사용해 정규 표현식 기반 비교를 수행하는 예다.

```
SELECT name FROM athlete WHERE name REGEXP '^[a-d]';
```

이 질의는 대소문자를 구분하지 않고 a나 b, c, d로 시작되는 name을 반환한다. 대소문자를 구분하려면 REGEXP BINARY를 사용한다.

```
SELECT name FROM athlete WHERE name REGEXP BINARY '^[a-d]';
```

정규 표현식 기반 부분 문자열

정규 표현식 기반 부분 문자열은 정규 표현식을 사용해 전체 문자열에서 특정 문자열만 추출할 수 있게 하는 기능이다. 큐브리드는 이를 지원하지 않는다.

다음은 오라클에서 REGEXP_SUBSTR 함수를 사용하는 예다.

```
SELECT
  REGEXP_SUBSTR('http://www.example.com/products',
               'http://([[:alnum:]]+\.?){3,4}/?') "REGEXP_SUBSTR"
  FROM dual;
```

정규 표현식 기반 REPLACE

정규 표현식 기반 REPLACE는 정규 표현식을 사용해 전체 문자열에서 특정 문자열을 교체할 수 있게 하는 기능이다. 큐브리드는 이를 지원하지 않는다.

다음은 오라클에서 REGEXP_REPLACE 함수를 사용하는 예다.

```
SELECT
  REGEXP_REPLACE('500   Oracle      Parkway,    Redwood  Shores, CA',
               '( ){2,}', ' ') "REGEXP_REPLACE"
  FROM dual;
```

제약 조건

기능	오라클	SQL 서버	MySQL	큐브리드
지연된 제약 조건(deferred constraint)	O	X	X	X
CHECK 제약 조건	O	O	X(*)	X(*)

지연된 제약 조건

지연된 제약 조건은 질의 수행 시 제약 조건 검사를 트랜잭션 커밋 시점까지 늦추는 기능으로 ANSI SQL-92 표준이다. 큐브리드는 이를 지원하지 않는다.

CHECK 제약 조건

CHECK 제약 조건은 DDL(data definition language)에 제약 조건을 포함해 놓으면 DML(data manipulation language) 질의 수행 시 제약 조건을 검사하는 기능으로 ANSI SQL-92 표준이다. MySQL과 큐브리드는 파싱을 허용하되 실제로 기능이 동작하지는 않는다.

예를 들어, 다음과 같이 테이블 생성 구문에 CHECK를 포함해도 테이블이 생성되지만 DML 질의를 수행할 때 이 제약 조건이 적용되지 않으므로 id에 음수가 입력될 수 있다.

```
CREATE TABLE person (
    id INT CHECK (id > 0),
    name VARCHAR (30)
);
```

참고로 큐브리드에서 뷰를 생성하는 경우 WITH CHECK OPTION을 사용해 데이터 입력을 제한할 수 있다.

인덱싱

기능	오라클	SQL 서버	MySQL	큐브리드
필터링된 인덱스(filtered index)	O	O	X	O
내림차순 인덱스(descending index)	O	O	X(*)	O
키가 아닌 칼럼을 포함하는 인덱스(index with included columns)	X	O	X	X
클러스터형 인덱스(clustered index)	O(*)	O	O	X

필터링된 인덱스

필터링된 인덱스는 인덱스 생성 시 조건을 명시해 한정적인 데이터만을 인덱스 대상으로 삼는 것을 말한다. 부분 인덱스(partial index)라고도 한다. 어떤 조건이 질의에 포함되고 결과 집합(result set)이 필터링된 인덱스의 부분 집합이 될 수 있으면 이 질의에는 필터링된 인덱스가 적용될 수 있다. 큐브리드는 이를 지원한다.

다음은 큐브리드에서 필터링된 인덱스를 사용하는 예다.

```
CREATE TABLE blogtopic
(
    blogID BIGINT NOT NULL,
    title VARCHAR(128),
    author VARCHAR(128),
    content VARCHAR(8096),
    postDate TIMESTAMP NOT NULL,
    deleted SMALLINT DEFAULT 0
);

CREATE INDEX my_filter_index ON blogtopic(postDate) WHERE deleted=0;

SELECT *
FROM blogtopic USE INDEX (my_filter_index)
WHERE postDate>'2010-01-01' AND deleted=0;
```

내림차순 인덱스

내림차순 인덱스는 내림차순으로 정렬해 생성한 인덱스를 말한다. 특정 칼럼에 대해 내림차순으로 정렬할 때 내림차순 인덱스가 적용될 수 있다. 큐브리드는 이를 지원한다.

다음과 같이 오름차순과 내림차순을 병합해 생성할 수도 있다.

```
CREATE INDEX tbl(a ASC, b DESC);
```

키가 아닌 칼럼을 포함하는 인덱스

키가 아닌 칼럼을 포함하는 인덱스란 키가 아닌 칼럼(non-key column)이지만 검색 결과에 항상 포함되는 칼럼이 단말 노드(leaf node)에 포함돼 있는 인덱스다. SQL 서버만 제공하는 기능이며, 큐브리드는 이를 지원하지 않는다. SQL 서버는 인덱스 단말의 저장 형태에 따라 클러스터형 인덱스와 비클러스터형(non-clustered) 인덱스로 나뉘는데, 키가 아닌 칼럼을 포함하는 인덱스는 비클러스터형 인덱스에서만 사용할 수 있다.

참고로, 큐브리드는 인덱스의 키 대상 칼럼이 질의 검색 결과를 모두 포함하는 경우 힙 영역(데이터 영역)의 탐색 없이 인덱스 탐색만으로 질의 결과를 출력할 수 있는 커버링 인덱스 기능을 제공한다.

클러스터형 인덱스

클러스터형 인덱스는 인덱스의 단말 노드가 곧 힙 영역을 의미하는 인덱스로, 단말 노드에서 힙으로 데이터를 검색하는 과정이 생략된다. 따라서 인덱스 탐색 속도가 비클러스터형 인덱스보다 빠르지만 삽입, 갱신 과정에서 물리적인 정렬이 필요하므로 삽입, 갱신 연산 비용이 비클러스터형 인덱스보다 크다. 큐브리드는 비클러스터형 인덱스만 지원한다.

DML

기능	오라클	SQL 서버	MySQL	큐브리드
다중 행 INSERT 문(multiple rows INSERT)	X	O	O	O
MERGE 문	O	O	O(*)	O

다중 행 INSERT 문

다중 행 INSERT 문은 여러 개의 행을 하나의 질의문으로 처리하는 구문으로, ANSI SQL-92 표준이다. 큐브리드는 이를 지원한다.

```
INSERT INTO tbl VALUES (1, 'A'), (2, 'B'), (3, 'C');
```

MERGE 문

MERGE 문은 하나 이상의 원본에서 행을 선택해 하나의 테이블 또는 뷰에 갱신하거나 삽입하는 데 사용되는 구문으로, SQL:2003 표준이다. MySQL은 MERGE 문을 지원하지는 않지만 단일 테이블로부터 삽입 또는 갱신이 가능한 INSERT ⋯ ON DUPLICATE KEY UPDATE 문을 지원한다. 큐브리드는 MERGE 문과 INSERT ⋯ ON DUPLICATE KEY UPDATE 문을 모두 지원한다.

다음은 MERGE 문을 사용하는 예다.

```
MERGE INTO target_table tt USING source_table st
ON (st.a=tt.a AND st.b=tt.b)
WHEN MATCHED THEN UPDATE SET tt.c=st.c
    DELETE WHERE tt.c = 1
WHEN NOT MATCHED THEN INSERT VALUES (st.a, st.b, st.c);
```

자료형

기능	오라클	SQL 서버	MySQL	큐브리드
ENUM 자료형	X	X	O	O
BOOLEAN 자료형	X(*)	O	X(*)	X
INTERVAL 자료형	O	X	X	X

ENUM 자료형

ENUM 자료형은 허용하는 문자열을 사용자가 명시하는 자료형으로, SQL 표준에는 정의돼 있지 않다. 큐브리드는 이를 지원한다.

다음은 큐브리드에서 ENUM 자료형을 사용하는 예다.

```
CREATE TABLE tbl (
    color ENUM ('red', 'yellow', 'blue', 'green')
);
INSERT INTO tbl (color) VALUES ('yellow');
INSERT INTO tbl (color) VALUES (1);
```

BOOLEAN 자료형

BOOLEAN 자료형은 TRUE 또는 FALSE 두 값만 있는 자료형으로, SQL:1999 표준이다. 큐브리드는 이를 지원하지 않는다.

SQL 서버는 BIT 자료형이 그 역할을 대신하며, TRUE/FALSE로 리터럴(literal)을 입력하면 1/0으로 변환된다.

MySQL에서 BOOLEAN 자료형은 TINYINT(1) 자료형으로 변환된다. 즉, 한 자리수의 숫자를 허용해 1, 0뿐만 아니라 2~9도 입력할 수 있다. 이는 BOOLEAN의 원래 의미와는 다르므로 정확히 말하자면 BOOLEAN을 지원한다고 보기 어렵다.

큐브리드는 BOOLEAN 자료형을 지원하지 않으므로 BIT 자료형을 사용하거나 CHAR(1)을 사용하도록 한다. 큐브리드의 BIT 자료형은 SQL 서버와 달리, TRUE, FALSE 리터럴을 지원하지 않는다.

INTERVAL 자료형

INTERVAL 자료형은 시간 간격을 저장하는 자료형으로, ANSI SQL-92이다. 큐브리드는 이를 지원하지 않는다.

다음은 오라클에서 테이블 생성 시 칼럼에 INTERVAL 자료형을 사용하는 예다.

```
CREATE TABLE test_interval_table (
  id             NUMBER(10),
  time_period_1  INTERVAL YEAR TO MONTH,
  time_period_2  INTERVAL DAY TO SECOND,
  time_period_3  INTERVAL YEAR (3) TO MONTH,
  time_period_4  INTERVAL DAY (4) TO SECOND (9)
);
```

DDL

기능	오라클	SQL 서버	MySQL	큐브리드
트랜잭션 지원 DDL(transactional DDL)	X	O	X	O
계산되는 칼럼(computed column)	O	O	X	X

기능	오라클	SQL 서버	MySQL	큐브리드
칼럼 기본값으로 함수 사용(function as column default)	O	O	X	X
SEQUENCE	O	O(*)	X	O
자동 증가 칼럼(auto increment column)	O(*)	O	O	O
SYNONYM	O	O	X	X
무정지 인덱스 생성(non-blocking index creation)	O	O	X(*)	X(*)
분할(partitioning)	O	O	O	O
cascading DROP	O	X	X	X
DDL 트리거	O	O	X	X
TRUNCATE 트리거	O	X	X	X
기본 키(primary key) 제약 조건에 이름 명시	O	O	X	O

트랜잭션 지원 DDL

트랜잭션 지원 DDL은 DDL 문이 트랜잭션에 묶여서 수행될 수 있다는 의미다. 즉, 이 기능이 지원되면 트랜잭션 커밋이 완료돼야만 테이블 생성, 인덱스 생성 등이 완료된다. 큐브리드는 이를 지원한다.

계산되는 칼럼

계산되는 칼럼이란 테이블의 칼럼 속성을 계산식으로 정의하는 칼럼이다. 이 칼럼의 계산식은 칼럼 이름, 상수, 함수, 그리고 이러한 것들이 연산자에 의해 연결된 조합이 될 수 있다. 큐브리드는 이를 지원하지 않는다.

다음은 테이블을 생성할 때 계산되는 칼럼을 정의하는 예다.

```
ALTER TABLE emp2 ADD (income AS (salary + (salary*commission_pct)));
```

칼럼 기본값으로 함수 사용

칼럼의 기본값으로 함수를 사용할 수 있는 기능이다. 큐브리드는 이를 지원하지 않는다.

```
CREATE TABLE yyy( x VARCHAR(10) DEFAULT dbo.uuu() );
```

SEQUENCE

SEQUENCE는 일련번호 객체를 정의한 것으로, SQL:2003 표준이다. 큐브리드는 이를 SERIAL이라는 구문으로 제공한다.

다음은 큐브리드에서 SERIAL을 정의하는 예다.

```
CREATE SERIAL order_no START WITH 10000 INCREMENT BY 2 MAXVALUE 20000;
```

자동 증가 칼럼

자동 증가 칼럼은 특정 칼럼의 값을 NULL로 지정하는 경우 일련번호가 자동으로 부여되게 하는 속성으로, SQL:2003 표준이다. 큐브리드는 이를 지원한다.

다음은 큐브리드에서 자동 증가 칼럼을 정의하고 사용하는 예다.

```
CREATE TABLE tbl (id INT AUTO_INCREMENT, val string) AUTO_INCREMENT = 3;
CREATE TABLE t (i INT AUTO_INCREMENT(100, 2));
```

SYNONYM

SYNONYM 구문은 주로 원격지의 테이블 또는 다른 스키마에 존재하는 테이블에 길이를 줄인 이름을 부여하기 위해 사용한다. 원격지의 위치가 변경됐거나 하더라도 SYNONYM 원본 이름만 바꾼다면 SYNONYM을 사용하는 기존의 질의문을 그대로 사용할 수 있다는 장점이 있다. 큐브리드는 이를 지원하지 않는다.

다음은 오라클에서 SYNONYM을 사용하는 예다.

```
CREATE SYNONYM offices FOR hr.locations;
```

무정지 인덱스 생성

무정지 인덱스 생성은 데이터베이스 운영 중에 인덱스를 생성할 수 있게 하는 기능이다. MySQL의 경우 사용자 대부분이 사용하는 MyISAM 엔진이나 InnoDB 엔진에서는 이를 지원하지 않지만 NDB 클러스터 엔진이나 InnoDB 플러그인 같은 일부 저장 엔진에서는 이를 지원한다. 큐브리드는 현재 이를 지원하지 않는다. 큐브리드 10.0부터는 인덱스 생성 도중 SELECT 연산은 허용한다.

분할

분할은 특정 키를 기준으로 테이블을 분할해 생성하는 기능으로, 특정 키로 검색하는 경우 분할된 여러 개의 테이블 중 하나로 검색 범위를 제한할 수 있다는 장점이 있다. 큐브리드는 분할을 지원한다.

다음은 큐브리드에서 분할 테이블을 생성하는 예다.

```
CREATE TABLE participant_part (
    host_year INT,
    nation CHAR(3),
    gold INT,
    silver INT,
    bronze INT
)
PARTITION BY RANGE (host_year) (
    PARTITION before_2000 VALUES LESS THAN (2000),
    PARTITION before_2008 VALUES LESS THAN (2008)
);
```

cascading DROP

테이블을 제거(DROP)할 때 이 테이블을 참조하고 있는 테이블을 함께 제거하는 기능으로 SQL:2003 표준이며, 큐브리드는 이를 지원하지 않는다.

DDL 트리거

DDL 트리거는 DDL 문이 실행될 때마다 사용되는 트리거로, 큐브리드는 이를 지원하지 않는다. 예를 들어, 테이블 생성 내역을 로깅하는 경우에 사용할 수 있다.

TRUNCATE 트리거

TRUNCATE 트리거는 TRUNCATE 문이 실행될 때마다 사용되는 트리거로, 큐브리드는 이를 지원하지 않는다.

기본 키(primary key) 제약 조건에 이름 명시

큐브리드는 기본 키 제약 조건에 이름을 명시하는 것이 가능하다. MySQL의 경우 기본 키 제약 조건 이름은 항상 PRIMARY가 된다.

프로그래밍

기능	오라클	SQL 서버	MySQL	큐브리드
저장 프로시저(stored procedure)	O	O	O	O(*)
테이블 함수(table function)	O	O	X	X
사용자 정의 집계(custom aggregate)	O	O	X	X
문장 수준 트리거(statement level trigger)	O	O	X	O
행 수준 트리거(row level trigger)	O	X	O	O
내장된 스케줄러(built-in scheduler)	O	O	O	X

저장 프로시저

큐브리드는 저장 프로시저를 제한적으로 지원한다. 큐브리드 저장 프로시저는 구현부를 자바 언어로 정의해 클래스화한 후, 이를 등록해 사용한다. 따라서 자바에 익숙한 사용자에게는 저장 프로시저의 구현이 용이한 반면 JVM을 통해 수행되므로 성능상의 이점은 없다.

테이블 함수

어떤 함수의 반환값으로 결과 집합을 받고 싶을 때 테이블 함수를 사용하면 간단히 해결할 수 있다. 테이블 함수는 여러 개의 행을 반환하며, 특정 함수를 마치 테이블처럼 FROM 절에서 사용할 수 있다. 큐브리드는 테이블 함수를 지원하지 않는다.

다음은 오라클에서 테이블 함수를 정의하고 사용하는 예다.

```
CREATE TYPE t_tf_row AS OBJECT (
  id          NUMBER,
  description VARCHAR2(50)
);
/

CREATE TYPE t_tf_tab IS TABLE OF t_tf_row;
```

```
/

-- Build the table function itself.
CREATE OR REPLACE FUNCTION get_tab_tf (p_rows IN NUMBER) RETURN t_tf_tab AS
  l_tab   t_tf_tab := t_tf_tab();
BEGIN
  FOR i IN 1 .. p_rows LOOP
    l_tab.extend;
    l_tab(l_tab.last) := t_tf_row(i, 'Description for ' || i);
  END LOOP;

  RETURN l_tab;
END;
/

-- Test it.
SELECT *
FROM   TABLE(get_tab_tf(10))
ORDER BY id DESC;
```

사용자 정의 집계

사용자가 집계 함수를 정의해 사용하는 기능으로, 큐브리드는 이를 지원하지 않는다.

문장 수준 트리거와 행 수준 트리거

트리거는 문장 수준 또는 행 수준으로 제공될 수 있는데, 문장 수준 트리거는 문장이 호출될 때만 한 번 수행되며, 행 수준 트리거는 질의문에 의해 영향을 받는 행 각각에 대해 트리거가 수행된다. 큐브리드는 두 가지 자료형 모두 제공한다. 큐브리드에서는 문장 수준 트리거를 문장 이벤트, 행 수준 트리거를 인스턴스 이벤트라고 한다.

다음은 history 테이블에서 score 칼럼을 갱신하기 전에 update_logs 테이블에 수정 전의 값을 저장하는 트리거의 예다.

```
CREATE TRIGGER example
BEFORE UPDATE ON history(score)
EXECUTE INSERT INTO update_logs VALUES (obj.event_code, obj.score, SYSDATETIME);
```

만약 score 칼럼의 첫 번째 행이 갱신되기 직전에 트리거가 단 한 번만 동작하게 하려면 다음과 같이 STATEMENT UPDATE 형식을 사용한다.

```
CREATE TRIGGER example
BEFORE STATEMENT UPDATE ON history(score)
EXECUTE INSERT INTO update_logs VALUES (obj.event_code, obj.score, SYSDATETIME);
```

내장된 스케줄러

리눅스의 crontab 명령처럼 스케줄링이 필요한 작업을 데이터베이스에서 직접 수행하는 기능으로, 큐브리드는 이를 지원하지 않는다.

뷰

기능	오라클	SQL 서버	MySQL	큐브리드
갱신 가능한 뷰(updatable view)	O	O	O	O
뷰를 이용한 갱신 시 조건 검사(with check option)	O	O	O	O
뷰에 트리거 적용(triggers on view)	O	O	X	X
유도 테이블이 있는 뷰(view with derived tables)(*)	O	O	X	O

갱신 가능한 뷰

뷰에서 UPDATE 문을 수행할 수 있게 하는 기능으로, 큐브리드는 이를 지원한다.

SQL-92에서는 뷰를 갱신할 수 있는 조건이 매우 제한적으로, 원본 테이블이 오직 하나인 뷰만 갱신할 수 있다고 정의하고 있다. SQL:2008은 뷰의 기반이 되는 원본 테이블로 뷰의 스키마를 역으로 매핑하는 것이 가능하다면 뷰를 갱신할 수 있다고 정의한다.

큐브리드 2008 R4.x까지는 갱신 가능한 테이블이나 뷰를 반드시 하나만 포함해야 하며, DISTINCT, UNIQUE 구문을 포함해서는 안 되고, SUM(), AVG()와 같은 집계 함수를 포함하면 안 되는 등의 제약이 있었다. 9.x부터는 갱신 가능한 테이블이나 뷰가 2개 이상 포함된 뷰, 즉 조인 뷰도 갱신할 수 있지만 나머지 제약 조건은 2008 R4.x와 동일하다.

뷰를 이용한 갱신 시 조건 검사

뷰를 생성할 때 WITH CHECK OPTION을 명시하면 이후 뷰를 이용해 값을 갱신할 때 조건에 맞지 않는 값은 갱신할 수 없다. 큐브리드는 이를 지원한다.

다음은 WITH CHECK OPTION을 명시해 뷰를 생성하는 예다.

```
CREATE VIEW b_view
AS SELECT * FROM a_tbl
WHERE phone IS NOT NULL WITH CHECK OPTION;
```

이 뷰에 다음과 같은 UPDATE 문을 수행하면 조건에 위배되므로 오류가 발생한다.

```
UPDATE b_view SET phone=NULL;
```

뷰에 트리거 적용

큐브리드에서는 뷰에 트리거를 적용할 수 없다.

유도 테이블이 있는 뷰

큐브리드는 뷰에서 유도 테이블을 사용할 수 있다.

```
CREATE VIEW c_view AS
SELECT a.id, b.phone FROM a_tbl a,
(SELECT id, phone FROM b_view) b WHERE a.id=b.id;
```

조인

기능	오라클	SQL 서버	MySQL	큐브리드
완전 외부 조인(full outer join)	O	O	X	X
LATERAL JOIN	O	O(*)	X	X
JOIN … USING	O	X	O	X

완전 외부 조인

조인 시 외부(outer) 조건을 양쪽 테이블에 적용하는 것으로, 큐브리드는 이를 지원하지 않는다. 큐브리드는 왼쪽 외부 조인(left outer join)과 오른쪽 외부 조인(right outer join), 교차 조인(cross join)만을 지원한다. 큐브리드 10.0에서는 자연 조인(natural join)을 추가로 지원할 계획이다.

LATERAL JOIN

LATERAL JOIN은 SQL:2003 표준으로, 큐브리드는 이를 지원하지 않는다. LATERAL JOIN에서 사용하는 lateral view는 FROM 절에서 앞서 나타난 다른 테이블을 참조하는 관계를 포함하는 인라인 뷰(inline view)다. SQL 서버는 같은 기능을 위해 LATERAL 연산자 대신 APPLY 연산자를 사용하며, 부분적으로 제약이 있다.

예를 들어, 오라클에서 다음과 같은 구문을 실행하면 오른쪽 인라인 뷰에서 바깥쪽의 테이블을 참조할 수 없기 때문에 오류가 발생한다.

```
SELECT * FROM employees e,
(SELECT * FROM departments d
 WHERE e.department_id = d.department_id);


ORA-00904: "E"."DEPARTMENT_ID": invalid identifier
```

그러나 다음과 같이 오른쪽 인라인 뷰에 LATERAL을 정의하면 LATERAL JOIN을 수행해 오류가 발생하지 않는다.

```
SELECT * FROM employees e, LATERAL
(SELECT * FROM departments d
 WHERE e.department_id = d.department_id);
```

JOIN … USING

조인 조건은 보통 ON을 사용해 지정하는데, 조인 조건이 되는 각 테이블의 칼럼 이름이 동일하면 USING을 사용해 칼럼 이름만 지정해 조건 작성을 단순화할 수 있다. JOIN … USING은 ANSI SQL-92에 정의돼 있다. 큐브리드는 JOIN 문에서 USING을 지원하지 않는다.

다음은 오라클에서 ON과 USING을 사용하는 예로, 두 구문은 동일한 결과를 출력한다.

```
SELECT film.title, film.film_id
FROM film JOIN film_actor
ON (film.film_id = film_actor.film_id) WHERE ...

SELECT film.title, film_id
FROM film JOIN film_actor
USING (film_id) WHERE ...
```

연산

기능	오라클	SQL 서버	MySQL	큐브리드
UNION	O	O	O	O
INTERSECT	O	O	X	O
EXCEPT	O(*)	O	X	O
ORDER BY ⋯ NULLS LAST	O	X	X	O

UNION, INTERSECT, EXCEPT

UNION, INTERSECT, EXCEPT는 문장 집합 연산자로 ANSI SQL-92 표준이며, 큐브리드는 모두 지원한다.

큐브리드에서는 INTERSECT와 INTERSECTION이 동일하고, EXCEPT와 DIFFERENCE도 동일하다.

ORDER BY ⋯ NULLS LAST

이 구문은 NULL을 정렬할 때 기준을 정하는 것으로, SQL:2003 표준이다. 큐브리드는 이를 지원한다.

```
SELECT * FROM tbl ORDER BY b NULLS FIRST;
```

큐브리드에서는 NULLS FIRST/LAST를 명시하지 않은 경우 NULL을 가장 작은 값으로 간주하고 정렬한다. 즉, NULLS FIRST/LAST를 명시하지 않고 ASC로 정렬하면 NULL이 앞에 오고(NULLS FIRST), DESC로 정렬하면 NULL이 뒤에 온다(NULLS LAST).

지금까지 큐브리드 SQL에 대해 간단히 살펴보고, 다른 DBMS와 비교도 해봤다. 이제 여러 개의 작업이 동시에 이뤄지는 상황에서 잠금 문제를 유발하는 트랜잭션과, 잠금을 확인하고 해소하는 방법을 알아보자.

06
트랜잭션과 잠금

이 장에서는 큐브리드의 트랜잭션과 격리 수준에 대해 알아보고, 잠금의 종류, 잠금 해제 방법, 교착 상태의 예를 살펴본다.

트랜잭션이란 업무적으로 의미가 있는 최소 작업 단위다. 데이터베이스에서 트랜잭션을 보장하려면 여러 개의 연산이 모여 하나로 구성된 작업에 대해 일관성을 보장해야 한다. 예를 들어, 어떤 사람이 A 계좌에서 B 계좌로 이체 작업을 진행한다면 A 계좌 잔고에서 이체 금액을 빼는 과정과 B 계좌 잔고에 이체 금액을 더하는 과정은 하나의 작업, 즉 하나의 트랜잭션으로 구성돼야 한다. 즉, 이 과정은 하나의 작업으로 완성되거나 하나의 작업으로 실패한다는 것을 보장해야 하며, A 계좌 잔고에서 이체 금액을 빼고 B 계좌 잔고에 이체 금액을 더하지 않은 채로 종료되는 상황이 발생해서는 안 된다. 이러한 트랜잭션을 보장해 주는 것은 DBMS의 가장 중요한 기능 중 하나다.

이와 같은 트랜잭션이 동시에 여러 개 수행될 수 있게 하는 성질을 동시성이라 한다. 동시성이 높다는 것은 동시에 처리할 수 있는 트랜잭션의 수가 많다는 의미다. 트랜잭션이 동시에 여러 개 수행되는 환경에서 일관성을 보장하려면 리소스를 공유하지 않는 연산은 동시에 수행을 허용하고, 연산이 리소스를 공유한다면 해당 리소스를 먼저 획득한 트랜잭션이 먼저 사용하게 하는 등의 관리가 필요하다. 이를 트랜잭션의 동시성 제어(concurrency control)라 한다.

트랜잭션은 읽기 일관성을 높이면 동시성이 낮아지고 읽기 일관성을 낮추면 동시성이 높아지는 특성이 있다. 따라서 개발하고자 하는 서비스의 성격에 따라 둘 중 어느 것을 더 높일 것인지를 조정해야 하는데, 큐브리드에서는 트랜잭션 격리 수준(isolation level)을 설정해 이를 조정할 수 있다.

트랜잭션의 일관성을 보장하기 위해 큐브리드에서는 잠금(lock) 관리 기법을 사용한다. 트랜잭션 Tx1이 어떤 데이터를 읽을 때 같은 데이터를 갱신하려는 Tx2는 Tx1이 읽기를 마칠 때까지 대기해야 한다. 또한 Tx1이 어떤 데이터에 쓰기 연산을 수행할 때 Tx2가 같은 데이터에 읽기 연산을 하거나 쓰기 연산을 하려면 Tx1이 쓰기를 마칠 때까지 대기해야 한다.

트랜잭션 처리

커밋과 롤백

트랜잭션을 보장하기 위해 하나의 작업에서 진행되는 여러 연산을 모두 반영하거나 모두 취소할 수 있는데, 모두 반영하는 것을 커밋이라 하고 모두 취소하는 것을 롤백이라 한다.

커밋과 롤백은 사용자가 필요에 따라 명시할 수 있으며, 롤백은 사용자의 명시 없이 시스템에 의해 발생할 수도 있다. 일반적으로 사용자가 롤백을 수행하는 경우는 트랜잭션 수행 중 일부 연산에서 오류가 발생해 더 이상의 트랜잭션 수행이 의미가 없다고 판단하는 경우다. 그 외에는 대부분 시스템에 의해 발생하는데, 트랜잭션을 처리하는 데 많은 리소스가 필요하거나, 다른 트랜잭션에 의해 더 이상의 처리가 곤란하거나, 트랜잭션을 처리하는 데 사용자가 기대한 시간 이상이 소요되는 등의 환경에서 발생한다.

트랜잭션 관리

동시에 수행되는 트랜잭션 사이에서 공유되는 리소스를 관리하기 위해 큐브리드에서는 잠금 관리 기법을 사용한다. 잠금 관리란, 트랜잭션 Tx1이 갱신 중인 데이터에 트랜잭션 Tx2가 접근해야 하는 경우, 트랜잭션 Tx1이 사용을 종료할 때까지 트랜잭션 Tx2가 대기하도록 공유되는 데이터에 대해 Tx1에게 잠금을 제공하는 것을 말한다. 이 경우 Tx1은 잠금을 획득한 잠금 보유자(lock holder)라 하고 Tx2는 잠금이 해제될 때까지 대기하는 잠금 대기자(lock waiter)라 한다. 잠금의 종류와 그에 따른 동작은 "잠금 관리"(157쪽)에서 설명한다.

그런데 여러 개의 트랜잭션이 동시에 수행되면서 서로 상대방이 사용 중인 데이터를 갱신하기를 기다리는 등의 상황이 발생했을 때 해당 트랜잭션은 모두 더 이상 작업을 진행할 수 없는 교착 상태(deadlock)가 된다.

이때 큐브리드는 교착 상태를 감지하고 트랜잭션 중 하나의 동작을 포기시켜서, 즉 롤백해서 교착 상태를 해결한다. 롤백 대상으로는 가장 적은 행을 갱신한 트랜잭션을 선택하는 것이 유리한데, 가장 최근에 시작된 트랜잭션이 가장 적은 행을 갱신했을 가능성이 크므로 대부분 가장 최근에 시작된 트랜잭션의 동작을 롤백한다.

잠금 대기 시간 제한(lock timeout)을 설정하면 잠금 대기가 무한히 지속되는 상황을 해결하는 데 도움이 된다. 어떤 트랜잭션이 잠금을 획득할 때까지 기다리는 시간이 길어지면 해당 트랜잭션이 보유하고 있는 잠금으로 인해 또 다른 트랜잭션이 대기할 가능성이 높아진다. 잠금 대기 시간 제한을 설정하면 잠금 대기 시간이 이 값을 초과했을 때 해당 트랜잭션을 롤백하고 오류를 출력한다. 잠금 대기 시간 제한은 cubrid. conf 파일에서 lock_timeout(기본값: 무제한) 파라미터의 값으로 설정할 수 있다.

교착 상태 발생을 줄이려면 트랜잭션 수행 시간을 짧게 만들거나, 인덱스를 적절히 설정해 잠금이 설정되는 범위를 최소화하거나, 트랜잭션 격리 수준(isolation level)을 낮게 설정하는 것이 좋다. 큐브리드가 제공하는 트랜잭션 격리 수준을 알아보자.

트랜잭션 격리 수준

트랜잭션 격리 수준은 트랜잭션이 동시에 진행 중일 때 어떤 트랜잭션의 질의가 다른 트랜잭션의 질의에 의해 변경된 데이터를 '읽는 정도', 즉 '읽기 일관성'을 어느 선까지 보장할 것인지 명시하는 기준이다. 읽기 일관성과 동시성은 상반되는 관계에 있다. 트랜잭션 격리 수준이 높을수록 읽기 일관성은 높아지나 동시성은 낮아지며, 반대로 트랜잭션 격리 수준이 낮을수록 읽기 일관성은 낮아지나 동시성은 높아진다. 따라서 운영하고자 하는 서비스 내의 트랜잭션의 성격에 따라 트랜잭션 격리 수준을 설정해야 한다.

읽기 일관성과 관련해 발생하는 현상은 다음과 같다.

- **더티 읽기(dirty read):** 아직 커밋되지 않은 트랜잭션 Tx1이 쓴 데이터를 트랜잭션 Tx2가 읽음.
- **반복 불가능한 읽기(non-repeatable read):** 트랜잭션 Tx1이 특정 데이터를 반복해 읽는 사이에 해당 데이터를 갱신 또는 삭제하는 트랜잭션 Tx2가 커밋돼, 트랜잭션 Tx1이 전과 다른 값을 읽음.

- **유령 읽기(phantom read):** 트랜잭션 Tx1이 특정 범위의 레코드를 반복해 읽는 사이에 해당 조건을 만족하는 레코드를 삽입하는 트랜잭션 Tx2가 커밋돼, 트랜잭션 Tx1이 전에 없던 레코드를 읽음.

큐브리드가 지원하는 트랜잭션 격리 수준은 모두 6개며, 테이블(클래스)과 레코드(인스턴스)에 대해 위와 같은 현상을 허용하는지에 따라 나뉜다. 하지만 실제로는 주로 4개의 격리 수준만 사용하며 나머지 2개는 다른 DBMS에 없는 개념이므로 이 책에서도 4개의 격리 수준만 설명하겠다.

큐브리드가 제공하는 4개의 주요 격리 수준은 다음과 같다.

- SERIALIZABLE
- REPEATABLE READ CLASS with REPEATABLE READ INSTANCES
- REPEATABLE READ CLASS with READ COMMITTED INSTANCES
- REPEATABLE READ CLASS with READ UNCOMMITTED INSTANCES

이제부터 편의상 이것들을 SERIALIZABLE, REPEATABLE READ, READ COMMITTED, READ UNCOMMITTED로 줄여 부르기로 한다. 각 격리 수준에 대한 설명은 다음과 같다.

격리 수준	설명
SERIALIZABLE(6)	읽기 일관성과 관련된 어떤 현상도 허용하지 않는다. 트랜잭션의 읽기 일관성이 가장 높지만 동시성은 가장 낮은 설정이다.
REPEATABLE READ(5)	유령 읽기를 허용한다.
READ COMMITTED(4)	유령 읽기, 반복 불가능한 읽기를 허용한다.
READ UNCOMMITTED(3)	유령 읽기, 반복 불가능한 읽기, 더티 읽기를 허용한다. 대부분의 트랜잭션은 커밋될 것이라고 낙관적으로 가정하는 경우에 적절하다. 큐브리드를 처음 설치했을 때의 기본 설정이다.

표에서 괄호 안의 숫자는 격리 수준 번호를 나타내며, 격리 수준을 설정할 때 격리 수준 번호로 지정할 수 있다(예: SET TRANSACTION ISOLATION LEVEL 4).

격리 수준을 설정하려면 cubrid.conf 파일의 isolation_level 파라미터에 값을 설정한다.

```
isolation_level = 3
```

특정 응용프로그램에서만 설정하려면 다음과 같은 질의를 수행한다.

```
SET TRANSACTION ISOLATION LEVEL 3;
```

참고

트랜잭션 격리 수준은 읽기 일관성에 대해서만 설정하는 것이며, 쓰기 일관성과는 무관하다. 즉, 격리 수준을 어떻게 설정하더라도 쓰기 연산끼리는 데이터의 일관성을 보장한다.

잠금 관리

트랜잭션 Tx1이 읽기 연산을 수행할 때 트랜잭션 Tx2가 같은 레코드에 대해 읽기 연산을 수행한다면 아무런 문제가 발생하지 않는다. 하지만 Tx1이 읽기 연산을 마치기 전에 Tx2가 같은 레코드에 쓰기 연산을 수행하게 해서는 안 된다. 이렇게 잠금 보유자(Tx1)가 잠금 대기자(Tx2)에게 같은 데이터에 대해 읽기를 허용하되 쓰기를 허용하지 않는 잠금을 공유 잠금(S_LOCK)이라고 한다.

참고

데이터의 현재 버전과 갱신된 버전을 각각 유지한다면 트랜잭션 Tx1이 어떤 레코드를 읽는 동안 트랜잭션 Tx2가 같은 레코드를 갱신할 수 있다. 반대로, Tx1이 어떤 레코드를 갱신하는 동안 트랜잭션 Tx2가 같은 레코드를 읽을 수 있다. 이렇게 갱신된 데이터를 각각 유지하는 기법을 MVCC(multiversion concurrency control)라고 한다. 큐브리드는 이 책의 기준인 9.3까지는 이 기법을 제공하지 않으며, 10.0부터 제공할 예정이다.

이번에는 트랜잭션 Tx1이 쓰기 연산을 수행하는 경우를 생각해보자. 이때 트랜잭션 Tx2는 Tx1의 쓰기가 완료(커밋)되기 전까지는 Tx1이 변경한 값을 읽어서는 안 된다.(격리 수준이 READ UNCOMMITTED 인 경우 커밋되지 않은 변경된 데이터를 다른 트랜잭션이 읽을 수 있다. 단, Tx1과 Tx2가 동시에 동일한 데이터를 변경할 수는 없다.) Tx1은 트랜잭션을 완료한 것이 아니므로 값을 변경했다가 롤백하거나 또 다른 변경 작업을 수행할 수 있기 때문이다. 이렇게 잠금 보유자(Tx1)가 잠금 대기자(Tx2)에게 읽기와 쓰기를 모두 허용하지 않는 잠금을 배타 잠금(X_LOCK)이라고 한다.

큐브리드는 동시성을 높이기 위해 공유 잠금과 배타 잠금을 기본으로 다양한 잠금을 제공하는데, 잠금의 대상 객체인 테이블, 인덱스, 레코드에 따라 잠금의 종류가 달라진다.

지금부터 큐브리드에서 사용하는 잠금의 종류를 알아보자.

공유 잠금(S_LOCK)

큐브리드의 S_LOCK은 트랜잭션 Tx1이 읽기 연산을 수행하기 전에 해당 객체에 대해 획득하는 잠금이다. 따라서 트랜잭션 Tx2와 트랜잭션 Tx3은 Tx1이 읽는 객체에 대해 읽기 연산을 동시에 수행할 수 있지만 쓰기 연산은 수행할 수 없다.

- 격리 수준이 READ COMMITTED인 경우, 트랜잭션 Tx1이 커밋되기 전이더라도 특정 객체에 대한 읽기가 완료되면 해당 객체에 대해 획득한 공유 잠금을 즉시 해제한다. 따라서 다른 트랜잭션 중 하나가 해당 객체에 대해 갱신 또는 삭제 연산을 수행할 수 있지만 반복 불가능한 읽기가 발생할 수 있다.

- 격리 수준이 REPEATABLE READ 또는 SERIALIZABLE인 경우 트랜잭션 Tx1이 커밋될 때까지 공유 잠금을 유지한다. 따라서 다른 트랜잭션은 해당 객체에 대해 갱신 또는 삭제 연산을 수행할 수 없고 트랜잭션 Tx1은 이미 읽었던 객체를 다시 읽어도 항상 같은 값을 읽을 수 있으므로 반복 불가능한 읽기가 발생하지 않는다.

배타 잠금(X_LOCK)

큐브리드의 X_LOCK은 트랜잭션이 갱신 연산을 수행하기 전에 해당 객체에 대해 획득하는 잠금이며, 오직 하나의 트랜잭션만 획득할 수 있다. 갱신 연산이 완료되더라도 트랜잭션이 커밋될 때까지는 이 잠금을 해제하지 않는다.

갱신 잠금(U_LOCK)

큐브리드의 U_LOCK은 데이터에 갱신 또는 삭제 연산을 수행하기 전에 WHERE 조건 절에 의해 읽기 연산을 수행해야 하는 특정 레코드에 대해 획득하는 잠금이다. 갱신 대상 레코드에 대한 읽기 연산을 다른 신규 트랜잭션들이 계속해서 점유하는 현상을 방지하기 위해 U_LOCK이 필요하다.

예를 들어, UPDATE tbl SET content='abc' WHERE id BETWEEN 10 and 20이라는 질의문을 수행하는 경우, 10과 20 사이의 레코드에 대해 U_LOCK이 먼저 획득된다. U_LOCK은 다른 트랜잭션이 해당 레코드에 대해 S_LOCK을 획득한 상태에서 획득할 수 있으며, U_LOCK이 설정된 레코드에 대해서는 다른 트랜잭션이 S_LOCK을 획득할 수 없다. 따라서 트랜잭션 Tx1이 읽기 연산을 수행 중이더라도 같은 레코드에 대해 트랜잭션 Tx2가 갱신 연산을 선언할 수 있고, 새로 발생하는 트랜잭션 Tx3에서는 같은 레코드에 대해 읽기 연산을 수행할 수 없다. 물론 실제로 Tx2가 갱신 연산을 수행하는 순간 Tx2의 U_LOCK은 X_LOCK으로 변경돼야 하므로 Tx1의 S_LOCK이 모두 해제된 이후에야 실제 갱신 연산을 수행할 수 있다.

읽기 및 갱신 질의 시 데이터에 대한 잠금 동작을 요약하면 다음과 같다.

질의문	데이터값 잠금 동작
SELECT	데이터값에 S_LOCK 획득. S_LOCK끼리 호환.
UPDATE	데이터값에 U_LOCK 획득 후 X_LOCK 획득. S_LOCK에 U_LOCK 획득 가능.
INSERT	데이터값에 X_LOCK 획득.
DELETE	데이터값에 U_LOCK 획득 후 X_LOCK 획득.

이 밖에도 특정 범위에 대한 질의 수행 시 특정 범위를 보호하고 인덱스 갱신을 지원하기 위해 키 잠금을 제공하는데, 키 잠금은 뒤에서 살펴보겠다.

의도 잠금

큐브리드의 의도 잠금(intent lock)은 연산을 수행할 대상 객체보다 상위 계층의 객체에 대해 잠금을 획득하는 방식으로, 상위 객체에 대한 변경을 방지하고자 할 때 사용한다. 예를 들어, 특정 레코드에 쓰기 잠금을 획득하면 상위 객체인 테이블에 대해서도 의도 잠금을 획득해 테이블 스키마를 변경하지 못하게 방지한다.

- **의도 공유 잠금(IS_LOCK)**

  특정 레코드에 S_LOCK이 설정되면 테이블에 대해서는 IS_LOCK을 획득한다. 이때 다른 트랜잭션은 테이블 스키마를 변경하거나 모든 행을 갱신하는 연산을 수행할 수 없다. 그러나 일부 행을 갱신하거나 모든 행을 조회하는 연산은 허용된다.

- **의도 배타 잠금(IX_LOCK)**

  특정 레코드에 X_LOCK이 설정되면 테이블에 대해서는 IX_LOCK을 획득한다. 이때 다른 트랜잭션은 테이블 스키마를 변경하거나 모든 행을 갱신하는 연산, 그리고 모든 행을 조회하는 연산을 수행할 수 없다. 그러나 일부 행을 갱신하는 연산은 허용된다.

- **공유 의도 배타 잠금(SIX_LOCK)**

  테이블에 SIX_LOCK이 설정되면 다른 트랜잭션은 테이블 스키마를 변경하거나 모든 행이나 일부 행을 갱신하는 연산, 그리고 모든 행을 조회하는 연산을 수행할 수 없다. 그러나 일부 행을 조회하는 연산은 허용된다.

키 잠금

큐브리드에서 키 잠금(key lock)은 트랜잭션 Tx1이 수행한 INSERT/UPDATE/DELETE 질의의 특정 범위를 Tx2로부터 보호하기 위해 인덱스의 키를 이용해 일정 범위에 대해 잠금을 획득하는 방식이다.

키 잠금의 기본 동작은 키, 즉 인덱스가 존재하는 행에 대해 삽입, 갱신, 또는 삭제 등의 연산을 수행할 때 자신의 키와 다음 키에 대해 잠금을 획득하는 것이다. 단, 키 잠금을 수행하려면 WHERE 조건에 해당하는 칼럼에 대해 반드시 인덱스 스캔이 돼야 한다.

- **다음 키 공유 잠금(next key shared lock, NS_LOCK)**

  키가 존재하는 어떤 행에 대해 삽입 연산을 수행할 때 이 연산이 영향을 주는 범위를 보호하기 위해 자신의 키와 다음 키에 공유 잠금(NS_LOCK)을 획득했다가, 삽입된 직후에 다음 키에 대해서는 공유 잠금을 해제하고 자신의 키에만 공유 잠금을 유지한다. 어떤 값을 삽입할 때 다른 트랜잭션이 갱신, 삭제 중인 범위 안에 들어가서는 안 되는데, NS_LOCK이 이 범위를 보호한다.

- **다음 키 배타 잠금(next key exclusive lock, NX_LOCK)**

  키가 존재하는 어떤 행에 대해 갱신 또는 삭제 연산을 수행할 때 이 연산이 영향을 주는 범위를 보호하기 위해 다음 키에 잠금을 획득한다.

  예를 들어, WHERE ID BETWEEN 3 AND 10이라는 조건 절이 있는 갱신문을 수행한다고 가정하자. 이때 3보다 작거나 같은 키값 중 가장 큰 값이 3이고, 10보다 큰 키값 중 가장 작은 키값이 20이며, WHERE 조건 절에 해당하는 키값은 3, 4, 7이라고 하자. 이 경우에는 키값이 3, 4, 7인 행에 대해 X_LOCK을 획득하고, 키값이 3, 4, 7, 20인 키에 대해 NX_LOCK을 획득해 해당 범위 내에서는 다른 트랜잭션이 삽입, 갱신 또는 삭제 연산을 수행하지 못하게 한다.

질의문을 수행할 때 NS_LOCK, NX_LOCK과 관련해 잠금을 관리하는 잠금 관리자의 동작을 간단히 설명하면 다음과 같다.

질의문	키 잠금 동작
INSERT	자신의 키와 다음 키에 NS_LOCK을 획득했다가 다음 키의 NS_LOCK은 바로 해제.
UPDATE	자신의 키 범위와 다음 키에 NX_LOCK을 획득.
DELETE	자신의 키 범위와 다음 키에 NX_LOCK을 획득.

키 잠금과 유령 읽기

큐브리드에서 어떤 트랜잭션 Tx1이 B+ 트리를 통해 특정 키를 수정한 이후 해당 데이터를 읽는 동안 다른 트랜잭션 Tx2가 같은 범위 내에 키를 삽입하거나 삭제한다고 가정하자. 이때 Tx1에서 수정 범위 내의 데이터를 다시 읽으면 유령 읽기 현상이 발생할 수 있는데, 이를 방지하기 위해 키 잠금 기법을 사용한다.

먼저 트랜잭션 처리 시 키 잠금이 없다면 어떤 현상이 발생할 수 있는지 알아보자.

그림 6-1 키 잠금이 없을 때 유령 읽기가 발생하는 예

이 예에서는 마지막의 Tx1에서 존재하지 않는 데이터 8을 읽는 유령 읽기가 발생할 수 있다.

이제 큐브리드에서 키 잠금이 있을 때의 동작을 살펴보자. 앞의 예에서 Tx2가 INSERT 질의를 수행했을 때 생성된 인덱스 구조를 그림으로 살펴보면 다음과 같다.

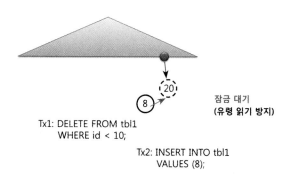

그림 6-2 키 잠금이 설정된 인덱스 구조의 예

그림에서 점선 동그라미는 NX_LOCK을 의미하는데, Tx1이 키값 20에 대한 NX_LOCK을 보유한 상태에서 Tx2는 키값 8의 다음 키값인 20에 대해 NS_LOCK을 획득하기 위해 대기한다.

큐브리드에서 키 잠금은 자신의 키와 다음 키에 대해 잠금을 요청하는 것이므로, 서로 다른 두 트랜잭션이 같은 테이블에 대해 INSERT/UPDATE/DELETE를 수행하는 경우 서로 상대방의 잠금을 요청하면서 대기하는 교착 상태(deadlock)가 발생할 수도 있다. 이에 대한 자세한 내용은 "교착 상태"(176쪽)에서 설명한다.

스키마 잠금

큐브리드에서 DDL(data definition language) 작업을 수행할 때는 스키마 잠금을 획득한다. 스키마 잠금의 종류는 다음과 같다.

- **스키마 안정 잠금(SCH-S):** 질의 컴파일을 수행하는 동안 획득되며, 다른 트랜잭션이 해당 스키마를 수정하는 것을 방지한다.
- **스키마 수정 잠금(SCH-M):** DDL 작업을 실행하는 동안 획득되며, 다른 트랜잭션이 수정된 스키마에 접근하는 것을 방지한다.

> **참고**
>
> 큐브리드 9.2 이하 버전에서 운영 중에 ALTER TABLE, CREATE INDEX 구문을 사용할 때, 다음과 같이 NO_STATS 힌트를 넣어 사용하는 것을 권장한다(단, 9.3부터는 NO_STATS 힌트가 필요 없다).
>
> 예) ALTER /*+ NO_STATS */ TABLE, CREATE /*+ NO_STATS */ INDEX
>
> NO_STATS 힌트는 통계 정보를 갱신하지 않는 힌트다. 만약, NO_STATS 힌트 없이 DDL이 수행되면 변경 작업과 함께 통계 정보 갱신이 이뤄지는데, 데이터양이 많은 경우 통계 정보 갱신 때문에 잠금 유지 시간이 길어질 수 있다. 9.3부터는 통계 정보를 샘플링하므로 통계 정보 갱신으로 인한 부담이 적어 NO_STATS 힌트가 무시된다.
>
> ALTER TABLE, CREATE INDEX 작업은 해당 테이블에 대해 잠금을 획득하고 진행되며, 이때 INSERT/UPDATE/DELETE뿐만 아니라 SELECT도 수행되지 않는다.

잠금 상태 확인

현재 트랜잭션에서 사용 중인 잠금 상태를 확인하려면 cubrid lockdb 유틸리티를 사용한다.

여기서는 cubrid lockdb 유틸리티가 어떤 정보를 출력하는지 알아보고, cubrid lockdb 유틸리티를 사용해 잠금 상태를 확인하는 예를 살펴본다.

cubrid lockdb

잠금 상태는 cubrid lockdb 유틸리티를 사용해 확인할 수 있으며, 출력되는 정보는 크게 다음 세 가지로 나뉜다.

- 잠금 관련 시스템 파라미터의 설정값
- 현재 데이터베이스 서버에 접속 중인 클라이언트
- 객체 잠금 상태

이제부터 다음 명령을 실행해 출력된 정보를 이 세 가지로 나눠 설명하겠다.

```
$ cubrid lockdb testdb
```

잠금 관련 시스템 파라미터 설정값

출력된 정보 중 잠금 관련 시스템 파라미터의 설정값과 관련된 내용은 다음과 같다.

```
*** Lock Table Dump ***
 Lock Escalation at = 100000, Run Deadlock interval =  1.00
```

- **Lock Escalation at = 100000:** 잠금 에스컬레이션(lock escalation)이 발생하는 조건을 설정하는 lock_escalation 파라미터의 값이 100000으로 설정돼 있음
- **Run Deadlock interval = 1.00:** 교착 상태 탐지 주기(deadlock detection interval)를 설정하는 deadlock_detection_interval_in_secs 파라미터의 값이 1.00으로 설정돼 있음

잠금 에스컬레이션이란 여러 개의 행 수준 잠금(row level lock)을 테이블 수준 잠금(table level lock)으로 대체하는 것으로, 행 잠금 개수와 키 잠금 개수의 합이 lock_escalation 파라미터에 명시된 개수를 초과하면 행 수준 잠금이 테이블 수준 잠금으로 대체된다. 이러한 동작을 하는 이유는 행 수준 잠금이 많을수록 잠금 관리에 대한 부담이 커지고 성능에 영향을 줄 수 있기 때문이다. 대신 잠금 에스컬레이션이 발생하면 트랜잭션의 동시성이 떨어진다.

교착 상태 탐지 주기는 교착 상태에 있는 트랜잭션이 있는지 탐지하는 주기다. deadlock_detection_interval_in_secs 파라미터값은 초 단위로 입력하며, 최소 단위는 0.1이고 소수점 이하 두 번째 자리에서 올림한다. 즉, 0.12를 입력하면 0.2로 올림된다.

현재 데이터베이스 서버에 접속 중인 클라이언트

출력된 정보 중 현재 데이터베이스 서버에 접속 중인 클라이언트에 대한 내용은 다음과 같다.

```
Transaction (index  0, (unknown), (unknown)@(unknown)|-1)
Isolation REPEATABLE CLASSES AND READ UNCOMMITTED INSTANCES
State TRAN_ACTIVE
Timeout_period : Infinite wait


Transaction (index  1, csql, DBA@cubhost|31793)
Isolation REPEATABLE CLASSES AND READ COMMITTED INSTANCES (STABILITY)
State TRAN_ACTIVE
Timeout_period : Infinite wait


Transaction (index  2, csql, DBA@cubhost|31796)
Isolation REPEATABLE CLASSES AND READ COMMITTED INSTANCES (STABILITY)
State TRAN_ACTIVE
Timeout_period : Infinite wait


Transaction (index  3, lockdb, DBA@cubhost|31861)
Isolation READ COMMITTED CLASSES AND READ UNCOMMITTED INSTANCES
State TRAN_ACTIVE
Timeout_period : No wait
```

- Transaction (index 0, (unknown), (unknown)@(unknown)|-1): 시스템 내부적으로 예약돼 사용되는 트랜잭션. 복구 또는 체크포인트 등의 작업을 수행할 때 사용된다.

- Transaction (index 1, csql, DBA@cubhost|31793): 아이디가 1인 트랜잭션.

- Transaction (index 2, csql, DBA@cubhost|31796): 아이디가 2인 트랜잭션.

- Transaction (index 3, lockdb, DBA@cubhost|31861): cubrid lockdb 명령이 수행한 트랜잭션.

각 트랜잭션 정보의 첫 번째 줄 내용은 '트랜잭션 아이디, 트랜잭션을 수행한 프로세스 이름, 데이터베이스 사용자@호스트 이름|프로세스 아이디'다. 나머지 줄의 정보는 다음과 같다.

- **Isolation:** 해당 트랜잭션의 격리 수준. REPEATABLE CLASSES AND READ COMMITTED INSTANCES는 테이블에 대해 반복 가능한 읽기, 레코드에 대해 커밋된 읽기가 보장되도록 설정했음을 의미한다.

- **State:** 트랜잭션의 상태. TRAN_ACTIVE는 해당 트랜잭션이 활동 중임을 의미한다.

- **Timeout_period:** 잠금 대기 시간 제한 설정. cubrid.conf 파일에서 시스템 파라미터 lock_timeout의 값으로 설정할 수 있다. 기본값은 -1로 무제한 대기한다.

여기서 주목해야 할 내용은 CSQL에서 직접 실행한, 아이디가 1인 트랜잭션과 아이디가 2인 트랜잭션에 대한 정보다. 두 트랜잭션은 모두 동일한 격리 수준으로 설정돼 있음을 알 수 있다.

> **참고**
>
> 응용프로그램을 통해 서버에 접속하는 경우에는 트랜잭션의 클라이언트 프로세스 이름이 표기되는 곳에 응용프로그램이 접속한 브로커의 이름이 표기된다.
>
> Transaction (index 3, **query_editor_cub_cas_1**, DBA@cubhost|32712)

객체 잠금 상태

출력된 정보 중 객체 잠금 상태에 대한 내용은 다음과 같다.

```
Object Lock Table:
        Current number of objects which are locked    = 5
        Maximum number of objects which can be locked = 10000


OID = -552¦   560¦-16380
Object type: Index key of class ( 0¦   486¦   2) = tbl.
Index name: pk_tbl_id
Total mode of holders =   NS_LOCK, Total mode of waiters =   NX_LOCK.
Num holders=  1, Num blocked-holders=  0, Num waiters=  1
LOCK HOLDERS:
    Tran_index =    2, Granted_mode = NS_LOCK, Count =   1
LOCK WAITERS:
    Tran_index =    1, Blocked_mode = NX_LOCK
                    Start_waiting_at = Thu Sep 25 17:50:27 2014
                    Wait_for_secs = -1.00


OID = 0¦   560¦   4
Object type: Instance of class ( 0¦   486¦   2) = tbl.
```

```
Total mode of holders =    X_LOCK, Total mode of waiters = NULL_LOCK.
Num holders= 1, Num blocked-holders= 0, Num waiters= 0
LOCK HOLDERS:
    Tran_index =  2, Granted_mode =   X_LOCK, Count =   1


OID = 0|    486|   2
Object type: Class = tbl.
Total mode of holders =   IX_LOCK, Total mode of waiters = NULL_LOCK.
Num holders= 2, Num blocked-holders= 0, Num waiters= 0
LOCK HOLDERS:
    Tran_index =  1, Granted_mode = IX_LOCK, Count =   3, Nsubgranules =  1
    Tran_index =  2, Granted_mode = IX_LOCK, Count =   4, Nsubgranules =  2


OID = 0|    560|   2
Object type: Instance of class ( 0|   486|   2) = tbl.
Total mode of holders =    U_LOCK, Total mode of waiters = NULL_LOCK.
Num holders= 1, Num blocked-holders= 0, Num waiters= 0
LOCK HOLDERS:
    Tran_index =  1, Granted_mode =  U_LOCK, Count =   1


OID = 0|     60|   1
Object type: Root class.
Total mode of holders =   IX_LOCK, Total mode of waiters = NULL_LOCK.
Num holders= 2, Num blocked-holders= 0, Num waiters= 0
LOCK HOLDERS:
    Tran_index =  1, Granted_mode = IX_LOCK, Count =   2, Nsubgranules =  0
    Tran_index =  2, Granted_mode = IX_LOCK, Count =   2, Nsubgranules =  0
```

- **Current number of objects which are locked = 5:** 데이터베이스가 보유 중인 잠금 객체의 개수. 여기서는 5개다.

- **OID = -552| 560|-16380:** 볼륨 번호, 페이지 번호, 슬롯 번호와 같은 위치 정보로 표현되는 객체 식별자. 첫 번째 값이 음수이면 인덱스의 키다.

- **Object type: Index key of class (0| 486| 2) = tbl.:** 객체의 종류. 테이블(class)인지, 인덱스 키(index key)인지, 레코드(instance)인지 알 수 있다. tbl은 테이블의 이름이다.

- **Index name: pk_tbl_id:** 인덱스 이름은 pk_tbl_id다.

- **Num holders = 1, Num blocked-holders = 0, Num waiters= 1:** 각각 해당 객체의 잠금 보유 개수, 잠금을 보유하고 있지만 상위 객체에 의해 차단된 잠금 개수, 잠금 대기 개수를 의미한다.

- **LOCK HOLDERS:** 잠금 보유자. 여기서는 아이디가 2인 트랜잭션이다.

- **LOCK WAITERS:** 잠금 대기자. 여기서는 아이디가 1인 트랜잭션이다.

이 정보 중 가장 관심 있게 봐야 할 정보는 객체에 대한 잠금 보유자다. 즉, Total mode of waiters가 NULL_LOCK(잠금 대기자가 없음)이 아닌 객체를 찾아 그 아래에서 LOCK HOLDERS의 Tran_index를 확인해야 한다.

이 예에서 Total mode of waiters의 값이 NULL_LOCK이 아닌 경우는 다음과 같다.

```
Total mode of holders =   NS_LOCK, Total mode of waiters =   NX_LOCK.
```

이 객체의 LOCK HOLDERS에 대한 정보는 다음과 같다.

```
LOCK HOLDERS:
    Tran_index =   2, Granted_mode =  NS_LOCK, Count =   1
```

즉, 아이디가 2인 트랜잭션이 잠금을 보유하고 있으며, 그다음 줄에서는 이로 인해 아이디가 1인 트랜잭션이 대기하고 있음을 알 수 있다.

```
LOCK WAITERS:
    Tran_index =   1, Blocked_mode =  NX_LOCK
```

잠금 상태 확인 예

여기서는 INSERT 연산을 수행하는 트랜잭션이 있고 또 다른 트랜잭션에서는 SELECT 또는 UPDATE 연산을 수행하는 예를 통해, cubrid lockdb 유틸리티를 사용해 잠금 상태를 확인하는 과정을 살펴보겠다. 격리 수준은 READ COMMITTED(4)로 설정했다고 가정한다.

예에서 사용할 테이블과 데이터는 다음과 같이 생성한다.

```
CREATE TABLE tbl(id INT PRIMARY KEY, a INT);
INSERT INTO tbl VALUES (10, 10);
INSERT INTO tbl VALUES (20, 20);
INSERT INTO tbl VALUES (40, 40);
COMMIT;
```

다음 그림과 같이, 트랜잭션 Tx1에서 (1)번 작업을 수행한 후 Tx2에서 (2), (3), (4), (5)를 차례로 수행한다.

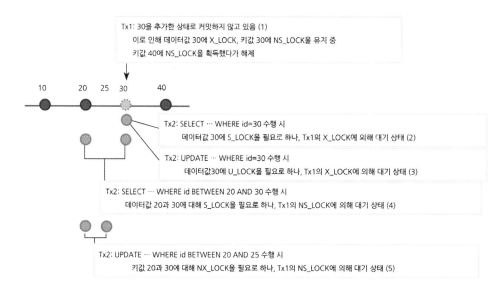

그림 6-3 잠금 상태를 확인하는 예

이 예에서 작업 (4)와 작업 (5)의 BETWEEN 범위가 다른데, 이는 키 잠금의 특성(자신의 키와 다음 키를 잠금)을 이해하기 위해 의도적으로 다른 조건을 사용한 것이다. 즉, 작업 (4)의 SELECT 연산에는 30이라는 범위가 포함돼 대기 상태가 되고, 작업 (5)의 UPDATE 연산에는 30이라는 범위가 포함돼 있지 않지만 25의 다음 키는 30이므로 작업 (5) 역시 대기 상태가 된다.

여기서는 작업 (1)~(5)를 차례로 수행하면서 cubrid lockdb 명령을 실행해 잠금 상태를 확인할 것이다. cubrid lockdb 명령은 잠금 관련 시스템 파라미터의 설정값, 현재 데이터베이스 서버에 접속 중인 클라이언트, 객체 잠금 상태를 확인할 수 있다.

1. CSQL에서 자동 커밋을 끄고 트랜잭션 격리 수준을 READ COMMITTED(4)로 설정한 후, 새로운 값 30을 삽입한다. 이 작업을 수행하는 트랜잭션을 Tx1이라고 명명하자.

```
csql> ;autocommit off
csql> SET TRANSACTION ISOLATION LEVEL 4;
INSERT INTO tbl VALUES (30, 30); -- Tx1
```

다른 창에서 cubrid lockdb testdb 명령을 실행하면 데이터값 30에 배타 잠금(**X_LOCK**), 키값 30에 다음 키 공유 잠금(**NS_LOCK**)이 획득돼 있음을 확인할 수 있다.

```
$ cubrid lockdb testdb
...
OID = -652¦   640¦16402
Object type: Index key of class ( 0¦   486¦  10) = tbl.
Index name: ix_tbl
Total mode of holders =  NS_LOCK, Total mode of waiters = NULL_LOCK.
Num holders= 1, Num blocked-holders= 0, Num waiters= 0
LOCK HOLDERS:
    Tran_index = 7, Granted_mode = NS_LOCK, Count = 1


OID = 0¦   640¦  18
Object type: Instance of class ( 0¦   486¦  10) = tbl.
Total mode of holders =  X_LOCK, Total mode of waiters = NULL_LOCK.
Num holders= 1, Num blocked-holders= 0, Num waiters= 0
LOCK HOLDERS:
    Tran_index = 7, Granted_mode = X_LOCK, Count = 1
...
```

2. 이제 또 다른 CSQL에서도 자동 커밋을 끄고 격리 수준을 READ COMMITTED로 변경한 후 다음의 SELECT 질의를 수행하면 SELECT 질의는 대기 상태가 된다. 이 작업을 수행하는 트랜잭션을 Tx2로 명명하자.

```
csql> ;autocommit off
csql> SET TRANSACTION ISOLATION LEVEL 4;
SELECT * FROM tbl WHERE id=30; -- TX 2
```

이때 cubrid lockdb testdb 명령을 수행하면 데이터값 30에 S_LOCK을 획득해야 하지만 Tx1이 해당 값에 X_LOCK을 보유하고 있으므로 대기 상태가 됨을 알 수 있다.

```
$ cubrid lockdb testdb
...
Total mode of holders =    X_LOCK, Total mode of waiters =    S_LOCK.
...
```

3. 이제 Tx2에서 수행하던 질의를 중단하고 롤백한 후 키값이 30인 레코드에 대해 UPDATE 질의를 수행해보자.

```
<Ctrl+C>
ROLLBACK;
UPDATE tbl SET a=1000 WHERE id=30; -- Tx2
```

이때 cubrid lockdb testdb 명령을 수행하면 데이터값 30에 U_LOCK을 획득해야 하지만 Tx1이 해당 값에 X_LOCK을 보유하고 있으므로 대기 상태가 됨을 알 수 있다.

```
$ cubrid lockdb testdb
...
Total mode of holders =    X_LOCK, Total mode of waiters =    U_LOCK.
...
```

4. Tx2에서 수행하던 질의를 중단하고 롤백한 후 이번에는 키값이 20~30 범위에 있는 레코드에 대해 SELECT 질의를 수행해보자.

```
<Ctrl+C>
ROLLBACK;
SELECT * FROM tbl WHERE id BETWEEN 20 AND 30; -- Tx2
```

이때 cubrid lockdb testdb 명령을 수행하면 데이터값 30에 S_LOCK을 획득해야 하지만 Tx1이 해당 값에 X_LOCK을 보유하고 있으므로 대기 상태가 됨을 알 수 있다.

```
$ cubrid lockdb testdb
...

Total mode of holders =    X_LOCK, Total mode of waiters =    S_LOCK.
...
```

5. Tx2에서 수행하던 질의를 중단하고 롤백한 후 마지막으로 키값이 20~25 범위에 있는 레코드에 대해 UPDATE 질의를 수행해보자.

```
<Ctrl+C>
ROLLBACK;
UPDATE tbl SET a=1000 WHERE id BETWEEN 20 AND 25; -- Tx2
```

이때 cubrid lockdb testdb 명령을 수행하면 키값 30에 NX_LOCK을 획득해야 하지만 Tx1이 해당 값에 NS_LOCK을 보유하고 있으므로 대기 상태가 됨을 알 수 있다.

```
$ cubrid lockdb testdb
...

Total mode of holders =   NS_LOCK, Total mode of waiters =   NX_LOCK.
...
```

느린 질의 탐지

cubrid tranlist 유틸리티를 이용하면 현재 실행 중인 트랜잭션의 정보를 확인할 수 있는데, 이 결과에서 트랜잭션 목록과 잠금 대기를 유발한 상대 트랜잭션 번호를 볼 수 있다. cubrid killtran 유틸리티를 사용하면 실행 중인 트랜잭션을 중지할 수 있다.

여기서는 cubrid tranlist 유틸리티와 cubrid killtran 유틸리티에 대해 알아보고, 이 유틸리티를 이용해 느린 질의를 탐지하고 트랜잭션을 중지하는 예를 살펴볼 것이다.

cubrid tranlist

cubrid tranlist 유틸리티를 이용하면 현재 실행 중인 트랜잭션 목록을 확인할 수 있으며, 트랜잭션 정보와 잠금 대기를 유발한 상대 트랜잭션 번호를 알 수 있다. cubrid tranlist 유틸리티는 DBA 권한을 가진 사용자만 사용할 수 있다(큐브리드를 처음 설치했을 때 DBA의 비밀번호는 설정돼 있지 않으며, 이런 경우는 DBA의 비밀번호를 묻는 과정 없이 cubrid tranlist 유틸리티를 사용할 수 있다).

cubrid tranlist {데이터베이스 이름} 명령을 실행하면 다음과 같이 출력되는데, 출력 화면 (1)과 (2)는 실제로는 하나로 이어져 출력되지만 가로의 길이가 짧은 지면 관계상 둘로 나눴다.

출력 화면 (1)

```
Tran index    User name    Host name  Process id   Program name
------------------------------------------------------------------------
   1(ACTIVE)    DBA          cubhost      31793     csql
   2(ACTIVE)    DBA          cubhost      31796     csql
   3(ACTIVE)    DBA          cubhost      32712     query_editor_cub_cas_1
------------------------------------------------------------------------
```

- **Tran index:** 트랜잭션 아이디와 상태. ACTIVE, RECOVERY, COMMITTED, COMMITTING, ABORTED, KILLED 중 하나로 나타난다.
- **User name:** 데이터베이스 사용자 이름.
- **Host name:** 장비의 호스트 이름.
- **Process id:** 트랜잭션을 실행 중인 프로세스의 아이디.
- **Program name:** 트랜잭션을 실행 중인 프로세스의 이름.

응용프로그램이 브로커를 통해 접속하는 Program name은 브로커 응용 서버(CAS)의 이름이다. 이 예에서는 query_editor_cub_cas_1이 CAS의 이름이다.

출력 화면 (2)

```
Query time Tran time  Wait for lock holder     SQL_ID        SQL Text
------------------------------------------------------------------------
 63468.89  63468.89                      2   4255c06da6593   UPDATE tbl SET a=1000 WHERE id
     0.00  63493.89                     -1   *** empty ***
     0.00      0.00                     -1   *** empty ***
------------------------------------------------------------------------
```

- **Query time:** 수행 중인 질의의 총 수행 시간(단위: 초).

- **Tran time:** 현재 트랜잭션의 총 수행 시간(단위: 초).

- **Wait for lock holder:** 해당 잠금을 보유 중인 트랜잭션의 아이디.

- **SQL_ID:** SQL Text에 대한 아이디. 이 번호는 cubrid killtran 명령에서 --kill-sql-id 옵션값으로 사용될 수 있다.

- **SQL Text:** 수행 중인 질의문(최대 30자).

Query time이 0인데 Tran time이 큰 트랜잭션, 즉 아이디가 2인 트랜잭션은 추가로 수행하는 질의문은 없는데 트랜잭션을 종료하지 않고 있음을 짐작할 수 있다. 반면 아이디가 1인 트랜잭션은 Query time과 Tran time의 값이 모두 큰 것으로 봐서 다른 트랜잭션의 잠금이 해제되기를 대기하고 있음을 짐작할 수 있다.

출력 화면 (3)

```
SQL_ID: 4255c06da6593
Tran index : 1
UPDATE tbl SET a=1000 WHERE id BETWEEN 20 AND 25
```

마지막에 출력되는 정보는 다른 트랜잭션의 잠금 해제를 대기하고 있는 트랜잭션의 번호와 해당 질의문이다. 아이디가 1인 트랜잭션이 대기 상태에 있음을 알 수 있다.

```
UPDATE b_view SET phone=NULL;
```

cubrid killtran

잠금을 해제하려면 해당 잠금을 보유하고 있는 트랜잭션의 수행을 중지해야 한다. 트랜잭션 수행을 중지하려면 cubrid killtran 유틸리티를 사용한다.

잠금을 보유하고 있는 트랜잭션 아이디는 2다. 이 트랜잭션 아이디를 명시해 트랜잭션을 중지해보자. 특정 트랜잭션을 제거하려면 cubrid killtran 유틸리티에 −i 옵션을 사용해 제거 대상 트랜잭션 아이디를 입력하고 명령을 실행하면 된다.

```
$ cubrid killtran -i 2 testdb
Ready to kill the following transactions:

Tran index    User name      Host name  Process id   Program name
-----------------------------------------------------------------

   2(ACTIVE)        DBA        cubhost       31796         csql

-----------------------------------------------------------------


Do you wish to proceed ? (Y/N)y
Killing transaction associated with transaction index 2
```

만약 잠금 대기를 유발하는 트랜잭션이 여러 개인데 이것들을 한 번에 제거하고 싶다면 −i 옵션에 해당 트랜잭션의 아이디를 쉼표로 구분해 입력하면 된다.

```
$ cubrid killtran - i 2,3,4,5 testdb
```

질의 수행에 시간이 너무 오래 걸리는 경우는 cubrid tranlist 명령으로 쉽게 탐지할 수 있다.

느린 질의 탐지 예

느린 질의를 탐지하고, 잠금 대기를 유발하는 질의를 확인해 트랜잭션을 중지하는 과정은 다음과 같다.

잠금 대기를 유발하는 질의 확인

"잠금 상태 확인 예"(167쪽)에서 작업 (5)의 UPDATE 질의를 수행한 상태에서 cubrid tranlist 유틸리티를 사용해 트랜잭션 목록을 확인해보자.

Tx1이 먼저 INSERT를 수행한 후 다른 트랜잭션 Tx2가 UPDATE 질의를 수행하면 Tx2는 Tx1이 획득한 잠금이 해제되기를 기다려야 한다. 이때 cubrid tranlist testdb 명령을 실행하면 다음과 같은 화면이 출력된다.

```
$ cubrid tranlist testdb

Tran index  ...Query time  Tran time  Wait for lock holder   SQL_ID      SQL Text
-----------...------------------------------------------------------------------------
   1(ACTIVE)...   11.40      11.40                     -1  4255c06da6593  update tbl set
a=1000 ...
   2(ACTIVE)...    0.00      38.41                      1  *** empty ***
-----------...------------------------------------------------------------------------
SQL_ID: 4255c06da6593
Tran index : 1
update tbl set a=1000 where id between 20 and 25
```

Tran index가 1인 트랜잭션(Tx2)이 Tran index가 2인 트랜잭션(Tx1)의 종료를 기다리고 있으며, 대기를
유발하고 있는 질의는 Tran index가 1인 트랜잭션의 UPDATE 문이라는 것을 알 수 있다.

잠금 상태 확인

Tx2가 UPDATE tbl WHERE id BETWEEN 20 AND 25;를 수행했던 맨 마지막 시점의 잠금 정보를
다시 확인해보자.

```
$ cubrid lockdb testdb
...
OID = -552¦    560¦-16380
Object type: Index key of class ( 0¦    486¦   2) = tbl.
Index name: pk_tbl_id
Total mode of holders =   NS_LOCK, Total mode of waiters =   NX_LOCK.
Num holders=  1, Num blocked-holders=  0, Num waiters=  1
LOCK HOLDERS:
    Tran_index =   2, Granted_mode =  NS_LOCK, Count =   1
LOCK WAITERS:
    Tran_index =   1, Blocked_mode =  NX_LOCK
                      Start_waiting_at = Thu Sep 25 17:50:27 2014
                      Wait_for_secs = -1.00
...
```

잠금을 유지하고 있는 객체는 pk_tbl_id라는 인덱스의 키이며, 이 인덱스의 테이블은 tbl이라는 것을 알 수 있다. 또한 Tx2가 시도하려는 잠금은 NX_LOCK이고, Tx1은 같은 객체에 NS_LOCK 잠금을 유지하고 있다는 사실을 알 수 있다(이 출력 화면에서 Tx1은 Tran_index, 즉 트랜잭션 아이디가 2이고 Tx2는 트랜잭션 아이디가 1이다).

그리고 Start_waiting_at의 값으로 Tx2가 대기하기 시작한 시간을 확인할 수 있으며, Wait_for_secs의 값으로 잠금 대기 시간 제한의 설정을 확인할 수 있다. Wait_for_secs의 값이 −1이면 무한 대기하라는 의미이며, 이 값은 cubrid.conf 파일에서 lock_timeout(단위: 초, 기본값: −1) 파라미터로 설정할 수 있다.

트랜잭션 중지

이제 Tx2를 대기하게 한 Tx1을 cubrid killtran 명령으로 제거해보자.

우선 잠금 대기자(LOCK WAITERS)는 아이디가 1인 트랜잭션(Tx2)이고, 잠금 대기를 유발한 트랜잭션인 잠금 보유자(LOCK HOLDERS)는 아이디가 2인 트랜잭션(Tx1)이다. 그렇다면 우리가 제거할 대상은 잠금 보유자인, 아이디가 2인 트랜잭션이다. 이 트랜잭션 아이디를 명시해 해당 트랜잭션을 중지해보자.

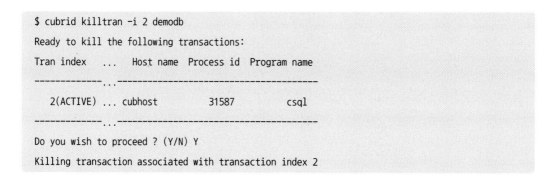

```
$ cubrid killtran -i 2 demodb
Ready to kill the following transactions:
Tran index    ...   Host name  Process id  Program name
------------  ..  ------------------------------------
  2(ACTIVE) ... cubhost        31587         csql
------------  ..  ------------------------------------
Do you wish to proceed ? (Y/N) Y
Killing transaction associated with transaction index 2
```

위와 같이 수행한 후 다시 cubrid tranlist 유틸리티를 사용하면 아이디가 2인 트랜잭션이 중지됐음을 확인할 수 있으며, 아이디가 1인 트랜잭션에서 대기 중이던 UPDATE는 실행됐음을 알 수 있다.

교착 상태

교착 상태는 둘 이상의 트랜잭션이 서로 자신의 리소스를 놓지 않으면서 상대방의 리소스를 원할 때 발생한다. 교착 상태는 트랜잭션끼리 서로 자신의 배타 잠금을 유지하면서 상대방의 배타 잠금을 요구하는 상황에서 발생할 가능성이 높다. 즉, 다음과 같이 잠금이 많은 상태를 오래 유지하는 경우 교착 상태 발생 가능성이 높아진다.

- 질의 수행이 느린 경우

- 잠금 대기(lock waiting) 시간이 길어지는 경우

- 응용프로그램의 로직 문제(잠금 순서가 서로 다른 방향으로 처리되는 트랜잭션)

- 한 테이블에 인덱스가 많아 키 잠금이 많아지는 경우

여러 질의를 묶어서 커밋하는 긴 트랜잭션이나 긴 DML(data manipulation language) 질의의 경우 수행 시간이 길어 잠금을 유지하는 시간이 길어질 수 있고 이로 인해 교착 상태가 발생할 수 있다. 가급적 꼭 필요한 부분만 트랜잭션으로 묶어 최대한 트랜잭션의 길이를 짧게 하고, 트랜잭션 내에서도 테이블 액세스 순서를 동일한 방향으로 맞춘다면 교착 상태 발생을 줄일 수 있다. 예를 들어, A와 B라는 테이블이 있다면 모든 트랜잭션이 A->B 순서로 사용하도록 하는 게 좋으며, 같은 테이블을 사용하는 질의문의 레코드 스캔 순서도 동일하게 하는 것이 좋다. DML 질의의 경우에는 테이블 전체 스캔(table full scan)이 되지 않게 할 필요가 있다.

키 잠금과 교착 상태

키 잠금은 변경 대상이 되는 데이터 자신의 키와 다음 키에 잠금을 수행한다. 각 인덱스에서 자신의 키와 다음 키에 대한 잠금을 수행하므로 인덱스가 많을수록 키 잠금도 많아진다. 또한 같은 테이블에 동시에 2개 이상의 DML 작업이 발생하는 경우 키 잠금으로 인해 교착 상태가 발생할 수 있다.

이제 각 트랜잭션이 키를 갱신하는 예를 통해 키 잠금에서 발생할 수 있는 교착 상태에 대해 알아보자.

먼저 다음과 같은 질의를 수행해 테이블을 생성하고 데이터를 삽입한다.

```
CREATE TABLE tbl3 (id INT);
CREATE INDEX ix_tbl3_id ON tbl3 (id);
INSERT INTO tbl3 VALUES (10), (20), (30), (40);
COMMIT;
```

그 결과 다음 그림과 같은 인덱스 구조가 만들어진다.

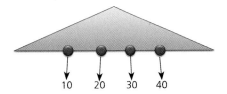

그림 6-4 키 잠금으로 인한 교착 상태 발생 - 인덱스 구조 생성

이때 트랜잭션 Tx1에서 키값 10을 35로 바꾸는 질의를 수행한다.

```
UPDATE tbl3 SET id=35 WHERE id=10; -- T1
```

1. Tx1은 키값 10의 다음 키값인 20에 잠금을 획득한다.

2. Tx1은 키값 10을 지우고 키값 35를 넣기 위해 키값 40에도 잠금을 획득해야 한다.

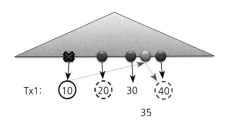

그림 6-5 Tx1의 키 잠금

Tx1이 수행 중일 때 동시에 Tx2가 키값 30을 15로 바꾸는 질의를 수행한다.

```
UPDATE tbl3 SET id=15 WHERE id=30; -- T2
```

3. Tx2는 키값 30의 다음 키값인 40에 잠금을 획득한다.

4. Tx2는 키값 30을 지우고 키값 15를 넣기 위해 키값 20에도 잠금을 획득해야 한다.

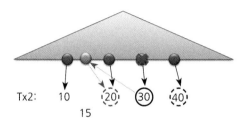

그림 6-6 Tx2의 키 잠금

이 작업이 (1)-(3)-(2)-(4)의 순서로 진행된다면 Tx1은 (2) 작업 도중 Tx2가 보유한 키값 40에 대한 키 잠금을 Tx2는 (4) 작업 도중 Tx1이 보유한 키값 20에 대한 키 잠금을 서로 요구하게 되면서 교착 상태가 발생한다. 각 트랜잭션은 자신의 키뿐만 아니라 자신의 다음 키까지 잠가야 하므로 이러한 현상이 발생할 수 있는 것이다.

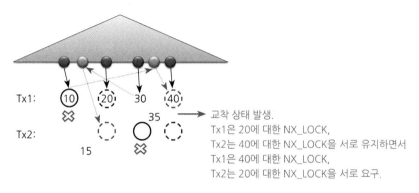

그림 6-7 키 잠금으로 인한 교착 상태 발생

참고

Tx1, Tx2가 동시에 각각 UPDATE, UPDATE를 수행하거나 UPDATE, DELETE를 수행하거나, UPDATE, INSERT를 수행하는 경우 등에서는 위와 같이 키의 범위가 겹치면서 잠금 방향이 엇갈리는 경우 교착 상태가 발생할 수 있다.

그러나 동시에 INSERT, INSERT를 수행하는 경우에는 각각 NS_LOCK을 요구하므로 같은 키에 대해 NS_LOCK의 공유가 가능해 교착 상태가 발생하지 않는다.

응용프로그램에서 교착 상태 탐지

교착 상태는 서버에서 발생하는 오류로, 서버 오류 로그는 $CUBRID/log/server/testdb_ YYYYMMDD_HHMI.err 파일에서 확인할 수 있다. $CUBRID는 큐브리드가 설치된 디렉터리다.

서버 오류 로그는 응용프로그램에도 전달되므로 응용프로그램에서도 이를 확인할 수 있다.

다음은 교착 상태에서 발생하는 오류 번호와 서버 오류 로그에 출력되는 메시지다.

```
-966: Your transaction (index xxx, xxx@xxx|xxx) timed out waiting on xxx lock on object
xxx|xxx|xxx because of deadlock. You are waiting for user(s) xxx to finish.
```

```
-967: Your transaction (index xxx, xxx@xxx|xxx) timed out waiting on xxx lock on class xxx
because of deadlock. You are waiting for user(s) xxx to finish.
```

```
-968: Your transaction (index xxx, xxx@xxx|xxx) timed out waiting on xxx lock on instance
xxx|xxx|xxx of class xxx because of deadlock. You are waiting for user(s) xxx to finish.
```

응용프로그램에서는 해당 오류를 탐지해 교착 상태로 인해 해당 트랜잭션이 취소됐음을 알 수 있다.

> **참고**
> 교착 상태가 아님에도 불구하고 교착 상태로 오판(false deadlock)하는 경우가 간혹 발생할 수 있는데, 이는 시스템의 한계다.

실패한 트랜잭션 재실행

다중 접속 환경의 데이터베이스에서는 교착 상태를 피할 수 없는 상황이 올 수 있다. 질의 수행 중 교착 상태가 발생하는 경우 교착 상태 오류가 반환되고 해당 트랜잭션은 롤백된다. 이런 경우를 대비해 응용프로그램에 교착 상태 오류 처리 루틴을 작성하는 것도 교착 상태를 해소하는 데 도움이 될 수 있다.

교착 상태 오류 처리 루틴은 교착 상태 오류를 확인하고, 롤백된 해당 트랜잭션을 일정 시간 후(잠금을 보유한 트랜잭션이 잠금을 해제할 것으로 예상되는 시간을 감안해) 재실행한다. 계속해서 재시도와 실패를 반복하는 경우가 생기지 않도록 재시도 횟수를 제한하는 것이 좋다.

그러나 이 방법은 교착 상태를 해소하는 임시 방편의 하나로 여겨야 하며, 이로 인한 부작용 또한 발생할 수 있음을 감안해 처리 루틴을 작성해야 하는 등 주의가 필요하다. 무엇보다도 이러한 루틴을 작성하기 전에 테이블 구조, 인덱스 구조, 질의 형태를 변경하는 등의 작업을 통해 교착 상태 발생 가능성을 최소한으로 낮추는 것이 더욱 바람직하다.

교착 상태 발생 및 확인 시나리오

서버 오류 로그에 교착 상태와 관련된 오류가 출력됐다면 큐브리드 시스템이 이미 교착 상태를 찾아내어 어느 한쪽의 트랜잭션을 취소한 상태로, 교착 상태가 해소됐다고 볼 수 있다.

큐브리드 시스템이 교착 상태를 감지하면 즉시 교착 상태를 유발한 트랜잭션 중 하나를 취소하므로 cubrid lockdb 유틸리티를 사용해 교착 상태가 발생한 순간을 포착하기는 어렵다. 다만 교착 상태가 발생하면 큐브리드 데이터베이스 서버의 이벤트 로그에 기록되므로 이 기록을 통해 교착 상태 정보를 확인할 수 있다.

여기서는 교착 상태가 발생할 수 있는 시나리오를 살펴보고, 해당 시점의 교착 상태 정보를 확인하는 방법, 즉 교착 상태 발생 시 이벤트 로그를 읽는 방법을 설명한다.

두 트랜잭션의 교착 상태

두 트랜잭션 사이에서 발생할 수 있는 교착 상태의 예를 살펴보자.

"느린 질의 탐지"(171쪽)에서 설명한 잠금 대기는 Tx1이 삽입 연산을 수행한 후 커밋이나 롤백을 하지 않아 Tx2가 대기할 뿐 교착 상태는 아니다. 교착 상태는 연관된 모든 트랜잭션이 더는 작업할 수 없는 상태를 나타내는데, 이 시나리오에서는 Tx1이 여전히 작업을 진행할 수 있으므로 교착 상태라 볼 수 없다.

```
INSERT INTO tbl VALUES (30, 30); -- Tx1, 성공
UPDATE tbl SET SET a=1000 WHERE id BETWEEN 20 AND 25; --Tx2, 대기
```

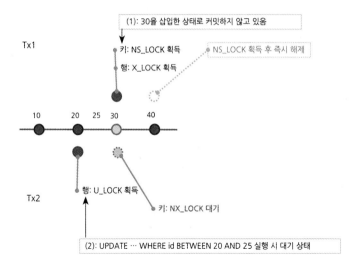

그림 6-8 잠금 대기

이제 교착 상태를 의도적으로 유발하기 위해 Tx1에서 20에 다음 UPDATE 문을 수행해보자.

```
UPDATE tbl SET a=2000 WHERE id=20; -- Tx1
```

이 UPDATE 문을 실행하면 두 트랜잭션 모두 서로의 잠금이 해제되기를 기다리는 상황이 되므로 교착 상태에 놓이게 된다. 이를 그림으로 나타내면 다음과 같다.

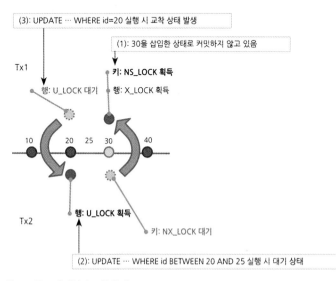

그림 6-9 두 트랜잭션의 교착 상태

그림에서 Tx1은 id 칼럼의 행 20에 대한 U_LOCK을 획득하기 위해 대기하며, Tx2는 id 칼럼의 키 30에 대한 NX_LOCK을 획득하기 위해 대기한다. 즉, 화살표처럼 서로 상대방이 잠금을 해제하기를 기다리는 순환 대기(circular wait) 구조를 만들게 된다.

큐브리드 시스템은 이러한 교착 상태를 즉시 탐지해, 둘 중 하나의 트랜잭션을 취소하면서 클라이언트에 다음과 같은 오류 메시지를 출력한다.

```
ERROR: Your transaction (index 1, DBA@ cubhost¦31793) has been unilaterally aborted by the
system.
```

이때 교착 상태와 관련된 잠금 정보는 $CUBRID/log/server/ 디렉터리에 있는 testdb_ 20140926_1853. event({데이터베이스 이름}_{YYYYMMDD}_{HHMI}.event)라는 파일에 다음과 같이 저장된다.

```
09/26/14 19:40:00.651 - DEADLOCK
client: DBA@cubhost¦csql(18018)
hold:
  lock:    U_LOCK (oid=0¦560¦2, table=tbl)
  sql: update [tbl] [tbl] set [tbl].[a]= ?:2  where ([tbl].[id]>= ?:0  and [tbl].[id]<= ?:1 )
  bind: 20
  bind: 25
  bind: 1000

wait:
  lock:    NX_LOCK (oid=-552¦560¦-16379, table=tbl, index=pk_tbl_id)
  sql: update [tbl] [tbl] set [tbl].[a]= ?:2  where ([tbl].[id]>= ?:0  and [tbl].[id]<= ?:1 )
  bind: 20
  bind: 25
  bind: 1000

client: DBA@cubhost¦csql(18017)
hold:
  lock:    NS_LOCK (oid=-552¦560¦-16379, table=tbl, index=pk_tbl_id)

  sql: insert into [tbl] [tbl] ([tbl].[id], [tbl].[a]) values ( ?:0 ,  ?:1 )
  bind: 30
  bind: 30
  lock:    X_LOCK (oid=0¦560¦5, table=tbl)
  sql: insert into [tbl] [tbl] ([tbl].[id], [tbl].[a]) values ( ?:0 ,  ?:1 )
```

```
    bind: 30
    bind: 30

wait:
    lock:    U_LOCK (oid=0¦560¦2, table=tbl)
    sql: update [tbl] [tbl] set [tbl].[a]= ?:1  where [tbl].[id]= ?:0
    bind: 20
    bind: 2000
```

각 항목을 통해 알 수 있는 내용은 다음과 같다.

- **client:** Tx1은 csql(18017)에 해당하며, Tx2는 csql(18018)에 해당한다.

- **hold:** csql(18017)은 INSERT 문에 의해 X_LOCK, NS_LOCK을 유지하고 있다. csql(18018)은 UPDATE 문에 의해 U_LOCK을 유지하고 있다.

- **wait:** csql(18017)은 UPDATE 문에서 U_LOCK을 획득하기 위해 대기하고 있다. csql(18018)은 UPDATE 문에서 NX_LOCK을 획득하기 위해 대기하고 있다.

이를 OID(object identifier)가 동일한 것끼리 살펴보면 순환 대기 구조가 이뤄져 있음을 알 수 있다.

- **csql(18018):** NX_LOCK 대기(oid=-552|560|-16379) => csql(18017): NS_LOCK 유지(oid=-552|560|-16379)

- **csql(18017):** U_LOCK 대기(oid=0|560|2) => csql(18018): U_LOCK 유지(oid=0|560|2)

세 트랜잭션의 교착 상태

이번에는 3개의 트랜잭션이 상대방이 보유하고 있는 잠금을 서로 요청하면서 교착 상태가 되는 예를 들어 보자.

우선 다음과 같이 id가 10, 20, 30인 레코드를 생성한다.

```
csql> ;autocommit off
csql> SET TRANSACTION ISOLATION LEVEL 4;
CREATE TABLE tbl (id INT PRIMARY KEY, a INT);
INSERT INTO tbl VALUES (10, 10), (20, 20), (30, 30);
COMMIT;
```

이제 Tx1에서 id가 40인 레코드를 삽입하면 다음 그림과 같은 상태가 된다.

```
INSERT INTO tbl VALUES (40, 40); -- Tx1
```

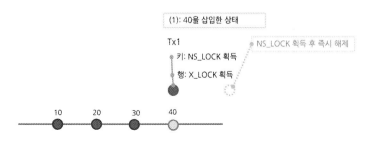

그림 6-10 세 트랜잭션의 교착 상태 1

Tx2에서 id가 30인 레코드를 갱신하면 Tx2는 다음과 같이 Tx1의 NS_LOCK 해제를 대기하는 상태가 된다.

```
UPDATE tbl SET a=2000 WHERE id=30; -- Tx2
```

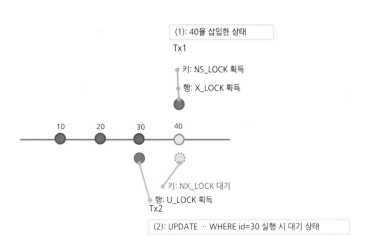

그림 6-11 세 트랜잭션의 교착 상태 2

이제 Tx3에서 id가 20과 30 사이의 레코드를 갱신하면 Tx3는 다음과 같이 Tx2의 U_LOCK 해제를 대기하는 상태가 된다.

```
UPDATE tbl SET a=2500 WHERE id BETWEEN 20 AND 30; -- Tx3
```

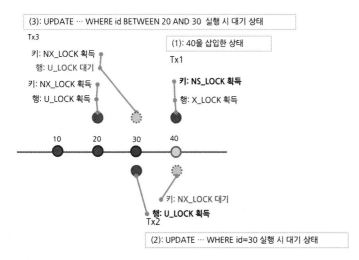

그림 6-12 세 트랜잭션의 교착 상태 3

마지막으로, Tx1에서 id가 10인 레코드를 갱신하면 다음과 같은 상태가 된다.

```
UPDATE tbl SET a=1000 WHERE id=10; -- Tx1
```

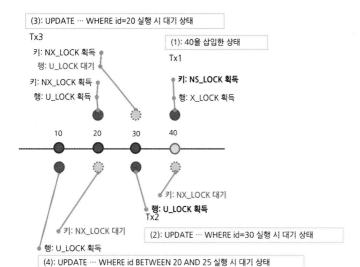

그림 6-13 세 트랜잭션의 교착 상태 4

즉, 각 트랜잭션은 다음과 같이 서로 잠금이 해제되기를 기다린다.

- Tx1은 Tx3의 NX_LOCK(id=20)이 해제되기를 기다린다.

- Tx3는 Tx2의 U_LOCK(id=30)이 해제되기를 기다린다.

- Tx2는 Tx1의 NS_LOCK(id=40)이 해제되기를 기다린다.

이와 같은 상황에서는 Tx1은 Tx2를 기다리고, Tx2는 Tx3를 기다리고, Tx3는 다시 Tx1을 기다리는 순환 대기 조건에 도달하게 된다.

이때 교착 상태를 탐지한 큐브리드 서버는 이벤트 로그에 다음 정보를 출력한다.

```
$ vi $CUBRID/log/server/testdb_20140926_1939.event

09/29/14 12:00:19.029 - DEADLOCK
client: DBA@dhtest001.ncl¦csql(27456)
hold:
  lock:    U_LOCK (oid=0¦600¦3, table=tbl)
  sql: update [tbl] [tbl] set [tbl].[a]= ?:1  where [tbl].[id]= ?:0
  bind: 30
  bind: 3000

wait:
  lock:   NX_LOCK (oid=-592¦600¦-16380, table=tbl, index=pk_tbl_id)
  sql: update [tbl] [tbl] set [tbl].[a]= ?:1  where [tbl].[id]= ?:0
  bind: 30
  bind: 3000

client: DBA@dhtest001.ncl¦csql(18018)
hold:
  lock:   NX_LOCK (oid=-592¦600¦-16382, table=tbl, index=pk_tbl_id)
  sql: update [tbl] [tbl] set [tbl].[a]= ?:2  where ([tbl].[id]>= ?:0  and [tbl].[id]<= ?:1 )
  bind: 20
  bind: 30
  bind: 25

  lock:   NX_LOCK (oid=-592¦600¦-16381, table=tbl, index=pk_tbl_id)
  sql: update [tbl] [tbl] set [tbl].[a]= ?:2  where ([tbl].[id]>= ?:0  and [tbl].[id]<= ?:1 )
  bind: 20
```

```
    bind: 30
    bind: 25

    lock:    U_LOCK (oid=0¦600¦2, table=tbl)
    sql: update [tbl] [tbl] set [tbl].[a]= ?:2 where ([tbl].[id]>= ?:0 and [tbl].[id]<= ?:1 )
    bind: 20
    bind: 30
    bind: 25
wait:
    lock:    U_LOCK (oid=0¦600¦3, table=tbl)
    sql: update [tbl] [tbl] set [tbl].[a]= ?:2 where ([tbl].[id]>= ?:0 and [tbl].[id]<= ?:1 )
    bind: 20
    bind: 30
    bind: 25


client: DBA@dhtest001.ncl¦csql(18017)
hold:
    lock:    U_LOCK (oid=0¦600¦1, table=tbl)
    sql: update [tbl] [tbl] set [tbl].[a]= ?:1 where [tbl].[id]= ?:0
    bind: 10
    bind: 1000

    lock:    NS_LOCK (oid=-592¦600¦-16380, table=tbl, index=pk_tbl_id)
    sql: insert into [tbl] [tbl] ([tbl].[id], [tbl].[a]) values ( ?:0 , ?:1 )
    bind: 40
    bind: 40

    lock:    X_LOCK (oid=0¦600¦4, table=tbl)
    sql: insert into [tbl] [tbl] ([tbl].[id], [tbl].[a]) values ( ?:0 , ?:1 )

    bind: 40
    bind: 40

wait:
    lock:    NX_LOCK (oid=-592¦600¦-16382, table=tbl, index=pk_tbl_id)
    sql: update [tbl] [tbl] set [tbl].[a]= ?:1 where [tbl].[id]= ?:0
    bind: 10
    bind: 1000
```

- Tx1: csql(18017)은 U_LOCK(oid=0|600|1), NS_LOCK(**oid=-592|600|-16380**)과 X_LOCK(oid=0|600|4) 을 유지하면서 Tx3가 잠금을 보유 중인 객체에 NX_LOCK(**oid=- 592|600|-16382**)을 획득하려고 대기하고 있다.

- Tx2: csql(27456)은 U_LOCK(**oid=0|600|3**)을 유지하면서 Tx3가 잠금을 보유 중인 객체에 NX_ LOCK(**oid=-592|600|-16380**)을 획득하려고 대기하고 있다.

- Tx3: csql(18018)은 NX_LOCK(**oid=-592|600|-16382**), NX_LOCK(oid=-592|600|-16381)과 U_ LOCK(oid=0|600|2)을 유지하면서 Tx2가 잠금을 보유 중인 객체에 U_LOCK(**oid=0|600|3**)을 획득하려고 대기 하고 있다.

이상을 종합하면 서로 상대방이 보유 중인 잠금을 획득하려고 대기하면서 순환 대기 조건이 형성됐음을 알 수 있다.

그리고 시스템이 이러한 교착 상태를 포착해, 위 트랜잭션 중 하나를 포기하면서 교착 상태를 해소한다. 이 때 testdb 서버 오류 로그 파일에는 다음과 같은 메시지가 출력된다.

```
$ vi $CUBRID/log/server/testdb_20140926_1939.err


Time: 09/29/14 12:00:19.029 - ERROR *** file ../../src/transaction/lock_manager.c, line 2653
ERROR CODE = -72 Tran = 2, CLIENT = dhtest001.ncl:csql(18018), EID = 11
Your transaction (index 2, DBA@dhtest001.ncl|18018) has been unilaterally aborted by the
system.
```

이상으로 큐브리드의 트랜잭션과 잠금에 대해 알아봤다. 잠금을 최소화하는 최적의 트랜잭션을 작성하는 것이 성능을 높이고 오류 발생을 줄이는 가장 기본적인 방법임을 숙지하기 바란다.

다음 장에서는 데이터를 백업하는 방법과 백업한 데이터를 복구하는 방법, 그리고 다른 DBMS에서 큐브리 드로 데이터베이스를 마이그레이션하는 방법을 알아보겠다.

07
백업과 복구

백업과 복구는 장애 발생에 대비하는 작업이다. 그러나 장비를 이전하거나 HA(high availability) 구성을 위해 새로운 노드를 추가하는 과정에서도 백업과 복구가 필요하다.

큐브리드에서 백업과 복구라 하면 보통 cubrid backupdb 명령과 cubrid restoredb 명령을 사용해 볼륨 파일을 백업하고 복구하는 것을 말한다. 이에 비해 언로드, 로드는 데이터를 텍스트 형식으로 내려받아 볼륨에 올리는 것으로, 이때 cubrid unloaddb, cubrid loaddb 명령을 사용한다. 언로드한 텍스트는 일반 텍스트 편집기를 사용해 편집할 수 있으므로 주로 볼륨이 호환되지 않는 경우에 언로드, 로드를 사용한다.

경우에 따라 버전이 변경되면 볼륨이 호환되지 않는데, 예를 들어 큐브리드 8.4.1(2008 R4.1)을 9.3으로 업그레이드하거나 9.1을 9.3으로 업그레이드하는 경우에는 볼륨이 호환되지 않는다. 볼륨 호환에 대한 자세한 설명은 부록 D의 "버전 간 데이터베이스 볼륨 호환성"(380쪽)을 참고한다.

오라클이나 MySQL 등 다른 DBMS에서 큐브리드로 마이그레이션하는 경우에도 볼륨이 호환되지 않는다. 이 경우 큐브리드 마이그레이션 툴킷을 사용해 좀 더 쉽게 마이그레이션할 수 있다.

이 장에서는 큐브리드의 백업과 복구 방법, 언로드와 로드 방법, 보관 로그(archive log) 관리 방법, 그리고 큐브리드 마이그레이션 툴킷 사용법을 알아본다.

> **주의**
>
> LOB 자료형(CLOB, BLOB)의 값은 별개의 파일로 저장되며 백업 명령으로 생성되는 백업 파일에 포함되지 않으므로 해당 파일을 따로 복사해 보관해야 한다. 또한 복구할 때도 백업할 때 보관해둔 LOB 파일을 LOB 디렉터리에 복구해야 한다.
>
> LOB 디렉터리는 databases.txt 파일의 lob-base-path에 정의돼 있다.

데이터베이스 볼륨이 호환되는 경우

큐브리드에서 백업과 복구라 하면 보통 cubrid backupdb 명령과 cubrid restoredb 명령을 사용해 볼륨 파일을 백업하고 복구하는 것을 말한다. 데이터베이스 볼륨이 호환되는 경우에는 주로 백업과 복구를 사용한다. restoredb는 바이너리 이미지를 그대로 복사하는 것이기 때문에 일반적으로 스키마를 생성하고 데이터를 로딩해야 하는 loaddb보다 복구 속도가 빠르다. 또한 loaddb는 시리얼이나 자동 증가 칼럼의 시작값을 설정해야 하는 데 비해 restoredb는 데이터베이스 볼륨 이미지를 있는 그대로 복사하는 것이므로 별도의 추가 작업이 필요하지 않다.

백업

데이터베이스를 백업하려면 cubrid backupdb 명령을 사용한다.

백업 파일

cubrid backupdb 명령을 이용한 백업은 데이터의 볼륨 파일을 그대로 읽어 저장하는 것으로, 그 밖의 여러 옵션을 제공하기는 하지만 기본적으로는 볼륨 복사와 같다고 볼 수 있다.

```
$ cubrid backupdb -D$CUBRID/backup demodb
Backup Volume Label: Level: 0, Unit: 0, Database demodb, Backup Time: Wed Jul 23 16:18:14 2014
$ cd  $CUBRID/backup
$ ls
-rw------- 1 cubrid cubrid 318780416 Jul 23 16:18 demodb_bk0v000
```

-D 옵션에는 백업 파일이 저장될 디렉터리를 지정하며, 생략되면 $CUBRID/databases.txt 파일에 명시한 로그 디렉터리에 저장된다.

백업 파일에는 볼륨 파일, 제어 파일, 로그 파일이 저장된다. 백업을 시작하면 다음 순서로 백업이 진행된다.

1. 제어 파일({데이터베이스 이름}_vinf)

2. 볼륨 파일(범용 볼륨, 데이터 볼륨, 인덱스 볼륨, 임시 볼륨)

3. 백업 시작 이후 생성된 보관 로그 파일

4. 활성 로그(active log) 파일

활성 로그는 진행 중인 트랜잭션 정보를 기록하는 파일이며, 보관 로그는 활성 로그 공간이 모두 사용된 후에 지속적으로 생성되는 로그를 보관하는 파일이다.

백업된 시점까지만 복원하고자 한다면 백업 파일과 백업 정보 파일만 있으면 되지만 백업 이후 가장 최근에 반영된 트랜잭션까지 복원하려면 활성 로그 파일과 백업 이후의 보관 로그 파일도 필요하다. 따라서 cubrid.conf 파일의 log_max_archives 파라미터값을 적절히 큰 값(log_max_archives 파라미터값은 시스템의 상황과 로그 파일의 크기에 따라 다를 수밖에 없는데, 보관 로그 파일이 쌓이는 속도를 감안해 10개 이상 또는 이하로 적절히 증감)으로 설정하고, force_remove_log_archives 파라미터값을 yes로 설정(기본값: yes)해야 한다.

백업 전후 어떤 파일이 생성되고 어떻게 변경되는지 알아보기 위해 샘플 데이터베이스를 생성하고 백업해보자.

먼저 설치 시 제공되는 demodb 생성 스크립트를 약간 변형해 샘플 데이터베이스 생성 스크립트를 작성한다. cubrid createdb 명령으로 데이터베이스를 생성할 때 옵션으로 데이터베이스 볼륨 파일 크기(--db-volume-size)와 로그 파일 크기(--log-volume-size)를 지정할 수 있는데, 파일 생성과 변경을 쉽게 파악할 수 있도록 데이터베이스 볼륨 파일 크기와 로그 파일 크기를 각각 20MB로 줄였다. 실제로는 일반적으로 이보다 크게 설정한다.

```
$ cd $CUBRID/demo
$ vi make_cubrid_demo.sh

cubrid createdb --db-volume-size=20M --log-volume-size=20M demodb en_US > /dev/null 2>&1
```

이제 큐브리드를 설치할 때 기본으로 생성된 demodb를 제거하고, 이 스크립트를 실행해 demodb를 생성한다.

```
$ cubrid deletedb demodb
$ cd $CUBRID/databases/demodb
$ ../../demo/make_cubrid_demo.sh
```

다음은 demodb를 생성한 직후의 파일 목록이다.

```
-rw------- 1 cubrid cubrid 20971520 Jul 28 12:47 demodb
-rw------- 1 cubrid cubrid 20971520 Jul 28 12:47 demodb_lgar_t
-rw------- 1 cubrid cubrid 20971520 Jul 28 12:47 demodb_lgat
-rw------- 1 cubrid cubrid      211 Jul 28 12:47 demodb_lginf
-rw------- 1 cubrid cubrid     2325 Jul 28 12:47 demodb_loaddb.log
-rw------- 1 cubrid cubrid      273 Jul 28 12:47 demodb_vinf
drwxrwxr-x 2 cubrid cubrid     4096 Jul 28 12:46 lob
```

각 파일에 저장되는 정보는 다음과 같다.

- **demodb**: 데이터베이스 볼륨 파일

- **demodb_lgar_t**: 백그라운드 보관 로그 파일. 보관 로그 생성에 임시로 사용한다.

- **demodb_lgat**: 활성 로그 볼륨 파일

- **demodb_lginf**: 로그 볼륨에 대한 정보 파일

- **demodb_vinf**: 데이터베이스 볼륨에 대한 정보 파일

다음과 같이 임의의 레코드 백만 건을 t1, t2, t3 테이블에 각각 입력해보자.

```
CREATE TABLE s1h (a INT PRIMARY KEY);
CREATE TABLE s1k (a INT PRIMARY KEY);
CREATE TABLE s1w (a INT PRIMARY KEY);
INSERT INTO s1h SELECT ROWNUM FROM db_class c1, db_class c2 LIMIT 100;
INSERT INTO s1k SELECT ROWNUM FROM db_class c1, db_class c2 LIMIT 1000;
INSERT INTO s1w SELECT ROWNUM FROM db_class c1, db_class c2, db_class c3 LIMIT 10000;
```

```
CREATE TABLE t1 (a INT PRIMARY KEY, b INT, c INT, d CHAR(10),e CHAR(100),f CHAR(500),INDEX i_
t1_b(b)) ;
CREATE TABLE t2 (a INT PRIMARY KEY, b INT, c INT, d CHAR(10),e CHAR(100),f CHAR(500),INDEX i_
t1_b(b)) PARTITION BY RANGE (a) (PARTITION a VALUES LESS THAN (100000),
PARTITION before_2008 VALUES LESS THAN (2000000) );
CREATE TABLE t3 (a INT PRIMARY KEY, b INT, c INT, d CHAR(10),e CHAR(100),f CHAR(500),index i_
t1_b(b)) PARTITION BY HASH(b) PARTITIONS 3;
INSERT INTO t1 SELECT ROWNUM, ROWNUM, ROWNUM, ROWNUM||'', ROWNUM||'', ROWNUM||'' FROM s1h,s1w;
INSERT INTO t2 SELECT ROWNUM, ROWNUM, ROWNUM, ROWNUM||'', ROWNUM||'', ROWNUM||'' FROM s1h,s1w;
INSERT INTO t3 SELECT ROWNUM, ROWNUM, ROWNUM, ROWNUM||'', ROWNUM||'', ROWNUM||'' FROM s1h,s1w;
```

이때 볼륨 파일을 확인하면 다음과 같다.

```
-rw------- 1 cubrid cubrid  20971520 Jul 28 18:05 demodb
-rw------- 1 cubrid cubrid  20955136 Jul 28 18:04 demodb_lgar037
-rw------- 1 cubrid cubrid  20955136 Jul 28 18:04 demodb_lgar038
-rw------- 1 cubrid cubrid  20955136 Jul 28 18:05 demodb_lgar039
-rw------- 1 cubrid cubrid  20955136 Jul 28 18:05 demodb_lgar040
-rw------- 1 cubrid cubrid  20955136 Jul 28 18:05 demodb_lgar041
-rw------- 1 cubrid cubrid  20955136 Jul 28 18:05 demodb_lgar042
-rw------- 1 cubrid cubrid  20955136 Jul 28 18:05 demodb_lgar043
-rw------- 1 cubrid cubrid  20955136 Jul 28 18:05 demodb_lgar044
-rw------- 1 cubrid cubrid  20955136 Jul 28 18:05 demodb_lgar045
-rw------- 1 cubrid cubrid  20955136 Jul 28 18:05 demodb_lgar046
-rw------- 1 cubrid cubrid  20955136 Jul 28 18:05 demodb_lgar047
-rw------- 1 cubrid cubrid  20955136 Jul 28 18:05 demodb_lgar048
-rw------- 1 cubrid cubrid  20955136 Jul 28 18:05 demodb_lgar049
-rw------- 1 cubrid cubrid  20955136 Jul 28 18:05 demodb_lgar050
-rw------- 1 cubrid cubrid  20955136 Jul 28 18:05 demodb_lgar051
-rw------- 1 cubrid cubrid  20955136 Jul 28 18:05 demodb_lgar052
-rw------- 1 cubrid cubrid  20955136 Jul 28 18:05 demodb_lgar053
-rw------- 1 cubrid cubrid  20955136 Jul 28 18:05 demodb_lgar054
-rw------- 1 cubrid cubrid  20955136 Jul 28 18:05 demodb_lgar_t
-rw------- 1 cubrid cubrid  20971520 Jul 28 18:07 demodb_lgat
-rw------- 1 cubrid cubrid        40 Jul 28 17:31 demodb_lgat__lock
-rw------- 1 cubrid cubrid      6548 Jul 28 18:05 demodb_lginf
```

```
-rw------- 1 cubrid cubrid      2325 Jul 28 12:47 demodb_loaddb.log
-rw------- 1 cubrid cubrid 105086976 Jul 28 18:05 demodb_t32766
-rw------- 1 cubrid cubrid       548 Jul 28 18:05 demodb_vinf
-rw------- 1 cubrid cubrid 536870912 Jul 28 18:03 demodb_x001
-rw------- 1 cubrid cubrid 536870912 Jul 28 18:03 demodb_x002
-rw------- 1 cubrid cubrid 536870912 Jul 28 18:05 demodb_x003
-rw------- 1 cubrid cubrid 536870912 Jul 28 18:05 demodb_x004
-rw------- 1 cubrid cubrid 245104640 Jul 28 18:05 demodb_x005
```

데이터베이스 볼륨 정보를 제공하는 demodb_vinf 파일을 살펴보면 다음과 같다.

```
$ cat demodb_vinf
 -5 /cubrid/CUBRID/databases/demodb/demodb_vinf
 -4 /cubrid/CUBRID/databases/demodb/demodb_lginf
 -3 /cubrid/CUBRID/databases/demodb/demodb_bkvinf
 -2 /cubrid/CUBRID/databases/demodb/demodb_lgat
  0 /cubrid/CUBRID/databases/demodb/demodb
  1 /cubrid/CUBRID/databases/demodb/demodb_x001
  2 /cubrid/CUBRID/databases/demodb/demodb_x002
  3 /cubrid/CUBRID/databases/demodb/demodb_x003
  4 /cubrid/CUBRID/databases/demodb/demodb_x004
  5 /cubrid/CUBRID/databases/demodb/demodb_x005
```

이를 통해 demodb_x001부터 demodb_x005까지 총 5개의 데이터베이스 볼륨 파일이 추가된 것을 알 수 있다.

로그 파일 정보를 제공하는 demodb_lginf 파일을 살펴보면 다음과 같다.

```
$ cat demodb_lginf

Time: 07/28/14 12:47:44.719 - COMMENT: CUBRID/LogInfo for database /cubrid/CUBRID/databases/
demodb/demodb
Time: 07/28/14 12:47:44.719 - ACTIVE: /cubrid/CUBRID/databases/demodb/demodb_lgat 1280 pages
Time: 07/28/14 17:32:35.185 - ARCHIVE: 0 /cubrid/CUBRID/databases/demodb/demodb_lgar000 0 1277
Time: 07/28/14 17:32:37.248 - ARCHIVE: 1 /cubrid/CUBRID/databases/demodb/demodb_lgar001 1278
2555
```

Time: 07/28/14 17:32:38.637 - ARCHIVE: 2 /cubrid/CUBRID/databases/demodb/demodb_lgar002 2556
3833

Time: 07/28/14 17:32:39.922 - ARCHIVE: 3 /cubrid/CUBRID/databases/demodb/demodb_lgar003 3834
5111

Time: 07/28/14 17:32:41.178 - ARCHIVE: 4 /cubrid/CUBRID/databases/demodb/demodb_lgar004 5112
6389

...

Time: 07/28/14 17:33:25.391 - ARCHIVE: 34 /cubrid/CUBRID/databases/demodb/demodb_lgar034 43452
44729

Time: 07/28/14 17:33:26.879 - ARCHIVE: 35 /cubrid/CUBRID/databases/demodb/demodb_lgar035 44730
46007

Time: 07/28/14 17:33:28.466 - ARCHIVE: 36 /cubrid/CUBRID/databases/demodb/demodb_lgar036 46008
47285

Time: 07/28/14 17:39:48.188 - COMMENT: Log archives from /cubrid/CUBRID/databases/demodb/
demodb_lgar000 to /cubrid/CUBRID/databases/demodb/demodb_lgar036 are not needed any longer
unless a database media crash occurs.

Time: 07/28/14 18:04:57.217 - ARCHIVE: 37 /cubrid/CUBRID/databases/demodb/demodb_lgar037 47286
48563

Time: 07/28/14 18:04:58.882 - REMOVE: 0 /cubrid/CUBRID/databases/demodb/demodb_lgar000 to
      36 /cubrid/CUBRID/databases/demodb/demodb_lgar036.
      REASON: Number of active log archives has been exceeded the max desired number.

Time: 07/28/14 18:04:59.086 - ARCHIVE: 38 /cubrid/CUBRID/databases/demodb/demodb_lgar038 48564
49841

Time: 07/28/14 18:05:00.294 - ARCHIVE: 39 /cubrid/CUBRID/databases/demodb/demodb_lgar039 49842
51119

...

Time: 07/28/14 18:05:17.669 - ARCHIVE: 52 /cubrid/CUBRID/databases/demodb/demodb_lgar052 66456
67733

Time: 07/28/14 18:05:19.080 - ARCHIVE: 53 /cubrid/CUBRID/databases/demodb/demodb_lgar053 67734
69011

Time: 07/28/14 18:05:20.333 - ARCHIVE: 54 /cubrid/CUBRID/databases/demodb/demodb_lgar054 69012
70289

이 파일에서 각 로그 파일이 생성된 시각과 삭제된 시각을 확인할 수 있으며, 굵은 글씨로 표시된 로그 정보로 demodb_lgar000~demodb_lgar036이 삭제된 상태임을 확인할 수 있다. 37번 로그를 쓰는 도중에 체크포인트가 수행됐을 것이고, 이후 추가로 DML(data manipulation language)을 포함하는 트랜잭션이 수행될 때 큐브리드는 36번 이하의 보관 로그 파일을 삭제했다. 37~54번 보관 로그를 기록한 이후 추가로 발생한 트랜잭션이 없으므로 37~54번은 삭제되지 않았다. 체크포인트에 대한 자세한 내용은 "체크포인트"(208쪽)를 참고한다.

이때 백업을 수행하는데, -o bkmsg.txt 옵션을 사용해 수행 정보가 bkmsg.txt 파일에 저장되게 한다.

```
$ cubrid backupdb -D. -o bkmsg.txt demodb
Backup Volume Label: Level: 0, Unit: 0, Database demodb, Backup Time: Wed Jul 30 12:16:30 2014
[cubrid@test-dhlee002.ncl bk]$ ll
total 2407752
-rw------- 1 cubrid cubrid       1416 Jul 30 12:18 bkmsg.txt
-rw------- 1 cubrid cubrid 2463118336 Jul 30 12:18 demodb_bk0v000
```

이제 bkmsg.txt 파일을 통해 어떤 파일이 저장됐는지 확인해보자.

```
$ vi bkmsg.txt

[ Database(demodb) Full Backup start ]

- num-threads: 2

- compression method: NONE

- backup start time: Wed Jul 30 12:16:30 2014

- number of permanent volumes: 6

- HA apply info: demodb 1406519264 71323 1584

- backup progress status
```

```
--------------------------------------------------------------------
  volume name              ¦ # of pages ¦ backup progress status   ¦ done
--------------------------------------------------------------------

  demodb_vinf              ¦         1 ¦ ######################### ¦ done

  demodb                   ¦      1280 ¦ ######################### ¦ done

  demodb_x001              ¦     32768 ¦ ######################### ¦ done

  demodb_x002              ¦     32768 ¦ ######################### ¦ done

  demodb_x003              ¦     32768 ¦ ######################### ¦ done

  demodb_x004              ¦     32768 ¦ ######################### ¦ done

  demodb_x005              ¦     14980 ¦ ######################### ¦ done

  demodb_lgar055           ¦      1279 ¦ ######################### ¦ done

  demodb_lginf             ¦         1 ¦ ######################### ¦ done

  demodb_lgat              ¦      1280 ¦ ######################### ¦ done
--------------------------------------------------------------------


# backup end time: Wed Jul 30 12:18:40 2014


[ Database(demodb) Full Backup end ]
```

37~54번의 보관 로그가 추가로 삭제됐을 때 demodb_lginf 파일을 살펴보면 다음과 같다.

```
Time: 07/28/14 18:11:38.914 - COMMENT: Log archives from /cubrid/CUBRID/databases/demodb/
demodb_lgar037 to /cubrid/CUBRID/databases/demodb/demodb_lgar054 are not needed any longer
unless a database media crash occurs.
Time: 07/30/14 12:18:33.655 - ARCHIVE: 55 /cubrid/CUBRID/databases/demodb/demodb_lgar055 70290
71323
Time: 07/30/14 12:18:37.021 - REMOVE: 37 /cubrid/CUBRID/databases/demodb/demodb_lgar037 to
       54 /cubrid/CUBRID/databases/demodb/demodb_lgar054.
       REASON: Number of active log archives has been exceeded the max desired number.
Time: 07/30/14 12:23:36.996 - COMMENT: Log archive /cubrid/CUBRID/databases/demodb/demodb_
lgar055 is not needed any longer unless a database media crash occurs.
```

큐브리드는 새로운 보관 로그 파일이 생성될 때마다 이전까지의 보관 로그 삭제 여부를 결정한다. 백업을
수행하면서 55번 보관 로그를 추가했고, 54번 이후에는 시간에 의해 체크포인트가 발생한 상태다. 따라서
54번까지의 보관 로그는 복구 시 불필요하므로 큐브리드는 54번까지의 보관 로그를 삭제하고 백업을 수행
한다.

보관 로그에 대한 자세한 설명은 "보관 로그"(208쪽)를 참고한다.

온라인 백업과 오프라인 백업

백업은 일반적으로는 운영 중인 데이터베이스를 대상으로 수행하는데, 이를 온라인 백업이라 한다. 이때는 cubrid backupdb -C 명령으로 백업하며, 데이터베이스 이미지의 특정 시점 스냅숏이 제공된다.

정지 상태인 데이터베이스를 백업하려면 cubrid backupdb -S 명령을 사용한다. 이를 오프라인 백업이라 한다.

전체 백업과 증분 백업

데이터베이스를 백업하는 방식에는 전체 백업과 증분 백업이 있다. 전체 백업은 데이터베이스의 모든 페이지를 백업하는 것이고, 증분 백업은 전체 백업 이후의 변경된 사항만을 백업하는 것이다.

증분 백업은 전체 백업에 비해 백업 시간이 짧고 디스크 공간을 적게 사용할 수 있다는 장점이 있다. 하지만 증분 백업은 전체 백업에 종속적이기 때문에 반드시 전체 백업이 있어야 수행될 수 있으며, 복구할 때도 전체 백업 파일이 필요하다. 큐브리드는 1차 증분, 2차 증분 백업 기능을 제공한다. 증분 백업을 수행하려면 cubrid backupdb -l {백업 수준} 명령을 사용한다.

자세한 내용은 다음 예에서 살펴보자.

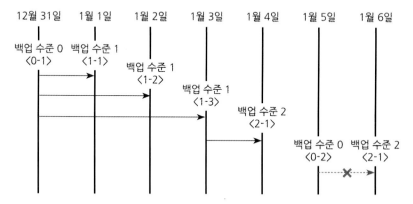

그림 7-1 증분 백업

그림에서 12월 31일에는 전체 백업(백업 수준 0)이 수행됐다. 이를 기준으로 그 후의 변경 사항만 저장하는 백업을 1차 증분 백업(백업 수준 1)이라고 한다. 그림에서 1월 1일, 2일, 3일에 수행하는 백업은 모두 12월 31일의 전체 백업을 기준으로 그 후의 변경 사항을 저장하는 1차 증분 백업이다.

1차 증분 백업을 기준으로 그 후의 변경 사항만 저장할 수도 있는데 이를 2차 증분 백업(백업 수준 2)이라고 한다. 그림에서 1월 4일에 수행된 백업은 1월 3일의 1차 증분 백업 후에 변경된 사항만 저장한다. 반드시 1차 증분 백업을 수행한 후에 2차 증분 백업을 수행할 수 있고, 복구할 때도 전체 백업 파일과 1차 증분 백업 파일이 있어야 한다.

즉, 증분 백업을 잘 활용하면 시간과 디스크 공간을 절약하며 운영할 수 있지만 증분 백업 파일로 데이터베이스를 복구하려면 낮은 수준의 백업 파일이 온전히 있어야 한다. 백업은 결국 복구하기 위한 것이기 때문에 백업 디스크 공간에 여유가 있고 백업 시간이 문제 되지 않는다면 매일 전체 백업을 수행해 백업을 단순화하는 것이 백업 파일 관리에 용이하다.

압축 백업

cubrid backupdb -z 명령을 사용해 압축 백업을 수행할 수 있다. 백업되는 파일을 압축하기 때문에 백업 볼륨의 크기가 줄어들어 디스크 공간을 절약할 수 있다. 압축 백업을 사용하면 CPU 사용은 늘어나지만 백업 공간을 줄일 수 있다.

백업 시 I/O 부하 조절

데이터베이스를 이중화하기 위해 HA(high availability)를 사용할 때 보통 마스터 노드의 운영 중 부담을 덜기 위해 슬레이브 노드는 마스터 노드를 백업한다. 하지만 배치나 통계, 검색 등의 읽기 부하를 분산하기 위해 슬레이브 노드를 사용하는 경우가 있기 때문에 백업이 슬레이브 노드의 작업에 영향을 주지 않게 해야 한다. 마스터 노드이거나 단일 장비로 운영하는 데이터베이스에서도, 대량의 트랜잭션으로 인해 I/O 부하가 상당하다면 백업 작업이 I/O 부하를 가중시킬 수 있다.

이때 --sleep-msecs=N 옵션을 사용하면 백업 시 1MB의 데이터를 읽은 후 일정 시간(N) 동안 작업을 쉬어(sleep time) 디스크 I/O 부하를 줄일 수 있다. N 값은 밀리초 단위로 입력한다. 백업 수행 시 해당 장비에 주는 영향을 고려해 적절한 값을 찾아서 입력해야 한다. 이 옵션을 사용하면 이 옵션 없이 백업할 때보다 백업 시간은 길어지지만 백업 시 발생하는 I/O 부하가 줄어들기 때문에 상당히 유용하다.

-t 옵션을 사용하면 백업 시 스레드 개수도 조절할 수 있다. 이 옵션을 사용하지 않고 백업을 수행하면 기본적으로 멀티스레드로 동작한다. 그런데 쓰기 부하에 대한 디스크의 성능에 따라 멀티스레드로 동작하면 스레드 하나로 동작할 때보다 백업 시간이 오히려 더 느려질 수도 있음을 감안해야 한다.

따라서 운영 중에 백업할 때는 --sleep-msecs=N 옵션과 -t 1 옵션을 사용하는 것을 권장한다.

정합성 확인

백업의 목적은 나중에 데이터베이스 복구에 사용하는 것이기 때문에 백업하기 전에 데이터베이스의 정합성에 이상이 없는지 확인할 필요가 있다. 그래서 cubrid backupdb 명령을 수행할 때 우선 checkdb를 수행해 데이터베이스의 정합성을 먼저 확인한 후 백업을 수행한다. 하지만 데이터베이스의 크기가 큰 경우 checkdb 수행 후 백업을 수행하면 백업 시간이 너무 길어진다. 이때 --no-check 옵션을 사용하면 정합성을 확인하지 않고 백업을 수행할 수 있다. 백업할 데이터베이스의 용량이 크다면 --no-check 옵션을 사용할 것을 권장한다.

수행 결과 확인

백업이 수행되는 과정을 확인하려면 반드시 -o 옵션으로 출력 파일을 지정해야 한다. 또한 슬레이브나 레플리카를 재구축하기 위해 백업할 때는 출력 파일을 저장해야 재구축에 성공할 수 있다. 출력 파일에 page_id와 required_page_id, offset 정보와 같이 재구축에 필요한 정보가 저장되기 때문이다.

출력 파일에서 정합성 확인 결과도 확인할 수 있는데, --no-check 옵션을 사용하면 정합성 확인 결과가 출력 파일에 포함되지 않는다.

복구

데이터베이스를 복구할 때는 일반적으로 백업 파일을 사용해 cubrid restoredb 명령으로 복구한다. HA 환경을 구성하면 슬레이브 또는 레플리카를 이용한 복구도 가능하다. 이에 대한 자세한 설명은 "8. HA"(225쪽)에서 설명한다.

백업 파일을 사용해 복구하는 과정은 다음과 같다.

1. 제어 파일({데이터베이스 이름}_vinf)과 볼륨 파일(데이터 볼륨, 인덱스 볼륨, 임시 볼륨)을 생성한다.
2. 활성 로그와 보관 로그를 읽어 로그를 복구한다.

백업할 때와 마찬가지로 -o 옵션을 사용해 출력 파일을 별도로 지정하면 복구가 진행되는 과정을 로그로 남길 수 있다.

일반적인 복구

일반적으로 데이터베이스를 복구할 때는 데이터베이스를 백업한 장비에서 데이터베이스를 백업한 시점으로 복구한다. 이 경우에는 별도의 작업 없이 cubrid restoredb 명령을 사용하면 된다.

백업 파일이 위치한 경로는 cubrid restoredb -B 옵션으로 지정할 수 있다. 이 옵션을 지정하지 않으면 데이터베이스 정보 파일인 databases.txt 파일에 지정된 log-path 디렉터리에서 백업 파일을 찾는다.

데이터 볼륨의 경로 및 로그 파일의 경로가 백업할 때와 다른 경우가 있는데, 이 경우에는 데이터베이스 정보 파일(databases.txt)을 열어 데이터 볼륨 경로(vol-path)와 로그 파일 경로(log-path)를 수정한 후 -u 옵션을 사용해 복구한다.

즉, 백업 파일의 경로는 -B 옵션으로 지정하고 복구할 경로는 databases.txt 파일의 vol-path와 log-path의 값으로 지정한 후 복구 명령을 사용한다.

```
$ cubrid restoredb -B /mybackup/testdb_bkv000 -u testdb
```

특정 시점으로 복구

백업 파일을 이용해 백업 시점보다 이전의 특정 시점으로 복구할 수도 있다. 특정 시점으로 복구하려면 먼저 백업 파일과 보관 로그를 확보한 후, -d 옵션(또는 --up-to-date 옵션)에 dd-mm-yyyy:hh:mi:ss(예: 14-10-2014:14:10:00)의 형식으로 특정 시점을 지정한다.

```
cubrid restoredb -d 14-10-2014:14:10:00 demodb
```

다음 그림과 같이 매일 전체 백업을 수행하는 상황을 가정하자. 5월 1일에 전체 백업을 수행했고, 백업 이후에 실수로 5월 1일 18시 1분에 데이터를 삭제했다고 하자. 데이터베이스 백업 파일과 보관 로그만 있다면 데이터를 삭제하기 직전인 5월 1일 18시의 상황으로 복구할 수 있다.

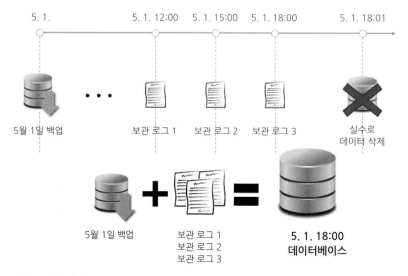

그림 7-2 특정 시점으로 데이터베이스 복구

다른 서버에 복구

다른 서버에 데이터베이스를 복구하는 경우 데이터베이스 볼륨이 호환된다면 cubrid backupdb 명령과 cubrid restoredb 명령을 사용해 백업, 복구하는 방식으로 간단히 복구할 수 있다. 데이터베이스 볼륨이 호환되지 않는 경우에는 언로드와 로드를 수행하며, 이에 대한 내용은 "데이터베이스 볼륨이 호환되지 않는 경우"(206쪽)를 참고한다. 큐브리드 버전 간 볼륨 호환에 대한 설명은 부록 D의 "버전 간 데이터베이스 볼륨 호환성"(380쪽)을 참고한다.

다음은 A 서버에서 데이터베이스를 백업해 그 백업 파일을 기반으로 B 서버에서 데이터베이스를 복구하는 과정을 그림으로 나타낸 것이다. A 서버에서 생성된 백업 파일과 로그 파일은 네트워크를 통해 B 서버에 복사한다. 만약 데이터 볼륨과 로그 파일의 경로를 다르게 설정해야 한다면 "일반적인 복구"(203쪽)에서 설명한 바와 같이 데이터베이스 정보 파일(databases.txt)을 편집해 새로운 경로로 복구한다.

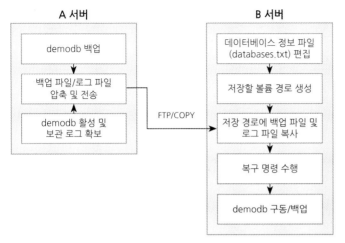

그림 7-3 데이터베이스 백업 후 다른 서버에 복구

다음은 새로운 서버에 백업 파일을 복사한 후 복구할 때 실행 순서다.

1. 백업을 수행한 시스템의 경로와 같은 경로에 다음 파일을 저장한다.

   ▪ $CUBRID/databases/databases.txt: 백업한 데이터베이스의 정보가 있는 파일

   ```
   #db-name     vol-path                         db-host         log-path          lob-base-path
   testdb       /cubrid/CUBRID/databases/testdb  localhost       /cubrid/CUBRID/
   databases/testdb    file:/cubrid/CUBRID/databases/testdb/lob
   ```

   ▪ $CUBRID/databases/testdb/testdb_bkvinf: 백업 파일의 위치 정보가 있는 파일

   ```
   0 0 /cubrid/CUBRID/databases/bk/testdb_bk0v000
   ```

   ▪ $CUBRID/databases/testdb/bk/testdb_bk0v000: 백업 파일

2. 복구 명령을 수행한다.

   ```
   cubrid restoredb -u -B /cubrid/CUBRID/database/bk/testdb_bk0v000 -o restore.log testdb
   ```

데이터베이스 볼륨이 호환되지 않는 경우

언로드, 로드는 데이터를 텍스트 형식으로 내려받아 볼륨에 올리는 것으로, cubrid unloaddb, cubrid loaddb 명령을 사용한다. 이 유틸리티는 데이터베이스 볼륨이 호환되지 않는 서버의 데이터를 다른 서버에 복원하는 경우 또는 데이터베이스를 재구축하는 경우에 사용한다.

언로드한 데이터는 로드해 그대로 복원할 수 있지만 언로드는 테이블 순서대로 싱글 스레드 방식으로 동작하기 때문에 테이블 덤프 시점이 테이블마다 달라진다. 따라서 데이터가 변하지 않는 상황에서만 사용할 수 있다.

언로드

cubrid unloaddb 명령을 수행하면 다음과 같은 파일이 생성된다.

- **스키마 파일({데이터베이스 이름}_schema):** 해당 데이터베이스에 정의된 스키마 파일(기본 키는 포함되나, 인덱스 정보는 포함되지 않음)
- **객체 파일({데이터베이스 이름}_objects):** 해당 데이터베이스에 포함된 데이터 파일
- **인덱스 파일({데이터베이스 이름}_indexes):** 해당 데이터베이스에 정의된 인덱스 파일
- **트리거 파일({데이터베이스 이름}_trigger):** 해당 데이터베이스에 정의된 트리거 파일

cubrid unloaddb 명령에 별도의 옵션을 사용하지 않으면 해당 데이터베이스 전체를 텍스트로 내려받는다. 만약 특정 테이블의 스키마, 인덱스, 데이터만 내려받고 싶다면 별도의 파일(다음 예에서는 table_list. txt)에 해당 테이블의 이름을 명시한 후 --input-class-file과 --input-class-only 옵션을 지정한다.

```
$ cubrid unloaddb --input-class-file table_list.txt --input-class-only testdb
```

데이터 없이 스키마, 인덱스만 내려받고 싶다면 --input-class-file과 --input-class-only에 --schema-only 옵션을 더한다.

```
$ cubrid unloaddb --input-class-file table_list.txt --input-class-only --schema-only testdb
```

데이터베이스 크기가 크면 데이터 파일 하나가 너무 클 수 있는데, 이런 경우에는 --datafile-per-class 옵션을 사용해 데이터 파일을 테이블별로 나누는 것이 좋다.

로드

내려받은 파일은 cubrid loaddb 명령으로 데이터베이스에 올린다. cubrid loaddb는 서버에서 동작하기 때문에 INSERT 구문을 실행하는 것보다 빠르게 대용량 데이터를 입력할 수 있다는 장점이 있다.

커밋 주기 조절

cubrid loaddb 명령에 -c 옵션을 사용하면 데이터를 가져올 때 커밋 주기를 조절할 수 있다. 이 커밋 주기를 큰 값으로 설정하면 로그 페이지에 쓰는 부담이 커질 수 있으므로 무조건 크게 설정하는 것은 좋지 않다. 특히 로드하는 데이터가 대용량이면 한 번에 커밋되는 양이 커서 로드하는 시간이 너무 길어질 수 있으므로 커밋 주기를 적절하게 설정해야 한다. 스키마에 따라 다르지만 일반적으로 커밋 주기를 1만 건으로 설정하는 것을 권장한다.

통계 정보 비갱신

cubrid loaddb 명령에 --no-statistics 옵션을 사용하면 데이터를 로드할 때 통계 정보를 갱신하지 않는다. 로드 성능을 높이려면 통계 정보 갱신은 별도로 수행하는 것이 좋다. 단, 큐브리드 9.3 이상 버전은 통계 정보 샘플링 방식을 지원하므로 통계 정보 갱신 부담이 훨씬 줄어들었다. 따라서 큐브리드 9.3 이상 버전에서는 --no-statistics 옵션을 쓰지 않아도 된다.

--no-statistics 옵션을 사용해 로드한 후에는 반드시 통계 정보 갱신을 수행해야 한다. 다음은 테이블 tbl에 대해 통계 정보를 갱신하는 질의문의 예다.

```
UPDATE STATISTICS ON tbl;
```

다음은 모든 테이블에 대해 통계 정보를 갱신하는 질의문의 예다.

```
UPDATE STATISTICS ON ALL CLASSES;
```

운영 중인 데이터베이스에 데이터 로드

cubrid loaddb 유틸리티는 새로운 데이터베이스에 데이터를 옮기는 것을 가정해, 데이터베이스가 정지돼 있는 상태에서만 명령을 수행할 수 있다. 하지만 운영 중에 특정 테이블을 로드해야 하는 경우가 있는데, 이때는 큐브리드 매니저에서 **가져오기**를 클릭한다.

트랜잭션 로그를 저장하지 않고 로드

로드 속도를 높이려면 --no-logging 옵션을 사용할 수 있다. 이 옵션은 트랜잭션 로그를 저장하지 않으므로 데이터 파일을 더 빠르게 로드할 수 있다.

> **주의**
>
> --no-logging 옵션으로 로드하는 도중 파일 형식이 잘못됐거나 예기치 않은 오류가 발생한다면 로그가 없기 때문에 데이터를 복구할 수 없어 데이터베이스를 새로 구축해야 한다. 성능을 향상시킬 수 있지만 그로 인한 문제는 감수해야 하기 때문에 주의해야 한다.

보관 로그

보관 로그 파일은 활성 로그 파일의 여유 공간이 모두 소진됐을 때 복구를 목적으로 저장되는 파일로, 백업 이후 특정 시점으로 복구하거나 HA 환경에서 데이터를 복제할 때 사용된다. 따라서 사용자가 임의로 삭제하면 큐브리드의 정상 동작을 보장할 수 없다.

하지만 디스크의 여유 공간을 확보하기 위해 불필요해진 보관 로그는 삭제돼야 하는데, 시스템에 의해 삭제되는 경우와 사용자가 특정 명령을 통해 삭제하는 경우가 있다.

체크포인트

보관 로그를 삭제하는 경우를 설명하기 전에 먼저 체크포인트란 무엇인지 알아보자. 체크포인트는 데이터를 빠르게 복구하기 위해 메모리에 있는 수정된 데이터 블록을 디스크에 있는 데이터 볼륨 파일과 동기화하는 데이터베이스 이벤트다. 체크포인트 발생 주기는 cubrid.conf 파일에서 설정할 수 있으며, 사용자가 직접 발생시킬 수도 있다.

온라인 트랜잭션 도중에 체크포인트가 발생하는 경우 체크포인트 지점을 로그에 기록하고 해당 버퍼를 디스크에 내리는데, 디스크에 내리는 동안 추가로 변경된 데이터는 로그를 사용해 복구할 수 있다. 따라서 체크포인트 시점의 데이터베이스 볼륨만으로는 완전히 복구할 수 없으며, 마지막 체크포인트 직후 발생하는 연산을 기록한 보관 로그와 활성 로그가 있어야 한다.

시스템에 의한 삭제

HA를 사용하지 않고 한 대의 노드만 운영 시

큐브리드 설치 시 초기 cubrid.conf 파일에는 log_max_archives=0이라는 설정이 포함돼 있다. 이 설정은 사용하지 않을 보관 로그 파일을 남김없이 지우는 설정이다. 즉, 디스크 볼륨에 반영이 완료된 보관 로그는 시스템에 의해 자동으로 삭제된다.

HA 환경에서 여러 대의 노드 운영 시

HA 환경에서는 마스터 슬레이브 서버 모두 상대 노드에 복제가 완료될 때까지 삭제가 보류되도록 하기 위해 force_remove_log_archives 파라미터값을 no로 설정해야 한다. 이 값이 no이면 log_max_archives 파라미터값이 0이더라도 슬레이브에 반영되지 않은 보관 로그 파일은 삭제되지 않는다. force_remove_log_archives 파라미터의 기본값은 yes이며, yes인 경우 복제 여부와 무관하게 log_max_archives의 개수를 초과하는 보관 로그는 삭제한다.

레플리카는 상대방의 데이터를 받아오기만 하기 때문에 force_remove_log_archives 파라미터값을 yes로 설정해야만 보관 로그를 삭제할 수 있다.

HA 환경에서 강제 삭제

HA 환경에서는 force_remove_log_archives 파라미터값이 no로 설정돼 있으면 상대 노드에 복제가 완료될 때까지 삭제가 보류된다. 그러나 경우에 따라서는 HA 환경에서 보관 로그가 쌓이면서 마스터 노드에서 장애가 발생하지 않도록 다음과 같이 설정해 슬레이브 노드로 복제하는 것을 포기하는 편이 나을 수 있다.

```
force_remove_log_archives=yes
log_max_archives=10
```

이렇게 하면 마스터 노드에서 진행 중인 트랜잭션에 의해 사용되고 있는 보관 로그를 포함해 최소 10개의 파일은 항상 남기고, 나머지 보관 로그는 복제 여부와 무관하게 삭제한다. 따라서 로그 파일이 10개 쌓일 때까지는 복제 지연이 발생하더라도 추후 복제 반영이 가능하지만 10개 이상 필요한 상황이 되면 슬레이브 노드를 재구성해야 하므로 주의해서 사용해야 한다.

장시간 슬레이브 노드만 구동을 중지하는 상황에서는 force_remove_log_archives 파라미터값을 yes로 설정해 추후 슬레이브 노드의 재구성을 감수하더라도 마스터 노드의 정상 구동을 보장해 주는 것이 낫다고 판단할 수도 있다.

체크포인트 발생

시스템 설정에 의해 체크포인트가 발생할 때 체크포인트 발생 시점 이전의 보관 로그는 삭제된다.

체크포인트 발생 주기는 cubrid.conf 파일에서 설정한다. 체크포인트 주기를 설정하는 파라미터는 2개인데, 하나는 로그 페이지 단위로 설정하는 checkpoint_every_size이고 또 다른 하나는 체크포인트 수행 주기를 설정하는 checkpoint_interval이다.

checkpoint_every_size는 설정된 값만큼 로그 파일이 커지면 체크포인트가 수행된다. 바이트 단위로 지정하며 B, K, M, G 등의 단위를 명시할 수 있다. 기본값은 로그 페이지 크기가 16KB이면 156.25M, 로그 페이지 크기가 8KB이면 78.125M이다.

checkpoint_interval은 체크포인트 수행 주기를 시간으로 지정한다. 기본값은 6min(6분)이다.

두 파라미터 가운데 명시한 조건을 먼저 만족하는 파라미터를 기준으로 체크포인트가 수행된다. 예를 들어 checkpoint_interval 파라미터값을 6min으로 설정하고 checkpoint_every_size 파라미터값을 1.5G로 설정한 경우 어떤 트랜잭션 내에서 INSERT가 발생하면 마지막 체크포인트가 발생한 지 6분이 지났는지, 마지막 체크포인트가 발생한 이후로 로그 파일이 1.5GB 이상 기록됐는지 확인한 후, 둘 중 하나 이상의 조건을 만족하면 체크포인트가 발생한다.

사용자에 의한 삭제

체크포인트 발생

사용자가 CSQL에서 다음과 같이 체크포인트를 명시해 체크포인트를 발생시킬 수 있다. 단, CSQL에 DBA 계정으로 접속해야 하며 관리자 모드인 --sysadm 옵션으로 수행해야 한다.

```
$ csql -u dba testdb --sysadm
csql> ;checkpoint
```

백업 시 -r 옵션 사용

사용자가 백업 명령 수행 시 -r 옵션을 사용하면 백업 시점 이전의 불필요한 로그 파일을 제거한다. -r 옵션을 증분 백업에서 사용하면 데이터베이스를 정상적으로 복구할 수 없을 수 있으므로 반드시 전체 백업에서만 사용해야 한다.

```
$ cubrid backupdb -r testdb
```

> **주의**
>
> HA 환경인 경우 -r 옵션을 사용하면 슬레이브 노드에서 복제하지 않은 보관 로그가 삭제될 수 있으므로 -r 옵션을 사용하지 않아야 한다.

큐브리드 마이그레이션 툴킷

다른 DBMS를 사용하다 큐브리드로 전환한다면 우선 해결해야 할 문제가 바로 마이그레이션이다. 마이그레이션하면 먼저 떠오르는 일은 데이터의 이동이지만, 그뿐만 아니라 스키마도 대상 DBMS에 맞게 변경해야 하므로 기존 DBMS와 대상 DBMS 사이의 DDL(data definition language) 구문 차이점을 미리 숙지하고 스키마를 전환해야 한다. 이때 큐브리드 마이그레이션 툴킷을 사용하면 번거로운 데이터베이스 마이그레이션을 편리하게 수행할 수 있다.

큐브리드 마이그레이션 툴킷은 크게 다음 두 단계로 마이그레이션을 수행한다.

1. 원본의 데이터베이스에 연결해 스키마 구조를 분석하고 이를 큐브리드 스키마 구조로 전환해 DDL 구문을 만든다.
2. 원본의 전환 대상 테이블의 전환 대상 칼럼의 데이터를 조회한 후 큐브리드 데이터베이스에 기록될 적절한 데이터로 변환 및 기록한다.

스키마, 데이터, 스키마 및 데이터 전환 여부는 사용자가 취사 선택해서 마이그레이션에 이용할 수 있다.

큐브리드 마이그레이션 툴킷 설치 및 실행

큐브리드 마이그레이션 툴킷을 설치하려면 다음 주소에서 압축 파일을 다운로드해 압축을 해제하고 실행 파일을 실행한다. GUI를 사용할 수 있는 윈도우용, 맥 OS용, 리눅스용을 별도로 제공하고 있다.

- 큐브리드 커뮤니티 웹사이트의 도구 다운로드 페이지: http://www.cubrid.org/wiki_tools/entry/cubrid-tools-downloads

- 큐브리드 FTP 웹사이트의 CUBRID_Tools/CUBRID_Migration_Toolkit 디렉터리: http://ftp.cubrid.org/CUBRID_Tools/CUBRID_Migration_Toolkit

큐브리드 마이그레이션 툴킷을 실행하면 다음과 같은 화면을 볼 수 있다.

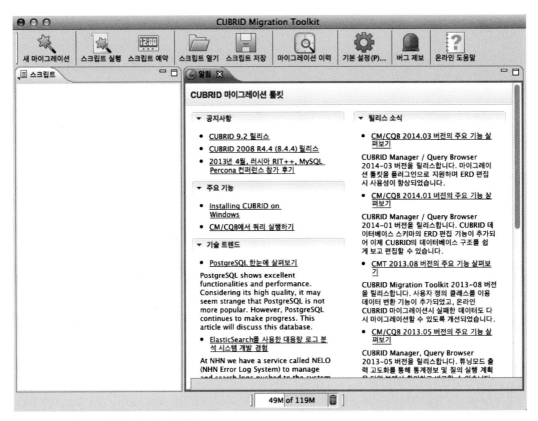

그림 7-4 큐브리드 마이그레이션 툴킷 실행 화면

마이그레이션을 시작하기 위해 툴바에서 **새 마이그레이션**을 클릭하면 단계별로 진행하면서 마이그레이션을 도와주는 마이그레이션 마법사를 사용할 수 있다. 이전에 마이그레이션을 실행한 이력이 있다면 왼쪽의 스크립트 목록에서 마이그레이션 스크립트를 클릭하고 **스크립트 실행**을 클릭한 후 기존 마이그레이션 스크립트를 변경해 마이그레이션을 시작할 수 있다.

마이그레이션 마법사 1단계

마이그레이션 스크립트를 새로 작성하기 위해 **새 마이그레이션**을 클릭하면 다음과 같이 마이그레이션 방법을 선택하는 창이 나타난다.

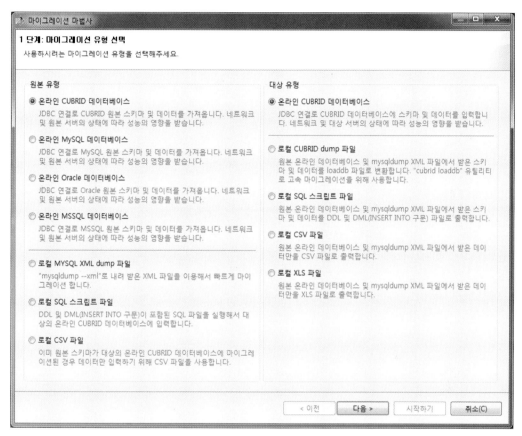

그림 7-5 마이그레이션 마법사 1단계

마이그레이션 원본 유형으로 MySQL, 오라클, 마이크로소프트 SQL 서버뿐만 아니라 큐브리드, SQL, CSV 데이터도 선택할 수 있다. 대상 유형은 온라인 큐브리드 데이터베이스 외에도 cubrid loaddb dump 파일로 출력, SQL 파일로 출력, CSV 또는 XLS로 데이터만 출력과 같이 다양한 방식 중에서 선택할 수 있다.

원격에 있는 데이터베이스 서버에 JDBC 연결로 마이그레이션하려면 원본 유형이나 대상 유형에서 온라인 방식(온라인 CUBRID 데이터베이스, 온라인 MySQL 데이터베이스, 온라인 Oracle 데이터베이스, 온라인 MSSQL 데이터베이스)을 클릭한다. loaddb dump 파일로 추출한 후 cubrid loaddb 유틸리티를 이용해 대상 데이터베이스에 빠르게 입력하려면 **대상 유형**에서 **로컬 CUBRID dump 파일**을 클릭한다.

마이그레이션 마법사 2단계

스키마 및 데이터를 가져오려는 원본 데이터베이스 연결 정보를 입력하거나 이미 등록한 연결 정보를 이용해 마이그레이션 다음 단계로 진행한다.

그림 7-6 마이그레이션 마법사 2단계

원본 데이터베이스 연결 정보를 입력하려면 **신규**를 클릭한다. **연결 이름**은 사용자가 알아볼 수 있는 이름으로 적절히 입력한 후 나머지 연결 정보를 입력한다. 특정 데이터베이스의 JDBC 드라이버는 기본으로 제공하지 않을 수 있는데, 이 경우 해당 데이터베이스 개발사의 웹사이트에서 드라이버를 다운로드한 후 **JDBC 드라이버** 오른쪽의 **찾아보기**를 클릭하고 찾아서 추가한다. 원본 데이터베이스 정보를 입력했다면 **확인**을 클릭한다.

다음을 클릭하면 데이터베이스 정보가 등록되면서 마이그레이션 매핑을 위한 데이터베이스 메타 정보를 잠시 동안 수집한다.

마이그레이션 마법사 3단계

마이그레이션 마법사 1단계에서 마이그레이션 대상 유형으로 온라인 방식을 선택했다면 마이그레이션 3단계 화면은 마이그레이션 2단계와 동일하다. 대상 데이터베이스 연결 정보를 입력하거나 기존 연결을 클릭한 후 **다음**을 클릭한다.

마이그레이션 마법사 1단계에서 로컬 유형을 선택했다면 파일의 문자 집합 및 파일이 저장될 경로를 설정하는 화면이 출력된다.

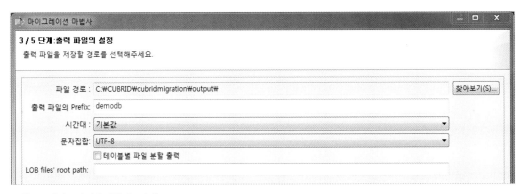

그림 7-7 마이그레이션 마법사 3단계

마이그레이션 마법사 4단계

원본과 대상 데이터베이스 간 테이블, 뷰, 시리얼 등을 서로 매핑하는 단계다. 특정 테이블의 마이그레이션 여부를 지정하거나 테이블 이름을 변경, 칼럼을 변형할 수 있다. 테이블이 아닌 질의 결과를 마이그레이션 해야 하는 경우에도 SQL 탭에 질의를 추가하면 대상 테이블을 지정해서 마이그레이션할 수 있다.

그림 7-8 마이그레이션 마법사 4단계

매핑 단계에서 유의해야 할 것은 큐브리드 버전에 따라 문자열 칼럼에 저장 가능한 실제 크기가 다를 수 있다는 것이다. 원본 테이블과 대상 테이블의 문자열 칼럼 크기가 동일하다 하더라도 원본 테이블이 바이트 단위가 아닌 CHAR 단위일 경우 대상 테이블에 저장될 공간이 부족해서 마이그레이션이 실패할 수 있다. 즉, 다른 DBMS의 CHAR(1)은 큐브리드의 CHAR(1)과 같을 수도 있고 더 클 수도 있다는 것이다.

큐브리드 2008까지는 CHAR(1)이 1개 바이트로 고정이었으나, 큐브리드 9.x부터 데이터베이스 문자 집합을 지정할 수 있게 됐으므로 원본 데이터베이스의 문자 집합에 따라 달라진다. 만약 대상 데이터베이스가 큐브리드 2008이고 문자열 칼럼에 ASCII가 아닌 다중바이트 문자열을 저장해야 한다면 CHAR/VARCHAR 개별설정을 이용해 크기가 2배 또는 3배가 되도록 적절히 조정해야 한다.

마이그레이션 마법사 5단계

지금까지 설정한 마이그레이션 설정을 확인한 후 마이그레이션을 시작할 수 있다.

그림 7-9 마이그레이션 마법사 5단계

시작하기를 클릭하면 마이그레이션을 바로 시작할 것인지 아니면 시작 시간을 예약할 것인지 선택할 수 있다. Migration Name에는 마이그레이션 스크립트의 이름을 지정해 이후 동일한 마이그레이션을 사용할 때 쉽게 구분할 수 있게 한다.

만약 마이그레이션을 바로 시작하지 않고 지금까지 설정한 마이그레이션 스크립트를 저장하려면 **새로운 스크립트로 저장**을 클릭한다. 이렇게 해두면 큐브리드 마이그레이션 툴킷의 초기 화면 왼쪽에 있는 **스크립트 목록**에서 저장한 스크립트를 볼 수 있고, 해당 스크립트를 마우스로 더블클릭하거나 툴바에서 **스크립트 실행**을 클릭해 마이그레이션을 시작할 수 있다. 또한 이렇게 저장한 스크립트는 큐브리드 마이그레이션 콘솔에서 리눅스 서버 대 서버로 PC를 경유하지 않고 마이그레이션을 빠르게 하거나 crontab에 등록해서 자동화할 수 있다.

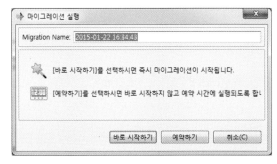

그림 7-10 마이그레이션 스크립트 실행

마이그레이션 진행

마이그레이션을 시작하면 테이블별 마이그레이션 진행 사항을 실시간으로 확인할 수 있고 창 아래쪽에는 진행 로그와 오류 로그가 출력된다.

그림 7-11 마이그레이션 진행 화면

마이그레이션 보고서

마이그레이션이 끝나면 다음과 같은 화면의 보고서가 나타난다. 마이그레이션 보고서에서는 마이그레이션을 진행하는 동안 어떤 오류가 있었는지를 알 수 있으며, 대상 데이터베이스가 온라인 데이터베이스가 아니라 오프라인 파일로 출력한 경우에는 **파일 저장 폴더 열기**를 클릭해 출력된 스키마 및 데이터 파일을 확인할 수 있다.

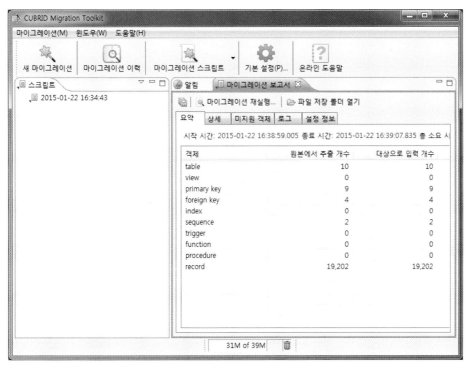

그림 7-12 마이그레이션 보고서

콘솔 마이그레이션

마이그레이션 마법사 5단계에서 저장한 마이그레이션 스크립트를 클릭하고 툴바에서 **마이그레이션 스크립트 〉 내보내기**를 클릭하면 해당 스크립트를 XML 파일로 출력할 수 있으며 SSH를 이용해 원격 서버로 내보낼 수도 있다.

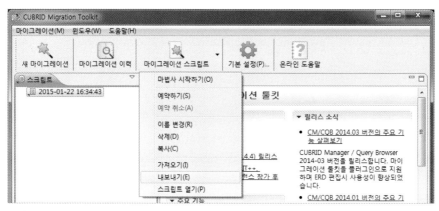

그림 7-13 마이그레이션 스크립트 내보내기 메뉴

마이그레이션 스크립트 내보내기 대화 상자에서는 내 PC에 저장하거나 SSH를 경유해 원격 서버에 저장할 수 있다.

그림 7-14 마이그레이션 스크립트 내보내기

큐브리드 FTP 웹사이트의 CUBRID_Tools/CUBRID_Migration_Toolkit 디렉터리(http://ftp.cubrid.org/CUBRID_Tools/CUBRID_Migration_Toolkit)에서 다음과 같은 마이그레이션 툴킷 콘솔 버전을 다운로드할 수 있다.

```
CUBRID-Migration-Toolkit-console-2014-build-4597-linux.tar.gz
CUBRID-Migration-Toolkit-console-2014-build-4597-windows.zip
```

압축을 푼 후 migration.sh를 실행한다.

```
$ sh ./migration.sh
Thank you for using CUBRID Migration Toolkit(CMT) Console.

Usage in windows: migration.bat <utility-name> [options]
Usage in linux: migration.sh <utility-name> [options]

Available <utility-name> (Default is "start"):
    start: Start a migration task.
    log: Review a migration work's log.
    report: Review a migration work's result.
    script: Build a migration script with online source and default options.

Please visit http://www.cubrid.org for more information.
```

마이그레이션 명령(start) 외에 마이그레이션이 끝난 후 생성되는 로그(log)나 보고서(report)를 보는 명령도 제공한다. script 명령을 이용하면 원본 데이터베이스에 연결해 스키마 정보를 마이그레이션 스크립트에 포함한 후 원본 데이터베이스를 연결할 수 없는 곳에 있는 마이그레이션 툴킷 GUI에서 이 마이그레이션 스크립트를 열어 매핑 작업을 할 수 있다. 물론, 작업 후에 다시 큐브리드 마이그레이션 툴킷 콘솔로 업로드해서 서버에서 마이그레이션을 시작할 수 있다.

리눅스 터미널에서 마이그레이션하기 위해 여기서는 start 명령을 이용한다. sh ./migration.sh start를 실행해보자.

```
$ sh ./migration.sh start
Thank you for using CUBRID Migration Toolkit(CMT) Console.
Please specify the migration script file:
```

마이그레이션 스크립트 내보내기로 출력한 스크립트 파일 경로를 입력하면 다음과 같이 원본 데이터베이스에 연결해서 마이그레이션을 시작한다.

```
Please specify the migration script file:migration-demodb.xml
Reading <migration-demodb.xml>
Reading source database schema ...
Migration started at 2014-07-20 18:02:28
100%
Migration is finished.
Migration Report summary:
    Time used: 00 00:00:07.516
    table: Exported[11]; Imported[11]
    view: Exported[0]; Imported[0]
    primary key: Exported[10]; Imported[10]
    foreign key: Exported[4]; Imported[4]
    index: Exported[0]; Imported[0]
    sequence: Exported[2]; Imported[2]
    trigger: Exported[0]; Imported[0]
    function: Exported[0]; Imported[0]
    procedure: Exported[0]; Imported[0]
    record: Exported[19202]; Imported[19202]
```

진행률이 100%가 되고 간략한 마이그레이션 종료 보고서가 출력된다. 물론 자동화를 위해 다음의 파라미터를 지정하면 사용자의 입력을 기다리지 않고 바로 마이그레이션이 시작되게 할 수 있다.

```
Usage in Windows: migration.bat start [options] [migration script file]
Usage in Linux: migration.sh start [options] [migration script file]

Available options:
    -s,      Configuration Name of source in db.conf.
    -t,      Configuration Name of target in db.conf.
    -sd,     Full name of source database's JDBC driver file.
    -td,     Full name of target database's JDBC driver file.
    -tp,     Path to save exported files if the configuration is setting to export source DB
to files.
    -xml,    MySQL XML dump file.
```

```
-mm,    Monitor mode. The value should be one of [error,info,debug]
-rm,    Report mode. The value should be one of [error,info,debug]
-do,    CMT only migrates data. The value should be one of [yes,no]
```

즉, 다음과 같이 실행하도록 옵션을 추가하면 별도 입력 없이 마이그레이션을 시작할 수 있기 때문에 crontab 등에 지정하고 주기적으로 마이그레이션해야 하는 경우에 유용하다.

```
sh ./migration.sh start migration-demodb.xml
```

그런데 마이그레이션 툴킷 GUI에서 마이그레이션 스크립트를 작성하면 JDBC 드라이버의 경로가 실제 마이그레이션 콘솔이 동작하는 서버와 다를 수 있다. 이런 경우에는 -sd, -td 옵션을 이용해 JDBC 드라이버를 직접 지정할 수 있다.

```
sh ./migration.sh start migration-demodb.xml -sd jdbc/ojdbc6.jar -td jdbc/JDBC-9.3.0.0206-
cubrid.jar
```

마이그레이션 완료 후 보고서를 보려면 {큐브리드 마이그레이션 툴킷 콘솔 설치 경로}/workspace/cmt/report에 있는 .mh 파일을 큐브리드 마이그레이션 툴킷 GUI에서 열어 볼 수 있다. 터미널에서 바로 보고 싶다면 다음과 같이 report 명령을 이용하면 된다.

```
$ sh ./migration.sh report
Thank you for using CUBRID Migration Toolkit(CMT) Console.

Usage in Windows: migration.bat report [options] [migration history file(*.mh)]
Usage in Linux: migration.sh report [options] [migration history file(*.mh)]

Available [options]:
    -l,    To show the latest migration report automatically.

Please visit http://www.cubrid.org for more information.
Available migration history file(s):
    1405846948752.mh
    1405847351180.mh
```

Available migration history file(s) 항목에서 마이그레이션이 2회 실행됐고 그 보고서가 저장돼 있음을 알 수 있다. 다음과 같이 보고서 파일(*.mh)을 옵션으로 추가하면 결과 보고서를 볼 수 있다.

```
$ sh ./migration.sh report 1405846948752.mh
Thank you for using CUBRID Migration Toolkit(CMT) Console.

Reading migration history file: <1405846948752.mh>

[Overview]
    [table]
            Total:[11]
        Exported:[11]
        Imported:[11]
```

보고서 파일(*.mh)을 GUI 화면에서 보려면 툴바에서 **마이그레이션 이력**을 클릭한다. **마이그레이션 이력** 탭이 열리면 **열기**를 클릭하고 해당 .mh 파일을 더블클릭한다. 마이그레이션 이력 목록에 해당 보고서가 추가되면 이를 더블클릭해 상세한 보고서를 확인할 수 있다.

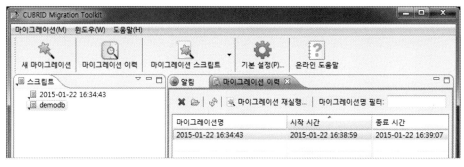

그림 7-15 마이그레이션 이력

큐브리드 마이그레이션 툴킷이 없으면 데이터베이스를 마이그레이션할 때 스키마 이전을 위해 DDL 구문을 일일이 작성하고 별도의 스크립트를 작성해 실행해야 한다. 물론, 데이터의 양이 많은 경우 JDBC를 경유해서 데이터를 추출하는 과정에서 많은 시간이 소요될 수 있으나, 큐브리드 마이그레이션 툴킷은 번거로운 작업을 하나의 도구에서 표준화하고 자동화할 수 있다는 것에 의의가 있겠다.

08
—
HA

HA(high availability)는 하드웨어, 소프트웨어, 네트워크 등에 장애가 발생하더라도 서비스에는 영향을 주지 않아 365일 24시간 무중단 서비스를 제공할 수 있게 하는 기능이다. 큐브리드에서는 브로커와 데이터베이스 서버를 다중화할 수 있으며 이를 통틀어 HA라고 부른다. 시스템에 예상치 못한 장애가 발생하면 자동으로 다른 시스템이 서비스를 수행하게 해서 중단 시간을 최소화하는 것이 목적이다. 이 밖에도 부하 분산을 비롯해 운영상 여러 이점이 있다.

이 장에서는 큐브리드가 제공하는 HA 기능을 이용해 서비스를 더 안정적으로 운영하려면 어떻게 해야 하는지를 알아본다.

브로커 다중화

큐브리드에서는 브로커라는 연결 중개자가 응용프로그램과 데이터베이스 서버 사이의 연결을 관리한다. 3계층으로 이뤄진 큐브리드 프로세스 간의 연결 과정에 대한 자세한 내용은 3장의 "큐브리드 프로세스"(39쪽)를 참고한다.

브로커는 데이터베이스 서버와 동일한 장비에서 구동하거나 브로커 전용 별도 장비에서 구동할 수 있으며, 여러 개의 브로커를 한 장비에서 구동하거나 각 장비에서 구동할 수 있다. 브로커의 주된 역할은 질의 파싱과 질의 실행 계획 생성이며 이 과정에서 CPU와 메모리 자원을 사용한다. 유입되는 트래픽이 많은 경우 많은 연결이 필요하기 때문에 브로커가 CPU와 메모리 자원을 많이 사용할 수 있는데 이런 경우에는 브로커를 별도로 구동해 부하를 분산할 수 있다. 브로커를 데이터베이스 서버와 다른 장비에서 구동하는 경우에는 브로커에서 databases.txt 파일의 db-host 파라미터에 데이터베이스 서버의 호스트 이름을 설정해야한다.

브로커 다중화의 활용

응용프로그램은 데이터베이스 서버가 아니라 브로커에 연결을 요청한다. 이때 연결을 요청할 브로커의 우선순위를 지정할 수 있으며, 특정 브로커에 접속하는 응용프로그램에는 읽기 작업만 허용할 수도 있다. 따라서 브로커 장비를 다중화해 연결 부하를 분산하고, 하나의 브로커 장비가 비정상적으로 종료되는 경우에도 다른 브로커 장비가 이를 대체하도록 설정할 수 있다. 주로 다중 접속이 필요한 환경에서 브로커를 다중화한다.

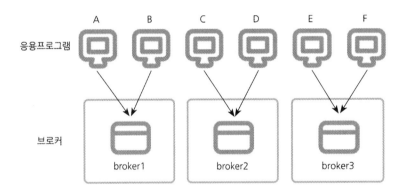

그림 8-1 연결 부하 분산

그림 8-1과 같이 A, B, C, D, E, F로 총 6개의 응용프로그램이 있고 broker1, broker2, broker3의 3개의 브로커 장비가 존재할 때 A, B는 broker1에, C, D는 broker2에, E, F는 broker3에 접속하도록 설정할 수 있다. 그리고 broker1, broker2, broker3이 연결 부하를 분산해 처리하다가 broker1이 비정상 종료되면 broker1이 처리하던 연결 부하를 broker2가 처리하고, broker2도 비정상 종료되면 broker3이 모든 연결 부하를 처리할 수 있다.

브로커 장비는 용도에 맞게 읽기/쓰기용과 읽기 전용으로 나누어 설정할 수도 있다. 따라서 응용프로그램 E, F에는 읽기만 허용하고 싶다면 broker3을 읽기 전용으로 설정해 권한을 제어할 수 있다. 데이터베이스를 다중화한 경우에는 읽기/쓰기용 브로커는 액티브 데이터베이스에 접속하고 읽기 전용 브로커는 스탠바이 데이터베이스에 우선 접속해 데이터베이스 서버 장비의 부하도 분산할 수 있다. 이에 대한 내용은 "브로커 설정"(231쪽)에서 자세히 설명한다.

응용프로그램 연결 설정

응용프로그램이 broker1에 우선 연결하고 broker1이 비정상 종료되면 broker2에 연결하고 broker2도 비정상 종료되면 broker3에 연결하게 하려면 JDBC에서는 다음과 같이 URL 문자열의 altHosts 옵션을 사용해 순서대로 나열한다.

```
Connection connection = DriverManager.getConnection(
    "jdbc:CUBRID:broker1:33000:testdb:user:password:?charSet=utf-8&altHosts=broker2:33000,brok
er3:33000", "dba", "");
```

여기서 broker1, broker2, broker3은 각 브로커의 호스트 이름이고, 33000은 브로커에 접속할 포트 번호다. 물론 장비 하나에 브로커 프로세스를 여러 개 구동할 수도 있는데, 이때는 호스트 이름은 같게 하고 포트 번호만 달리해 구분한다.

또한 큐브리드에서는 JDBC, CCI와 같은 드라이버 단계에서 로드 밸런스 기능을 제공해 응용프로그램에서 데이터베이스의 연결 URL에 loadBalance=true 속성을 추가하면 연결할 브로커를 무작위로 선택한다. 이에 대한 자세한 내용은 4장의 "브로커 페일오버 설정"(89쪽)을 참고한다.

데이터베이스 다중화

데이터베이스 다중화는 데이터베이스 볼륨을 여러 개의 장비에 복제 구성하는 것으로, 마스터 노드가 비정상 종료되는 경우 슬레이브 노드가 마스터로 역할을 변경(페일오버, failover)할 수 있다. 큐브리드는 데이터베이스를 다중화해 각 데이터베이스 노드에 역할을 부여하는데, 역할에 따라 마스터, 슬레이브, 레플리카로 분류된다.

- 마스터 노드는 데이터 입력 및 변경의 기준이 되는 노드로, 읽기/쓰기 트랜잭션을 처리할 수 있다. 모든 쓰기 작업은 이곳에서 발생한다.
- 슬레이브 노드는 장애 등으로 인해 마스터 노드에 접근할 수 없는 경우 그 역할을 대신하는(페일오버) 노드로, 마스터 노드의 모든 데이터를 복제한다. 읽기 트랜잭션만 처리할 수 있다.
- 레플리카 노드는 마스터 노드의 모든 데이터를 복제하는 점이 슬레이브 노드와 같지만, 마스터 노드에서 장애가 발생해도 그 역할을 대신하지 않는다. 읽기 트랜잭션만 처리할 수 있다.

레플리카 노드는 마스터 노드에 장애가 발생해도 그 역할을 대신하지 않으므로 마스터 노드의 장애를 대비하려면 슬레이브 노드를 함께 운영하는 것이 좋다. 즉, 예를 들어 마스터:레플리카=1:2의 구성에서 마스터 노드가 비정상 종료되면 마스터:레플리카=0:2 구성이 된다. 레플리카 노드는 주로 읽기 전용 서비스에서 분산이 필요한 경우 사용하며, 마스터 노드를 대신하기 위해 필요한 작업이 없으므로 슬레이브 노드에 비해 복제 비용이 적게 발생한다.

큐브리드 데이터베이스를 노드의 역할이 아니라 노드의 상태에 따라 나눌 때는 액티브와 스탠바이로 나눈다.

- 액티브는 읽기와 쓰기 작업을 서비스할 수 있는 상태를 말한다.
- 스탠바이는 읽기 작업만을 서비스할 수 있는 상태를 말한다.

일반적으로 마스터 노드는 액티브 상태며, 슬레이브 노드와 레플리카 노드는 스탠바이 상태다.

큐브리드의 데이터베이스 다중화는 마스터 노드를 하나만 허용하고 슬레이브 노드 또는 레플리카 노드를 여러 개 허용한다. 큐브리드는 트랜잭션 로그를 복제하는 방식으로 데이터를 동기화하는데, 마스터 노드의 트랜잭션 로그를 슬레이브 노드에 복제한 다음에 슬레이브 노드에 트랜잭션을 반영하기 때문에 특정 시점에 슬레이브 노드의 사본이 최신으로 갱신됐다는 것을 보장하지 못한다. 따라서 슬레이브 노드의 복제 지연이 어느 정도인지 정확히 알 수 없고, 대신 복제 지연 정도를 추정할 수 있다. 이에 대한 자세한 내용은 "복제"(237쪽)에서 설명하겠다.

데이터베이스 다중화의 활용

데이터베이스 다중화는 매우 다양한 형태로 활용될 수 있는데, 여기서는 실제 서비스 운용에서 많이 사용되는 형태를 크게 4가지로 나눠서 설명하겠다.

첫 번째는 데이터 분산에 활용하는 것이다. 마스터 노드가 가지고 있는 데이터를 그대로 슬레이브 노드가 가지고 있기 때문에 같은 데이터를 다른 장소에 저장할 수 있다. 예를 들어, IDC 이중화처럼 마스터 서버와 슬레이브 서버를 물리적으로 다른 위치에 놓을 수 있다. 단, 데이터 변경이 많으면 복제 로그 전송량이 그에 비례해 늘어나서 네트워크 지연으로 인해 복제 지연이 생길 수 있으므로 안정적이고 빠른 네트워크 회선이 필요하다.

두 번째는 부하 분산에 활용하는 것이다. 마스터 노드에서 데이터 변경이 발생했을 때 복제 지연이 없는 상태라면 레플리카 노드에 실시간으로 복제될 수 있는 구조가 일반적이다. 이러한 구조에서는 레플리카 노드에 읽기 부하를 나눠 효율적으로 부하를 분산할 수 있으며 레플리카 노드를 여러 대 구성할 수도 있다. 이렇게 노드의 읽기 부하를 분산하려면 슬레이브 노드나 레플리카 노드에 연결하는 읽기 전용 브로커를 설정해야 하는데 이에 대한 자세한 내용은 "브로커 설정"(231쪽)에서 설명한다.

세 번째는 백업에 활용하는 것이다. 슬레이브 노드 자체는 백업의 용도로 사용할 수 없지만, 슬레이브 노드에서 별도의 백업을 수행함으로써 마스터 노드의 백업 부담을 줄일 수 있다. 특히 개발자나 사용자의 실수로 데이터를 잘못 삭제하는 경우에는 복구하기가 상당히 어렵고 비용이 많이 발생할 수 있는데, 이런 경우 큐브리드에서는 의도적으로 복제 지연된 레플리카 노드를 두어 복구에 활용할 수 있다. 즉, 삭제 로그가 반영되기 전 데이터베이스로 돌아가고 싶을 때 해당 레플리카 노드를 사용해 데이터를 복구할 수 있다. 자세한 내용은 "레플리카 활용"(251쪽)을 참고한다.

마지막으로, 가용성을 확보해 운영 작업에 활용할 수 있다. 마스터 노드에 장애 상황이 발생하면 슬레이브 노드로 페일오버해 시스템 중단 시간을 매우 짧게 줄일 수 있다. 또한 인덱스 생성, IDC 이전 및 마스터 노드의 데이터베이스 교체 등과 같은 운영 작업에도 슬레이브 노드를 활용해 시스템 중단 시간을 줄일 수 있다.

HA 연결 관련 파라미터

다음은 브로커와 데이터베이스 서버 설정 파일의 내용 중 연결 관련 파라미터만 정리한 것이다. 이 밖의 파라미터에 대한 설명은 큐브리드 커뮤니티 웹사이트의 사용자 매뉴얼에서 "시스템 설정"[27]을 참고한다.

---

27 http://www.cubrid.org/manual/93/ko/admin/config.html

표 8-1 HA 연결 관련 파라미터

위치	설정 파일	파라미터	설명
브로커	databases.txt	db-host	브로커가 접속할 데이터베이스의 호스트 이름.
	cubrid_broker.conf	ACCESS_MODE	브로커 모드. ▪ RW(read write): 액티브 노드에 우선 접속 ▪ RO(read only): 스탠바이 노드에 우선 접속 ▪ SO(standby only): 스탠바이 노드에만 접속
		PREFERRED_HOSTS	databases.txt 파일에서 설정한 호스트보다 우선해 연결할 호스트 이름.
		CONNECT_ORDER	db-host 파라미터에 설정한 호스트에 순서대로 접속할지 무작위로 접속할지 지정. ▪ SEQ: 순서대로 접속 ▪ RANDOM: 무작위로 접속
데이터 베이스 서버	cubrid.conf	ha_mode	데이터베이스 서버의 HA 모드. ▪ off: 데이터베이스를 다중화하지 않음 ▪ on: 마스터 또는 슬레이브 노드로 사용 ▪ replica: 레플리카 노드로 사용
	cubrid_ha.conf	ha_delay_limit	데이터베이스 서버에서 복제 지연 여부 판단에 사용할 복제 지연 시간 기준.
		ha_node_list	마스터 또는 슬레이브를 구성하는 노드의 호스트 이름.
		ha_replica_list	레플리카를 구성하는 노드의 호스트 이름.

데이터베이스 서버 설정

데이터베이스를 다중화하려면 cubrid.conf 파일의 ha_mode 파라미터값을 설정할 때 마스터 노드와 슬레이브 노드는 동일하게 on으로 설정하고, 레플리카 노드는 replica로 설정한다. 마스터 노드와 슬레이브 노드는 서로 역할이 변경되기 때문에 ha_mode의 값이 동일하다.

그런데 ha_mode 값을 on으로 설정한 데이터베이스 노드가 처음으로 구동될 때 마스터와 슬레이브 중 어떤 역할을 할지는 어떻게 결정할까? 이는 구동 순서에 의해 결정된다. cubrid_ha.conf 파일의 ha_node_list 파라미터에 명시된 노드 중 가장 먼저 구동한 노드가 마스터 노드가 된다.

그렇다면 마스터 노드 한 대와 슬레이브 노드 여러 대가 구동되다가 마스터 노드가 정상적으로 종료되거나 장애에 의해 비정상적으로 종료되면 여러 대의 슬레이브 노드 중 어느 것이 먼저 마스터 노드가 될까? 이는 cubrid_ha.conf 파일의 ha_node_list 파라미터에 명시된 순서에 따라 결정된다. cubrid_ha.conf 파일에

ha_node_list=nodeA:nodeB:nodeC라고 설정돼 있고 마스터 노드인 nodeA가 종료된다면 nodeB가 마스터 노드가 된다. 평소 ha_node_list 파라미터에 지정된 노드는 서로 하트비트(heartbeat) 메시지를 주고받으면서 전체 노드의 상태 정보를 확인한다.

마스터 노드와 슬레이브 노드는 cubrid.conf 파일의 cubrid_port_id 파라미터값이 같아야 한다. 또한 마스터 노드와 슬레이브 노드는 cubrid_ha.conf 파일의 ha_port_id 파라미터값이 같아야 한다. 데이터베이스의 버전이 서로 다른 경우 복제가 호환되지 않을 수 있으므로 노드 그룹 내 데이터베이스 버전은 동일하게 맞추는 것이 좋다.

브로커 설정

다중의 데이터베이스가 구성된 환경에서 브로커는 cubrid_broker.conf 파일의 ACCESS_MODE, PREFERRED_HOSTS, CONNECT_ORDER 파라미터, 그리고 databases.txt 파일의 db-host 파라미터값에 따라 어떤 데이터베이스를 선택해 접속할지 결정한다. 그럼 이제 db-host, ACCESS_MODE, PREFERRED_HOSTS 파라미터가 브로커의 데이터베이스 접속에 어떻게 영향을 주는지 좀 더 자세히 알아보자.

db-host

databases.txt 파일의 db-host 파라미터에는 브로커가 접속하고자 하는 데이터베이스의 호스트 이름을 순서대로 나열한다. 단, cubrid_broker.conf 파일의 CONNECT_ORDER 파라미터가 RANDOM으로 설정돼 있으면 무작위 순서로 접속을 시도한다.

ACCESS_MODE

ACCESS_MODE 파라미터에는 브로커가 어느 역할을 수행하는 데이터베이스에 접속할지 설정한다. ACCESS_MODE에는 질의문의 속성(읽기/쓰기) 또는 접속할 데이터베이스 노드의 역할에 대해 명시하며, 값을 RW, RO, SO의 세 가지 중 하나로 설정할 수 있다.

> **참고**
>
> 큐브리드 9.1에서는 ACCESS_MODE의 값으로 PHRO(preferred host read only)를 지정할 수 있었는데, 9.2부터 이 값이 제거됐다. 이와 함께, 9.1에서 PREFERRED_HOSTS 파라미터는 PHRO 모드에서만 설정이 가능했지만 9.2부터 RW, RO, SO 모드에서도 PREFERRED_HOSTS 파라미터를 설정할 수 있다.

ACCESS_MODE 파라미터를 RW로 설정한 브로커는 읽기와 쓰기가 가능한 데이터베이스(액티브 상태), 즉 마스터 노드에 먼저 접속한다. 그리고 모든 질의문을 처리할 수 있다. 마스터 노드 접속에 실패하는 경우 슬레이브 노드에 접속할 수도 있다.

ACCESS_MODE 파라미터를 RO로 설정한 브로커는 '가급적' 읽기만 가능한 데이터베이스(스탠바이 상태)에 접속한다. 즉, 마스터, 슬레이브, 레플리카 노드가 공존하는 경우 마스터 노드를 제외하고 슬레이브 또는 레플리카 노드 중 하나에 접속할 수 있다. 하지만 마스터 노드에만 접속할 수 있는 경우에는 마스터 노드에 접속한다. 이 브로커는 읽기 작업만 허용하므로 이 브로커에 접속하는 응용프로그램은 읽기 전용으로 작성해야 하며 쓰기 작업이 존재하면 오류가 발생한다.

ACCESS_MODE 파라미터를 SO로 설정한 브로커는 읽기만 가능한 데이터베이스(스탠바이 상태), 즉 슬레이브 또는 레플리카 역할을 수행하는 데이터베이스에만 접근할 수 있다. 따라서 마스터 노드만 존재하는 경우에는 이 브로커를 통해 마스터 노드의 데이터베이스에 접속할 수 없다. 즉, 이 브로커에 접속하는 응용프로그램은 마스터 노드를 제외한 노드에만 접속하는 것이 목적으로, 읽기 전용으로 작성해야 하며 쓰기 작업이 존재하면 오류가 발생한다.

PREFERRED_HOSTS

db-host에 명시된 데이터베이스 호스트보다 우선해 접속하고자 하는 데이터베이스 호스트가 있다면 접속을 원하는 순서대로 PREFERRED_HOSTS 파라미터에 나열한다. PREFERRED_HOSTS 파라미터에 나열된 호스트에 모두 접속을 시도했다가 실패하면 databases.txt의 db-host 파라미터에 나열된 호스트에 접속을 시도한다.

> **참고**
>
> 여기서는 큐브리드 9.3을 기준으로 HA 환경의 브로커와 데이터베이스 간 연결 시 동작 방식을 설명했다. 다른 버전에서는 조금씩 다르게 동작한다. 더 자세한 내용은 큐브리드 커뮤니티 웹사이트에서 각 버전의 사용자 매뉴얼[28]을 참고한다.

---

28 http://www.cubrid.org/manuals

접속 절차

브로커가 데이터베이스 서버에 접속할 때 모든 조건을 감안해 1차 연결을 먼저 시도하고, 실패하면 일부 조건을 완화해 2차 연결을 시도한다.

- **1차 연결:** 데이터베이스 상태(액티브/스탠바이)와 복제 지연 여부를 확인한다.

    a. PREFERRED_HOSTS 파라미터에 명시된 순서로 접속을 시도한다. ACCESS_MODE 파라미터의 값과 상태가 맞지 않는 데이터베이스 또는 복제 지연이 발생하는 데이터베이스에는 접속을 시도하지 않는다.

    b. CONNECT_ORDER 파라미터의 값에 따라, databases.txt 파일에 명시된 순서 또는 무작위로 접속을 시도한다. ACCESS_MODE 파라미터의 값과 상태가 맞지 않는 데이터베이스 또는 복제 지연이 발생하는 데이터베이스에는 접속을 시도하지 않는다.

- **2차 연결:** 데이터베이스 상태(액티브/스탠바이)와 복제 지연 여부를 무시한다. 단, SO 브로커는 항상 스탠바이 데이터베이스에만 접속을 시도한다.

    a. PREFERRED_HOSTS 파라미터에 명시된 순서로 접속을 시도한다. 데이터베이스 서버의 상태가 ACCESS_MODE 파라미터의 값과 맞지 않거나 복제 지연이 발생하더라도 접속을 허용한다. 단, SO 브로커는 절대로 액티브 데이터베이스에 연결될 수 없다.

    b. CONNECT_ORDER 파라미터의 값에 따라, databases.txt 파일에 명시된 순서 또는 무작위로 접속을 시도한다. 데이터베이스 서버의 상태 및 복제 지연 여부와 무관하게 접속이 가능하면 된다.

데이터베이스 다중화 구축

이 절에서는 이미 마스터 노드로 운영 중인 장비가 있을 때 슬레이브 노드를 추가해 데이터베이스를 다중화하는 방법을 알아보겠다. '데이터베이스 운영 중'에 데이터베이스를 다중화하는 방법은 다소 복잡하고, 로그 복제가 완료되지 않은 상태에서 페일오버가 발생하면 처음부터 다시 시작해야 하는 위험 부담이 있다. 따라서 마스터 노드를 정지한 상태에서 데이터베이스를 다중화하는 방법만 살펴보고자 한다. 데이터베이스를 다중화하려면 '마스터 노드 정지 → 마스터 노드 백업 → 슬레이브 노드에 복구 → 마스터 노드 구동 → 슬레이브 노드 구동'의 절차를 수행한다. 여기서는 마스터 노드를 nodeA, 슬레이브 노드를 nodeB라고 한다.

> **주의**
>
> 기본 키가 있는 테이블만 복제된다. 이에 대한 자세한 내용은 "복제"(237쪽)를 참고한다.
>
> 또한 마스터 노드와 슬레이브 노드의 볼륨 디렉터리는 모두 일치해야 한다.

마스터 노드 종료

마스터 노드를 종료한다.

```
[nodeA] $cubrid service stop
```

환경 설정

nodeA와 nodeB의 cubrid.conf, cubrid_ha.conf, databases.txt 파일을 동일하게 설정한다.

- $CUBRID/conf/cubrid.conf 파일: HA 기능에 의해서만 보관 로그(archive log)가 삭제되도록, 즉 강제로 삭제되지 않도록 설정한다.

  ```
  force_remove_log_archives=no
  ha_mode=on
  ```

- $CUBRID/conf/cubrid_ha.conf 파일: 복제 대상 데이터베이스 호스트를 지정한다.

  ```
  ha_port_id=59901
  ha_node_list=cubrid@nodeA:nodeB
  ha_db_list=testdb
  ```

- $CUBRID/databases/databases.txt 파일의 db-host 파라미터: 큐브리드 브로커에서 접속할 데이터베이스 호스트를 지정한다.

  ```
  #db-name    vol-path              db-host      log-path                  lob-base-path
  testdb       /home/cubrid/DB/testdb   nodeA:nodeB   /home/cubrid/DB/testdb/log  file:/
  home/cubrid/DB/testdb/lob
  ```

- nodeB에 nodeA와 동일한 로캘 라이브러리를 설정한다.

```
[nodeA]$ scp $CUBRID/conf/cubrid_locales.txt cubrid_usr@nodeB:/$CUBRID/conf/.
[nodeB]$ make_locale.sh -t 64bit
```

- nodeB에 데이터베이스 디렉터리를 생성한다. 이때 디렉터리의 절대 경로는 nodeA와 동일해야 한다.

```
[nodeB]$ cd $CUBRID_DATABASES
[nodeB]$ mkdir testdb
```

- nodeB에 로그 디렉터리를 설정한다. 이때 디렉터리 위치는 nodeA와 동일해야 한다. 데이터베이스 생성 시 별도로 로그 디렉터리를 지정하지 않았다면 이 과정은 필요 없다.

```
[nodeB]$ cd $CUBRID_DATABASES/testdb
[nodeB]$ mkdir log
```

데이터베이스 백업 및 복구

1. nodeA에서 데이터베이스 볼륨을 백업한 후 nodeB에 복사한다.

```
[nodeA]$ cubrid backupdb -z -S testdb
Backup Volume Label: Level: 0, Unit: 0, Database testdb, Backup Time: Thu Apr 19
16:05:18 2012
[nodeA]$ cd $CUBRID_DATABASES/testdb/log
[nodeA]$ scp testdb_bk* cubrid_usr@nodeB:/home/cubrid/DB/testdb/log
cubrid_usr@nodeB's password:
testdb_bk0v000                    100% 6157KB   6.0MB/s   00:00
testdb_bkvinf                     100%   66     0.1KB/s   00:00
```

2. nodeB에서 데이터베이스를 복구한다. 이때 nodeA와 nodeB의 볼륨 경로가 반드시 같아야 한다.

```
[nodeB]$ cubrid restoredb -B $CUBRID_DATABASES/testdb/log testdb
```

HA 구동

1. nodeA를 구동한다.

```
[nodeA]$ cubrid heartbeat start
```

2. nodeA의 정상 구동을 확인 후 nodeB를 구동한다.

```
[nodeA]$ cubrid heartbeat status
@ cubrid heartbeat status

 HA-Node Info (current nodeA, state master)
    Node nodeB (priority 2, state unknown)
    Node nodeA (priority 1, state master)

 HA-Process Info (master 123, state master)

    Applylogdb testdb@localhost:/home/cubrid/DB/testdb_nodeB (pid 234, state registered)
    Copylogdb testdb@nodeB:/home/cubrid/DB/testdb_nodeB (pid 345, state registered)
    Server testdb (pid 456, state registered_and_to_be_active)

[nodeB]$ cubrid heartbeat start
```

3. nodeA에 입력한 데이터가 nodeB에 정상적으로 반영되는지 확인한다.

```
[nodeA]$ csql -u dba testdb@localhost -c"create table tbl(i int primary key);insert
into tbl values (1),(2),(3)"

[nodeB]$ csql -u dba testdb@localhost -c"select * from tbl"

              i
    ===============
              1
              2
              3
```

노드 추가

이미 데이터베이스를 다중화해 운영 중인 상태에서 슬레이브 또는 레플리카 노드를 추가하는 방법은 "데이터베이스 다중화 구축"(233쪽)에서 설명한 방법과 같다. 단, 먼저 마스터 노드를 제외한 나머지 노드를 모두 정지시키고 마지막으로 마스터 노드를 정지시켜야 한다.

추가하려는 노드가 레플리카 노드라면 해당 노드에서 $CUBRID/conf/cubrid.conf 파일의 ha_mode 파라미터를 replica로 설정해야 한다.

```
ha_mode=replica
```

노드 추가가 완료되면 마스터 노드를 먼저 구동하고 나머지 노드를 차례대로 구동한다.

복제

큐브리드 HA 기능의 가장 큰 특징인 복제는 마스터 노드의 변경 데이터를 슬레이브 노드 또는 레플리카 노드에 반영하는 것이다. 일반적으로 복제는 질의문 자체를 복제하거나 질의문에 의해 변경된 레코드를 복제하는 방식으로 구현되는데, 큐브리드는 트랜잭션 로그를 활용해 변경된 레코드를 복제하는 방식을 사용한다. 즉, 마스터 노드의 데이터베이스에서 변경된 데이터를 트랜잭션 로그에 쓰면 이를 슬레이브 노드에서 복사한 후 슬레이브 노드의 데이터베이스에 반영하는 방식으로 동작한다. 복제는 데이터베이스 단위로 이뤄지는데, 기본 키(primary key)를 기반으로 복제되기 때문에 기본 키가 없는 테이블은 복제되지 않는다.

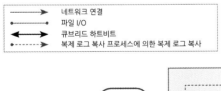

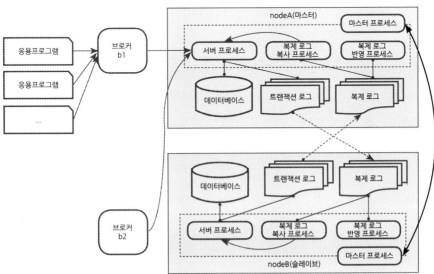

그림 8-2 마스터(nodeA):슬레이브(nodeB)=1:1로 구성한 HA 환경의 프로세스

그림에서는 브로커를 b1과 b2 2개로 구성하고, 데이터베이스 서버를 nodeA와 nodeB 2개로 구성했다. nodeA 사각형과 nodeB 사각형 안의 타원은 프로세스다. HA 복제에 필요한 프로세스는 마스터 프로세스 (cub_master), 복제 로그 복사 프로세스(copylogdb), 복제 로그 반영 프로세스(applylogdb)의 세 가지인데, 각각의 역할은 다음과 같다.

- **마스터 프로세스**: 노드 간에 하트비트 메시지를 주고받으며, 큐브리드 HA 프로세스를 제어한다.
- **복제 로그 복사 프로세스**: 복제 대상 노드에 존재하며, 복제 원본의 트랜잭션 로그를 복제 대상 노드에 복사해 온다.
- **복제 로그 반영 프로세스**: 복제 대상 노드에 존재하며, 복사된 트랜잭션 로그를 대상 데이터베이스에 반영하기 위해 서버 프로세스(cub_server)에 요청을 보낸다.

슬레이브 노드는 마스터 노드의 데이터를 복사한다. 마스터 노드가 종료된 후 재구동되는 경우 기존의 슬레이브 노드는 마스터로, 기존의 마스터 노드는 슬레이브로 역할을 변경해야 하므로 마스터 노드 역시 슬레이브 노드의 변경 사항을 보관해야 한다.

레플리카 노드도 슬레이브 노드와 마찬가지로 마스터 노드의 데이터를 복사한다. 하지만 레플리카 노드는 어떤 경우에도 역할이 마스터로 변경되지 않는다. 즉, 레플리카 노드에서는 페일오버가 발생하지 않으므로 레플리카 노드의 변경 사항을 마스터 노드가 알 필요는 없다.

복제 과정

복제 과정을 좀 더 자세하게 알아보자.

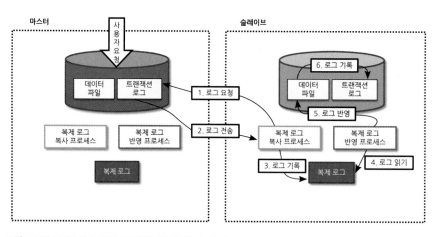

그림 8-3 마스터에서 슬레이브로 데이터를 복제하는 과정

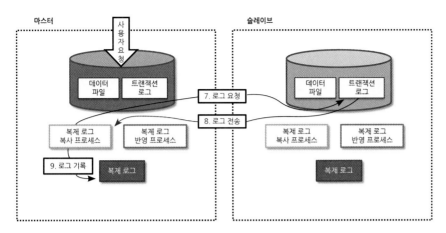

그림 8-4 슬레이브에서 마스터로 데이터를 복제하는 과정

큐브리드는 복제 로그를 재생(replay)해 마스터 노드의 데이터를 슬레이브 노드에 복제하는데, 복제 로그는 테이블의 기본 키를 기반으로 생성된다. 따라서 기본 키가 없는 테이블은 복제 로그가 생기지 않아 복제되지 않는다.

큐브리드에서 실제로 복제를 진행하는 프로세스는 복제 로그 복사 프로세스와 복제 로그 반영 프로세스다.

먼저, 복제 로그 복사 프로세스는 트랜잭션 로그를 요청해 가져와 복제 로그에 저장하는 프로세스다. 끌어오기(pulling), 즉 로그를 받는 서버가 상대방의 트랜잭션 로그를 요청해 가져오는 방식으로 동작해, 슬레이브 노드의 복제 로그 복사 프로세스는 마스터 노드의 트랜잭션 로그를 끌어오고 마스터의 복제 로그 복사 프로세스는 슬레이브 노드의 트랜잭션 로그를 끌어오는 형태로 양방향 복제를 진행한다. 끌어오는 방식이기 때문에 마스터 노드에 HA가 설정돼 있지 않아도 복제 로그 복사 프로세스가 마스터 노드의 트랜잭션 로그를 가져갈 수 있다는 장점이 있다. 이 특징을 활용하면 서버 증설이나 IDC 이전과 같은 작업을 진행할 때 운영 중인 서비스에 영향을 주지 않을 수 있다.

복제 로그 복사 프로세스가 저장한 복제 로그를 반영하는 프로세스는 복제 로그 반영 프로세스다. 복제 로그 반영 프로세스는 복제 로그를 순차적으로 반영하며, 복제 로그의 반영 상태를 HA 카탈로그 테이블인 db_ha_apply_info 테이블에 저장한다. 따라서 복제 반영 실패, 복제 지연 등의 상태를 이 테이블에서 확인할 수 있다.

복제 로그 반영 프로세스는 복제 로그를 읽고 반영하기 위해 메모리를 사용하는데, 이때 사용하는 메모리의 최대 크기를 설정하기 위해 cubrid_ha.conf 파일에서 ha_apply_max_mem_size라는 파라미터를 제공한다. 이 메모리의 크기는 복제 로그 반영 프로세스가 빈번하게 재시작하지 않을 정도로 적절하게 설정해야 한다. 특히 일괄 처리(batch) 작업의 경우, 트랜잭션이 길어져서 복제 로그가 반영해야 할 페이지가 커지면서 ha_apply_max_mem_size 파라미터값을 넘어가면 복제 로그를 슬레이브 노드(또는 레플리카 노드)의 데이터베이스에 반영하지 못할 수 있다. 이때는 ha_apply_max_mem_size 파라미터의 값을 크게 지정해서 해결할 수도 있지만 트랜잭션의 길이를 줄이는 것이 더 근본적인 해결책이다.

그림 8-3과 그림 8-4에서 마스터 노드와 슬레이브 노드 간 복제가 진행되는 흐름을 보면 양방향으로 복제가 진행되는 것을 알 수 있다. 그 과정을 살펴보면 슬레이브 노드는 마스터 노드의 트랜잭션 로그를 복사해 반영하고, 마스터 노드는 슬레이브 노드의 트랜잭션 로그를 가져오는데 가져온 로그를 실제로 반영하지는 않는다. 그럼에도 불구하고 마스터 노드가 슬레이브 노드의 트랜잭션 로그를 가져오는 이유는, HA 페일오버 이후 마스터 노드가 재구동돼 역할이 슬레이브로 바뀌면 어떤 트랜잭션 로그부터 복사해야 하는지 정확히 판단할 수 없기 때문이다. 따라서 이러한 문제를 막기 위해 마스터 노드도 복제 로그 복사 프로세스를 이용해 슬레이브 노드의 복제 로그를 트랜잭션 진행 순서대로 가져다 놓고 있는 것이다.

> **참고**
>
> 9.1 이상 버전에서 마스터 노드는 슬레이브 노드의 트랜잭션 로그를 가져와 그중 마지막 로그 파일 하나만 유지하지만 8.4.4 이하 버전에서는 복제 로그를 불필요하게 많이 저장한다. 이로 인해 슬레이브 노드에 복제 지연이 생겨 복제 로그가 많이 발생하면 마스터 노드 또한 복제 로그를 많이 저장하면서 디스크 공간도 더 많이 필요하고 삭제로 인한 I/O 부담도 클 수 있다.

복제 방식

큐브리드 HA는 같은 그룹에 포함된 모든 노드에 트랜잭션 로그를 복사하고 이를 반영함으로써 그룹 내의 모든 노드를 동일한 데이터베이스로 유지한다. 큐브리드 HA의 로그 복사 구조는 마스터 노드와 슬레이브 노드 사이의 상호 복사 형태로, 전체 로그의 양이 많아지는 단점이 있으나 체인 형태의 복사 구조보다 구성 및 장애 처리 측면에서 유연하다는 장점이 있다.

큐브리드의 복제 동작은 다음과 같다. 마스터 노드는 트랜잭션 발생 시 저장된 로그 파일을 상대편 노드에 보내고, 상대편 노드인 슬레이브 또는 레플리카 노드는 이 로그 파일을 가지고 트랜잭션을 해석해 데이터베이스 볼륨에 반영한다.

큐브리드에서 복제 방식에는 동기(sync)와 비동기(async)가 있는데, 트랜잭션의 반영 상태가 아닌, 로그의 복사 상태를 기준으로 동기와 비동기로 구분된다. cubrid_ha.conf 파일의 ha_copy_sync_mode 파라미터가 로그의 복사 방식을 결정하는데, 이 값이 sync이면 발생한 트랜잭션 로그가 상대편 노드에 복사 완료된 시점에 마스터 노드의 트랜잭션이 완료된다. async이면 트랜잭션 로그가 상대편 노드에 복사 완료됐는지 확인하지 않고 마스터 노드의 트랜잭션이 완료된다.

sync 모드는 HA 페일오버가 발생했을 때 트랜잭션 로그가 스탠바이 상태의 노드에 모두 복사돼 있음을 보장한다.

async 모드는 로그 복사 과정에서 대기 시간이 없으므로 로그 복사로 인한 커밋 수행 시간 지연이 거의 없다. 따라서 성능상 sync 모드보다 유리하며 대부분의 서비스에서는 성능을 위해 async 모드를 적용한다. 그러나 슬레이브 노드에 트랜잭션 로그가 복사되기 전에 마스터 노드가 비정상 종료되면 노드 간의 데이터 불일치가 발생할 수 있음을 감안해야 한다.

복제 파일 및 카탈로그 정보

복제 로그 디렉터리는 cubrid_ha.conf 파일의 ha_copy_log_base 파라미터에 정의하며, 파라미터를 생략하면 $CUBRID_DATABASES/{데이터베이스 이름}_{호스트 이름}이 복제 로그 디렉터리가 된다.

복제 로그 디렉터리 안에는 다음과 같은 파일이 존재한다.

- **로그 정보 파일({데이터베이스 이름}_lginf)**: 로그 파일에 대한 정보를 기록한 파일
- **활성(active) 로그({데이터베이스 이름}_lgat)**: 현재 사용 중인 활성 로그 파일
- **활성 로그 잠금 파일({데이터베이스 이름}_lgat__lock)**: 활성 로그 파일의 정합성을 유지하기 위한 잠금 파일
- **보관(archive) 로그({데이터베이스 이름}_lgarxxxx)**: 활성 로그가 가득 차면 저장하는 파일
- **백그라운드 보관 로그({데이터베이스 이름}_lgar_t)**: 보관 로그 생성에 임시로 사용하는 파일
- **백그라운드 보관 로그 잠금 파일**: 백그라운드 보관 로그의 정합성을 유지하기 위한 잠금 파일
- **applylogdb 잠금 파일({데이터베이스 이름}_lgla__lock)**: 호스트별 복제 로그 반영 프로세스의 잠금 파일

이 밖에도 같은 데이터베이스에 대한 applylogdb 잠금 파일($CUBRID/var/APPLYLOGDB/{데이터베이스 이름})이 존재한다. 이 잠금 파일은 마스터-슬레이브-레플리카와 같이 3개 이상의 노드로 구성된 환경에서 마스터-슬레이브 간 역할이 변경되는 상황에 레플리카의 데이터베이스에 복제된 로그를 반영하는 순서를 제어하기 위해 필요하다.

예를 들어, 마스터-슬레이브-레플리카로 구성된 환경에서는 마스터 노드와 슬레이브 노드 각각에 대한 복제 로그 반영 프로세스가 레플리카 노드에서 동작한다. 그런데 레플리카 노드에서 트랜잭션 로그를 복사할 때 복제할 레코드에 대한 정보는 마스터 노드의 로그에만 포함돼 있으므로 마스터 노드의 로그만 레플리카 노드의 데이터베이스에 반영한다. 슬레이브 노드의 로그는 추후 슬레이브 노드가 마스터 노드로 역할이 변경된 경우에만 사용한다. 마스터 노드가 종료돼 슬레이브 노드가 마스터 노드로 역할이 변경되면 레플리카 노드는 기존에 슬레이브 노드였다가 마스터 노드로 역할이 변경된 노드의 트랜잭션 로그를 반영해야 한다. 하지만 레플리카 노드에는 마스터 노드와 슬레이브 노드에 대해 각각 복제 로그 반영 프로세스가 실행 중이므로 각 노드에서 복사돼 온 트랜잭션 로그의 순서를 제어하기 위해 별도의 잠금 파일을 제공하는 것이다.

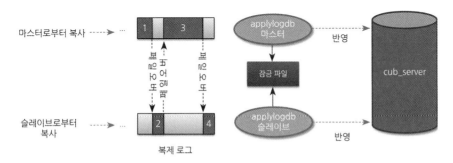

그림 8-5 applylogdb 잠금 파일

이제 복제 로그 반영 프로세스가 복제 로그 반영 상태를 기록하는 HA 카탈로그 테이블(db_ha_apply_info)에 대해 상세히 알아보자.

db_ha_apply_info 테이블의 칼럼 중 복제 로그의 주요 정보를 포함하는 칼럼은 다음과 같다.

- **db_create_time**: 원본 데이터베이스 생성 시간.

- **required_lsa_pageid/required_lsa_offset**: applylogdb의 로그 분석/반영 시작 시점을 나타내는 정보. applylogdb의 마지막 커밋 시점에서 활성(active) 상태인 트랜잭션의 가장 첫 번째 로그 주소다.

- **log_record_time**: 현재 반영 중인 로그가 마스터 서버에서 기록됐던 시간, 즉 해당 복제 로그 레코드 생성 시간.

- **last_access_time**: 복제 로그 반영 프로세스가 마지막으로 카탈로그를 변경한 시간. 복제 지연 시간은 'last_access_time - log_record_time'으로 계산한다.

- **last_commit_time**: 복제 로그 반영 프로세스가 마지막으로 커밋한 시간.

- **fail_counter**: 복제 로그 반영 프로세스가 복제 로그를 반영하다가 실패한 횟수. 슬레이브 또는 레플리카에서 INSERT/UPDATE/DELETE에 실패하는 경우 또는 복제 과정에서 발생한 오류로 인해 마스터/슬레이브 간 스키마가 일치하지 않는 경우에 실패한 질의 범위의 레코드 건당 값이 증가한다.

복제 로그 반영 프로세스가 어떤 키값을 반영하다가 실패했는지에 대한 정보는 복제 로그 반영 프로세스의 오류 로그 파일($CUBRID/log/DBNAME_applylogdb_hostname.err)에서 확인할 수 있다. applylogdb 오류 로그는 .err 파일과 .bak 파일에 저장되는데, 파일이 일정 크기 이상 커지면 .err 파일이 .bak 파일을 덮어쓰고 새로 .err 파일을 생성하는 작업을 반복한다. 따라서 fail_counter 값이 커지면 기존 로그가 지워지기 전에 빨리 확인해야 반영에 실패한 키값을 알 수 있다.

만약 INSERT 복제가 실패하면 마스터 노드에는 해당 레코드가 존재하고 슬레이브 노드에는 존재하지 않는다. 이때 슬레이브 노드의 fail_counter 값이 작고, 어떤 값을 복제하는 데 실패했는지 명백한 경우 마스터 노드에서 REPLACE INTO SELECT …와 같은 질의를 실행해 보정할 수 있다. REPLACE 문은 내부적으로 DELETE와 INSERT를 반복하기 때문이다.

fail_counter 값이 크면 주로 슬레이브 데이터베이스를 재구축해 해결한다.

복제 지연

복제 카탈로그 테이블을 통해 현재의 복제 반영 정도를 알 수 있다. 복제 지연 계산 공식은 다음과 같다.

```
SELECT (last_access_time - log_record_time) FROM db_ha_apply_info;
```

멀티스레드로 처리되는 마스터와는 달리 슬레이브는 복제 로그 반영 프로세스를 이용해 싱글스레드로 복제해야 하기 때문에 마스터에 비해 반영 속도에 차이가 날 수 있다. 특히 대량의 INSERT/UPDATE/DELETE 시에 슬레이브에서 복제가 지연될 가능성이 높아진다.

만약, 복제 지연이 발생하고 있는데 마스터에서 예기치 않은 장애가 발생하면 지연된 데이터를 슬레이브가 반영하기 전에는 정상적으로 페일오버되지 않는다. 이런 상황이라면 슬레이브에서 복제 지연이 발생했다고 해서 페일오버가 불가능한 장애 상황으로 간주하기에는 무리가 있다. 따라서 장애로 간주해 슬레이브 재구축을 결정하기 전에 복제 지연이 발생하고 일정 시간이 지난 후에 복제 지연 상황이 해소될 수 있는지 살펴봐야 할 것이다.

즉, 슬레이브의 복제 지연이 마스터 또는 네트워크 등의 장애 상황으로 인한 것인지를 잘 판단해 운영하는 것이 안전하다.

다양한 구성

데이터베이스 다중화의 목적은 주로 페일오버와 읽기 부하 분산이다. 여기서는 가장 기본이 되는 마스터:슬레이브=1:1 구성부터 시작해 다양한 구성을 살펴보겠다.

기본 구성

CUBRID HA의 기본 구성은 마스터:슬레이브=1:1 구성이다.

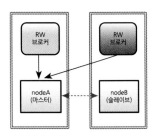

그림 8-6 마스터와 슬레이브의 1:1 구성

그림에서 큰 사각형은 하나의 장비를 나타내고, 그 안의 모서리가 둥근 사각형은 브로커 프로세스를, 작은 사각형은 데이터베이스 서버 프로세스를 나타낸다. cubrid_broker.conf 파일의 ACCESS_MODE 파라미터를 별도로 설정하지 않으면 브로커는 RW 모드로 동작한다. 그리고 응용프로그램의 연결 URL에는 기본 호스트를 nodeA, altHosts를 nodeB로 명시한다. 이렇게 하면 응용프로그램은 nodeA에 먼저 접속을 시도하고, 응용프로그램이 접속한 브로커는 nodeA 데이터베이스에 접속을 완료한다.

이 경우 nodeA(마스터 노드)와 nodeB(슬레이브 노드)는 다음과 같이 설정한다.

- cubrid.conf

    ha_mode=on

- cubrid_ha.conf

    ha_port_id=59901
    ha_node_list=cubrid@nodeA:nodeB
    ha_db_list=testdb

cubrid_broker.conf 파일은 브로커를 어떻게 구성하느냐에 따라 다양하게 설정할 수 있다. 각 노드에서 RW 브로커를 설정하는 cubrid_broker.conf 파일은 다음과 같이 설정한다. nodeA, nodeB 둘 다 같은 값으로 구성한다.

```
[%RW_broker]
...

# Broker mode setting parameter
ACCESS_MODE             =RW
```

브로커를 별도의 장비에 구성

브로커는 별도의 장비에 구성해 설정할 수도 있다.

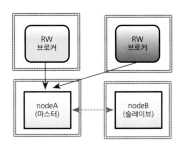

그림 8-7 브로커와 데이터베이스 서버를 별도의 장비에 구성

이 경우 브로커 노드의 databases.txt 파일에는 db-host 파라미터에 HA로 구성된 호스트의 목록을 우선 순위에 따라 순서대로 설정해야 한다. 다음은 브로커 노드의 databases.txt 파일을 작성한 예다.

```
#db-name    vol-path               db-host       log-path              lob-base-path
testdb      /home/cubrid/DB/testdb nodeA:nodeB   /home/cubrid/DB/testdb file:/home/cubrid/DB/
testdb/lob
```

다중 슬레이브 노드

슬레이브 하나로는 안심이 되지 않을 때 슬레이브를 이중으로 구성한다. 즉, 마스터:슬레이브=1:2로 구성하는 경우다. 물론 슬레이브 노드를 3대 이상 구성할 수도 있지만 슬레이브 노드의 복제 로그를 관리해야 하는 마스터 노드의 부담이 가중되므로 보통은 2대를 초과하지 않는 편이다. 만약 읽기 부하 분산이 목적이라면 레플리카 노드의 사용을 권장한다.

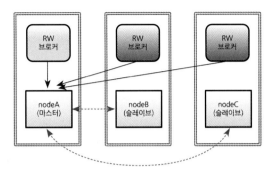

그림 8-8 다중 슬레이브 노드

이 경우 nodeA(마스터 노드)와 nodeB(슬레이브 노드), nodeC(슬레이브 노드)는 다음과 같이 설정한다.

- cubrid.conf

      ha_mode=on

- cubrid_ha.conf

      ha_port_id=59901
      ha_node_list=cubrid@nodeA:nodeB:nodeC
      ha_db_list=testdb

브로커 노드는 다음과 같이 설정한다. databases.txt 파일에는 db-host 파라미터에 HA로 구성된 호스트의 목록을 우선순위에 따라 순서대로 설정해야 한다.

- databases.txt

      #db-name   vol-path   db-host   log-path   lob-base-path
      testdb   /home/cubrid/DB/testdb nodeA:nodeB:nodeC   /home/cubrid/DB/testdb file:/
      home/cubrid/DB/testdb/lob

- cubrid_broker.conf

```
[%RW_broker]
...


# Broker mode setting parameter
ACCESS_MODE              =RW
```

마스터 데이터베이스의 데이터 분산 구성

아래 그림은 브로커 장애에 대비해 여러 대의 브로커를 추가하고, 매우 많은 양의 데이터에 대한 부하를 분산하기 위해 여러 대의 장비에 마스터 데이터베이스의 데이터를 나눠서 구성한 예다. 다음 그림에서 nodeA1~nodeA4의 데이터는 동일한 데이터가 아니고 분산된 것인데, 이런 구성을 샤딩이라고 한다.

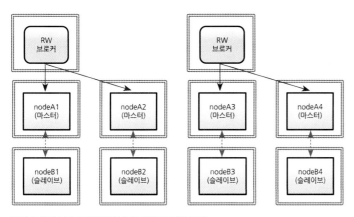

그림 8-9 마스터 데이터베이스의 데이터 분산 구성

한 대의 장비에서 마스터 데이터베이스의 데이터를 저장하고 트래픽을 수용할 수 없을 정도로 데이터 양이 매우 많은 경우, 데이터를 여러 대의 장비에 쪼개서 구성하는 샤딩 구성을 고려해 볼 수 있다. 샤딩 구성 시 각 장비에 저장된 스키마는 동일하지만 데이터는 특정 키를 기준으로 여러 대의 장비에 나뉘어 저장된다.

이때의 데이터 샤딩 알고리즘은 응용프로그램을 통해 직접 만들어 관리하거나 중간에 미들웨어를 둬서 처리하기도 한다.

마스터, 슬레이브와 레플리카 구성

브로커를 분리한 구성은 트래픽이 많은 경우에 유용하지만 결국 마스터 데이터베이스는 한 대이기 때문에 한 대의 마스터 데이터베이스가 수용할 수 있는 트래픽 범위 내에서만 유용하다. 그런데 트래픽이 많은 서비스의 대부분은 읽기 부하가 차지하는 비중이 크기 때문에 다음 그림과 같이 레플리카 노드를 두어 부하를 분산하는 형태로 복제를 활용할 수 있다.

다음은 여러 대의 레플리카 노드가 읽기 부하를 처리하고, 마스터 노드만 쓰기 부하를 받는 구성이다. 읽기 부하가 많고 쓰기 부하가 적은 경우에 유용하다.

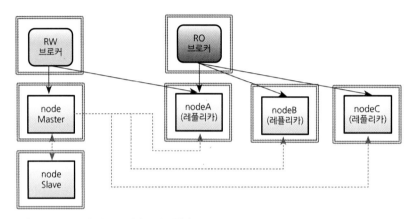

그림 8-10 마스터, 슬레이브, 여러 대의 레플리카 구성

이 경우 nodeMaster와 nodeSlave는 다음과 같이 설정한다.

- cubrid.conf

    ```
    ha_mode=on
    ```

- cubrid_ha.conf

    ```
    ha_port_id=59901
    ha_node_list=cubrid@nodeMaster:nodeSlave
    ha_db_list=testdb
    ha_replica_list=cubrid@nodeA:nodeB:nodeC
    ```

nodeA~nodeC(레플리카 노드)는 다음과 같이 설정한다.

- cubrid.conf

```
ha_mode=replica
```

- cubrid_ha.conf

```
ha_port_id=59901
ha_node_list=cubrid@nodeMaster:nodeSlave
ha_db_list=testdb
ha_replica_list=cubrid@nodeA:nodeB:nodeC
```

RW 브로커 노드는 다음과 같이 설정한다.

- databases.txt

```
#db-name    vol-path              db-host           log-path          lob-base-path
testdb      /home/cubrid/DB/testdb  nodeMaster:nodeA  /home/cubrid/DB/testdb file:/
home/cubrid/DB/testdb/lob
```

- cubrid_broker.conf

```
[%RW_broker]
...

# Broker mode setting parameter
ACCESS_MODE            =RW
```

RO 브로커 노드는 다음과 같이 설정한다.

- databases.txt

```
#db-name    vol-path              db-host           log-path          lob-base-path
testdb      /home/cubrid/DB/testdb  nodeA:nodeB:nodeC  /home/cubrid/DB/testdb file:/
home/cubrid/DB/testdb/lob
```

- cubrid_broker.conf

```
[%RO_broker]

...

# Broker mode setting parameter
ACCESS_MODE            =RO
```

드라이버 단계에서 연결 분산

MySQL에서는 L4 스위치를 사용해 레플리카 노드에 읽기 부하를 분산하지만 큐브리드에서는 JDBC나 CCI 드라이버 단계에서도 로드 밸런스 기능을 이용해 여러 대의 레플리카 노드에 부하를 분산할 수 있다.

다음은 brokerA만 nodeMaster, nodeSlave에 연결하고 나머지 brokerB, brokerC, brokerD는 각각 nodeA, nodeB, nodeC라는 레플리카 데이터베이스에 연결한 구조를 나타낸 그림이다. 그림에서 각 노드 아래 쓰여있는 이름은 각 장비의 호스트 이름이라고 가정한다.

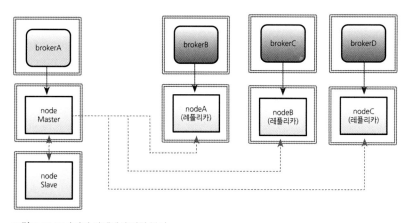

그림 8-11 드라이버 단계에서 연결 분산

brokerB, brokerC, brokerD가 각각의 레플리카 노드에만 연결돼 있으므로 다음과 같이 연결 URL에 여러 대의 브로커를 지정하고 loadBalance 옵션을 true로 설정하면 드라이버 단계에서 여러 대의 레플리카 노드에 부하가 분산된다.

```
Connection connection = DriverManager.getConnection(
    "jdbc:CUBRID:brokerB:33000:testdb:::?charSet=utf-8&loadBalance=true&altHosts=brokerC:33000
,brokerD:33000", "dba", "");
```

이 경우 특정 브로커는 특정 데이터베이스를 가리켜야 하는데, 이는 databases.txt 파일에서 설정한다.
다음은 brokerB의 databases.txt 파일을 작성한 예다. brokerC, brokerD도 db-host만 각각 nodeB,
nodeC로 설정하면 된다.

```
#db-name    vol-path              db-host    ...
testdb      /home/cubrid/DB/testdb    nodeA      ...
```

단, db-host가 마스터 데이터베이스를 포함하는 경우(예: nodeMaster:nodeSlave:nodeA) 읽기 부하만
처리하는 데이터베이스에 접속하려면 브로커의 접근 모드는 RO나 SO로 설정한다. 즉, cubrid_broker.
conf 파일에서 접속 대상 브로커의 ACCESS_MODE 파라미터값이 RW(기본값)이면 이 브로커는 마스터
데이터베이스에 최우선으로 접속해 읽기 부하가 분산되지 않으므로 ACCESS_MODE를 RO 또는 SO로
설정해 브로커가 슬레이브 또는 레플리카 데이터베이스에 접속하게 해야 한다.

레플리카 활용

서비스의 요구 사항이 다양해짐에 따라 레플리카 노드도 단순히 읽기 부하 분산에 그치지 않고 다양한 형
태로 활용되고 있다.

첫 번째로, 의도적으로 지연된 레플리카 노드를 구성할 수 있다. 서비스를 하다 보면 의도치 않은 데이터 삭
제가 종종 발생하는데, 백업본을 복구해 삭제된 데이터를 복원하는 일은 비용이 많이 드는 작업이다. 하지
만 복제 지연된 레플리카 노드를 구성하면 타임머신처럼 과거 시점의 데이터를 읽어 보정할 수 있다. 레플
리카 노드에서 cubrid_ha.conf 파일의 ha_replica_delay 파라미터에 복제 지연 시간을 입력해 설정할 수
있으며, 복제 지연 시간 단위는 ms(밀리초), s(초), min(분), h(시간)를 사용할 수 있다.

두 번째로는 쓰기가 가능한 레플리카 노드가 있다. 원래 레플리카 노드는 복제를 받아오는 방식이기 때문에
쓰기가 절대 허용되지 않는다. 하지만 서비스에서는 레플리카 노드를 이용해 다양한 통계나 배치를 수행하
기 때문에 대량 테이블을 집계해서 임시 테이블을 만드는 쓰기 작업이 유용할 수 있다. 이를 위해 레플리카에
서도 쓰기 작업을 수행할 수 있는데, 주의할 점은 레플리카에 쓴 데이터는 복제되지 않는다는 것이다.

> **참고**
>
> csql에서 --sysadm과 --write-on-standby 옵션을 함께 사용하면 레플리카에 쓰기 작업이 가능하다.
>
> ```
> $ csql --sysadm --write-on-standby -u dba testdb@localhost
> ```

HA 제약 사항

큐브리드 HA 기능은 다음의 제약 사항이 있다.

- 큐브리드 HA 기능은 리눅스 계열 운영체제에서만 사용할 수 있다.

- 테이블은 반드시 기본 키를 포함해야 한다.

- 자바 저장 프로시저 환경은 복제되지 않으므로 자바 저장 프로시저를 사용하려면 HA를 구성하는 모든 노드에 자바 저장 프로시저 환경을 각각 설정해야 한다.

- CALL 문으로 호출되는 메서드(예: login(), add_user(), drop_user(), change_owner())는 복제되지 않으므로 사용하지 않아야 한다.

- 통계 정보를 생성하기 위한 UPDATE STATISTICS 문은 복제되지 않으므로 필요하다면 슬레이브, 레플리카 노드에는 별도로 수행해야 한다.

- 시리얼 객체에 캐시를 사용하면 각 노드의 현재 시리얼값이 일치하지 않는다.

- 백업 시 -r 옵션을 사용하면 복제에 필요한 보관 로그까지 삭제될 수 있으므로, 이 옵션을 사용하지 않도록 주의한다.

- HA 환경에서 온라인 백업을 하려면 데이터베이스 이름 뒤에 @hostname을 추가해야 한다.

    ```
    cubrid backupdb -C -D ./ -l 0 -z testdb@localhost
    ```

- INCR/DECR 함수는 쓰기 작업이므로 슬레이브, 레플리카 노드에서 실행되지 않는다.

- 큐브리드의 LOB 자료형은 데이터베이스 볼륨이 아닌 별도의 파일로 저장되는 구조이므로 LOB 데이터가 복제되지 않는다. 따라서 HA 구성에서는 LOB 데이터를 사용하지 않아야 한다.

- 9.1 미만 버전에서는 트리거를 사용하지 않아야 한다.

장애 처리

큐브리드 하트비트 검사는 마스터 노드와 슬레이브 노드 각각에서 실행되고 있는 cub_master 프로세스에서 이뤄진다. cub_master 프로세스 간에 0.5초 간격으로 UDP 통신을 통해 하트비트 메시지를 주고받아 서로의 상태를 확인한다. 만약 cub_master 프로세스가 3초 이상 하트비트 메시지를 받지 못하면 상대 노드는 unknown 상태로 판단돼 페일오버 대상이 될 수 있다.

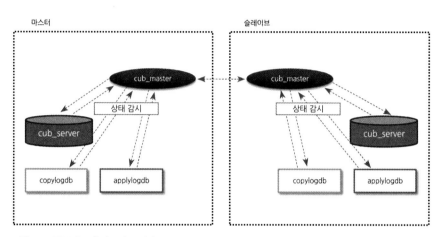

그림 8-12 큐브리드의 하트비트 검사

cub_master 프로세스는 해당 노드의 프로세스를 감시하다가 장애가 감지되면 재시작 요청을 보낸다. cub_server가 2분 이내 반복해 재시작 요청을 받거나 재시작에 실패하면 해당 노드는 제외(demote)돼 슬레이브 노드로서 동작한다.

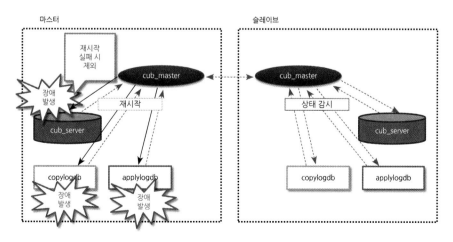

그림 8-13 마스터 노드에 장애 발생

cub_master 프로세스에 장애가 발생하면 하위 프로세스는 모두 정지되고 다른 노드의 cub_master 프로세스는 하트비트 메시지를 받지 못했기 때문에 마스터 노드로 전환돼 동작한다.

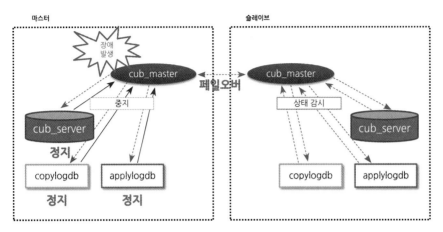

그림 8-14 마스터 노드 장애 발생 이후 동작

즉, 큐브리드 HA는 마스터 노드와 슬레이브 노드 간의 하트비트 메시지를 통해 장애를 감지하는 구조다.

주의

큐브리드 HA는 장애 상태를 내부에서 판단하기 때문에 서버 멈춤(hang)과 같은 특수한 상황이 발생했을 때 취약점이 있을 수 있다. 서버 멈춤은 CPU, 메모리 자원 고갈이나 디스크 장애 등이 원인일 수 있다. 서버 멈춤 문제를 처리하기 어려운 이유는 상황이 간헐적으로 발생하거나 지속적으로 발생할 수 있기 때문이다. 특히, 서버 자원은 다 점유했으나 네트워크 핑(ping)이 살아있으면 페일오버되지 않을 수 있다.

큐브리드 9.2 이상 버전에서는 디스크 장애를 감지하기 위한 조건을 추가했는데, 마스터 노드에서 동작 중인 cub_master 프로세스가 주기적으로 활성(active) 로그의 로그 변경까지 감지해 디스크 장애 여부를 판단하고, 장애로 판단되면 해당 서버는 페일오버된다.

09
모니터링

데이터베이스를 설계하고 구축하는 것 못지않게 중요한 것이 데이터베이스를 안정적으로 운영하는 것이다. 꾸준히 유입되는 사용자 질의나 이로 인한 데이터 유입/변경으로 인해 데이터베이스의 상태는 시시각각 변한다. 안정적으로 데이터베이스를 운영하려면 시스템 리소스의 상황이나 질의 수행 속도, 데이터베이스 리소스의 경합 등을 잘 모니터링할 수 있어야 한다.

큐브리드를 모니터링하기 위해서는 큐브리드 유틸리티, 로그 파일, 시스템 명령어, 큐브리드 매니저를 이용할 수 있다.

큐브리드 유틸리티를 이용한 모니터링

큐브리드에서는 브로커 및 데이터베이스의 상태를 확인하는 몇 가지 유틸리티를 기본적으로 제공한다. 이러한 유틸리티를 이용하면 운영에 필수적인 항목들을 모니터링할 수 있다.

초당 유입 질의량 확인

cubrid broker status 명령을 사용하면 초당 유입 질의량(QPS)을 확인할 수 있으며, 느린 질의(slow query) 발생 여부 및 오류 발생 여부도 확인할 수 있다. 모니터링 간격은 −s 옵션에 초 단위로 지정해 조정할 수 있다.

LONG_QUERY_TIME 파라미터의 값을 적절히 설정하면 튜닝 대상이 되는 느린 질의를 파악할 수 있다. 어떤 질의가 느린 질의로 판단되면 cubrid broker status 출력 정보에 있는 LONG-Q의 값이 하나 증가하고, CAS의 느린 질의 로그 파일($CUBRID/log/broker/sql_log/*.slow.log)에 해당 SQL 문이 기록된다.

```
$ cubrid broker status -b - s 1
```

다음 두 화면은 원래 가로로 이어져서 한 화면에 출력되는데, 지면 제약상 둘로 나눴다.

NAME	PID	PORT	AS	JQ	TPS	QPS	SELECT	INSERT	UPDATE	DELETE
* testhost_so	24500	30000	5	0	0	0	0	0	0	0
* testhost_rw	24515	33000	1	0	0	0	0	0	0	0

OTHERS	LONG-T	LONG-Q	ERR-Q	UNIQUE-ERR-Q	#CONNECT
0	0/60.0	0/60.0	0	0	0
0	0/60.0	0/60.0	0	0	31105

전체 질의의 초당 유입량(QPS), 각 질의 유형별 초당 유입량(SELECT, INSERT, UPDATE, DELETE, OTHERS)을 확인할 수 있으며 느린 질의(LONG-Q)나 오류 질의(ERR-Q)도 확인 가능해, 유입되는 질의가 잘 처리되고 있는지 모니터링할 수 있다.

작업 큐(job queue, 이하 JQ)는 연결 요청이 CAS에 연결될 때까지 기다리는 공간으로, 모든 연결 요청은 작업 큐를 거쳐 CAS에 전달된다. 그 크기는 CAS에 연결되지 않은 상태의 연결 요청 개수와 같다. 이 값이 크면 CAS가 처리하는 연결 요청보다 응용프로그램의 연결 요청이 많아 대다수의 CAS가 작업 중(BUSY)인 상태가 되고, 작업 큐에서는 연결 요청이 대기하는 상태가 지속된다. 생성된 연결 내에서 요청을 많이 보내고 즉시 처리하는 경우에는 QPS 값만 늘고 JQ의 값에는 변동이 없다. CAS 개수가 부족해 JQ 값이 늘어난 경우에는 cubrid_broker.conf 파일의 MAX_APPL_SERVER 파라미터값을 크게 해 CAS 개수를 늘리는 것을 고려할 수 있다. 단, CAS의 개수를 늘리는 것은 장비의 CPU, 메모리 등의 리소스를 더 많이 사용하는 것이므로 단순히 CAS의 개수를 늘린다고 성능의 향상을 보장하지는 않는다. 따라서 테스트를 통해 적절한 CAS의 개수를 미리 확인해 설정해 둘 필요가 있다. CAS 현황에 대해서는 다음 절에서 자세히 설명한다.

CAS 현황 확인

현재 동작 중인 CAS(CUBRID common application server. 자세한 설명은 3장의 "큐브리드 프로세스"(39쪽) 참고) 개수 및 CAS 상태, 접속 현황을 살펴보려면 broker status −f 명령을 사용한다.

```
$cubrid broker status -f testhost_rw
```

다음 세 화면은 원래 가로로 이어져서 한 화면에 출력되는데, 지면 제약상 셋으로 나눴다.

```
@ cubrid broker status
% testhost_rw
----------------------------------------------------------------------------
   ID    PID     QPS   LQS   PSIZE STATUS        LAST ACCESS TIME      DB        HOST
----------------------------------------------------------------------------
    1 10704 3882049   723   61036 CLOSE_WAIT  2014/06/29 16:14:31   testdb testhost01
SQL:
    2 10945 1681406   402   58588 CLOSE_WAIT  2014/06/29 16:14:31   testdb testhost01
SQL:
    3 14420 5600091   664   69712 CLOSE_WAIT  2014/06/29 16:14:31   testdb testhost01
SQL:


----------------------------------------------------------------------------
  LAST CONNECT TIME    CLIENT IP  CLIENT VERSION  SQL_LOG_MODE  TRANSACTION STIME
----------------------------------------------------------------------------
 2014/06/29 11:55:29 11.10.90.123      9.3.0.0206            -             -

 2014/06/29 11:55:47 11.10.90.124      9.3.0.0206            -             -

 2014/05/23 06:36:19 11.10.90.125      9.3.0.0206            -             -
```

```
--------------------
#CONNECT  #RESTART
--------------------

   3508      245

   2261      139

   8062      456
```

CAS의 상태(STATUS)가 현재 사용 중(BUSY)인지 가용 상태(IDLE, CLOSE_WAIT)인지 확인할 수 있
으며 CAS가 연결된 데이터베이스와 호스트를 확인할 수 있다.

브로커 설정 확인

브로커에 대한 설정은 $CUBRID/conf/cubrid_broker.conf 파일에 포함돼 있다. 현재 브로커의 설정 내
용을 보려면 cubrid broker info 명령을 사용한다.

```
$ cubrid broker info

#
# cubrid_broker.conf
#

# broker parameters were loaded from the files
# /home/cubuser/CUBRID/conf/cubrid_broker.conf
# broker parameters
[broker]
MASTER_SHM_ID    =30101

[%qe_so]
SERVICE              =ON
APPL_SERVER          =CAS
MIN_NUM_APPL_SERVER  =5
MAX_NUM_APPL_SERVER  =5
APPL_SERVER_SHM_ID   =30000
```

```
APPL_SERVER_MAX_SIZE          =70
SESSION_TIMEOUT               =300
LOG_DIR                       =/home/cubuser/CUBRID/log/broker/sql_log/qe_so
SLOW_LOG_DIR                  =/home/cubuser/CUBRID/log/broker/slow_log/qe_so
ERROR_LOG_DIR                 =/home/cubuser/CUBRID/log/broker/error_log/qe_so
LOG_BACKUP                    =ON
SOURCE_ENV                    =/home/cubuser/CUBRID/conf/cubrid.env
SQL_LOG                       =ALL
SLOW_LOG                      =ON
SQL_LOG_MAX_SIZE              =10240
LONG_QUERY_TIME               =60.00
LONG_TRANSACTION_TIME         =60.00
AUTO_ADD_APPL_SERVER          =ON
JOB_QUEUE_SIZE                =500
TIME_TO_KILL                  =300
ACCESS_LOG                    =OFF
ACCESS_LOG_MAX_SIZE           =10240K
ACCESS_LOG_DIR                =/home/cubuser/CUBRID/log/broker
ACCESS_LIST                   =
MAX_STRING_LENGTH             =-1
KEEP_CONNECTION               =AUTO
STATEMENT_POOLING             =ON
CCI_PCONNECT                  =OFF
ACCESS_MODE                   =SO
CONNECT_ORDER                 =SEQ
MAX_NUM_DELAYED_HOSTS_LOOKUP     =-1
RECONNECT_TIME                =600
REPLICA_ONLY                  =OFF
MAX_QUERY_TIMEOUT             =0
ENABLE_MONITOR_HANG           =OFF
REJECTED_CLIENTS_COUNT        =0
STRIPPED_COLUMN_NAME          =ON
CACHE_USER_INFO               =OFF
SQL_LOG2                      =0
BROKER_PORT                   =30000
APPL_SERVER_NUM               =5
APPL_SERVER_MAX_SIZE_HARD_LIMIT =1024
```

```
MAX_PREPARED_STMT_COUNT =2000
PREFERRED_HOSTS         =
JDBC_CACHE              =OFF
JDBC_CACHE_ONLY_HINT    =OFF
JDBC_CACHE_LIFE_TIME    =1000
CCI_DEFAULT_AUTOCOMMIT  =ON
MONITOR_HANG_INTERVAL   =60
HANG_TIMEOUT            =60
REJECT_CLIENT_FLAG      =ON


[%qe_rw]
SERVICE                 =ON
APPL_SERVER             =CAS
MIN_NUM_APPL_SERVER     =1
MAX_NUM_APPL_SERVER     =20
APPL_SERVER_SHM_ID      =33000
APPL_SERVER_MAX_SIZE    =70
SESSION_TIMEOUT         =300
LOG_DIR                 =/home/cubuser/CUBRID/log/broker/sql_log/qe_rw
SLOW_LOG_DIR            =/home/cubuser/CUBRID/log/broker/slow_log/qe_rw
ERROR_LOG_DIR           =/home/cubuser/CUBRID/log/broker/error_log/qe_rw
LOG_BACKUP              =ON
SOURCE_ENV              =
SLOW_LOG                =ON
SQL_LOG_MAX_SIZE        =10240
LONG_QUERY_TIME         =60.00
LONG_TRANSACTION_TIME   =60.00
AUTO_ADD_APPL_SERVER    =ON
JOB_QUEUE_SIZE          =500
TIME_TO_KILL            =300
ACCESS_LOG              =OFF
ACCESS_LOG_MAX_SIZE     =10240K
ACCESS_LOG_DIR          =/home/cubuser/CUBRID/log/broker
ACCESS_LIST             =
MAX_STRING_LENGTH       =-1
KEEP_CONNECTION         =AUTO
STATEMENT_POOLING       =ON
```

```
CCI_PCONNECT                       =OFF
ACCESS_MODE                        =RW
CONNECT_ORDER                      =SEQ
MAX_NUM_DELAYED_HOSTS_LOOKUP       =-1
RECONNECT_TIME                     =600
REPLICA_ONLY                       =OFF
MAX_QUERY_TIMEOUT                  =0
ENABLE_MONITOR_HANG                =OFF
REJECTED_CLIENTS_COUNT             =0
STRIPPED_COLUMN_NAME               =ON
CACHE_USER_INFO                    =OFF
SQL_LOG2                           =0
BROKER_PORT                        =33000
APPL_SERVER_NUM                    =1
APPL_SERVER_MAX_SIZE_HARD_LIMIT =1024
MAX_PREPARED_STMT_COUNT =2000
PREFERRED_HOSTS                    =
JDBC_CACHE                         =OFF
JDBC_CACHE_ONLY_HINT               =OFF
JDBC_CACHE_LIFE_TIME               =1000
CCI_DEFAULT_AUTOCOMMIT             =ON
MONITOR_HANG_INTERVAL              =60
HANG_TIMEOUT                       =60
REJECT_CLIENT_FLAG                 =ON
```

브로커의 ACL 정보 확인

큐브리드에서는 브로커의 ACL(access control list)과 데이터베이스 서버의 ACL을 각각 별도로 관리하며, 브로커는 포트별로 ACL을 설정할 수 있다. cubrid broker acl status 명령을 사용하면 브로커의 ACL 정보를 확인할 수 있다.

```
$ cubrid broker acl status

ACCESS_CONTROL=ON
ACCESS_CONTROL_FILE=/home/cubuser/CUBRID/conf/broker.access
```

```
[%qe_so]
testhost:dba:iplist_dba
11.0.1.163
11.0.1.161
11.0.1.165

[%qe_rw]
testhost:dba:iplist_dba
11.0.1.161
11.0.1.163
11.0.1.165
11.0.1.169
11.0.1.171
```

브로커의 ACL을 설정하려면 $CUBRID/conf/cubrid_broker.conf 파일에 있는 ACCESS_CONTROL
파라미터를 ON으로 설정하고, ACCESS_CONTROL_FILE 파라미터에는 브로키별로 접속을 허용할 IP
주소 목록을 저장한 파일을 지정한다. cubrid broker acl status 명령을 실행하면 ACCESS_CONTROL,
ACCESS_CONTROL_FILE 파라미터값과 ACCESS_CONTROL_FILE에 지정된 파일의 내용이 출력
된다. 자세한 내용은 11장의 "브로커 접근 제어"(342쪽)를 참고한다.

데이터베이스의 ACL 정보 확인

브로커의 ACL 정보와 별도로 데이터베이스 서버도 자체 ACL을 관리하며 cubrid server acl status 명령
을 사용해 확인할 수 있다.

```
$ cubrid server acl status testhost@localhost

access_ip_control=yes
access_ip_control_file=/home/cubuser/CUBRID/conf/db.access
11.0.83.25
11.0.83.26
```

데이터베이스의 ACL을 설정하려면 $CUBRID/conf/cubrid.conf 파일에서 access_ip_control 파라미터
를 yes로 설정하고 access_ip_control_file 파라미터에는 접속을 허용할 IP 주소 목록을 저장한 파일을 지
정한다. 자세한 내용은 11장의 "데이터베이스 서버 접근 제어"(344쪽)를 참고한다.

데이터베이스 설정 정보 확인

데이터베이스의 설정은 기본적으로 $CUBRID/conf/cubrid.conf 파일에 포함돼 있지만 cubrid
paramdump 명령을 사용해 확인할 수도 있다.

```
$ cubrid paramdump testhost@localhost

System parameters loaded by the server 'testhost@localhost'
#
# cubrid.conf
#

# system parameters were loaded from the files ([@section])
# /home/cubuser/CUBRID/conf/cubrid.conf
# /home/cubuser/CUBRID/conf/cubrid_ha.conf
# /home/cubuser/CUBRID/conf/cubrid.conf
# /home/cubuser/CUBRID/conf/cubrid_ha.conf
# /home/cubuser/CUBRID/conf/cubrid.conf [@testhost]
# /home/cubuser/CUBRID/conf/cubrid_ha.conf

# system parameters
error_log_level="notification"
error_log_warning=n
error_log_size=100000000
error_log="server/testhost_20140326_1029.err"
access_ip_control=y
access_ip_control_file="/home/cubuser/CUBRID/conf/db.access"
sort_buffer_pages=64
sort_buffer_size=1.0M
data_buffer_pages=524288
data_buffer_size=8.0G

lock_escalation=100000000
rollback_on_lock_escalation=n
lock_timeout_in_secs=10
```

```
lock_timeout=10.000 sec

deadlock_detection_interval_in_secs=1.000000

log_buffer_pages=1024

log_buffer_size=16.0M

checkpoint_every_npages=102400

checkpoint_every_size=1.6G

checkpoint_interval_in_mins=360

checkpoint_interval=21600.000 sec

background_archiving=y

isolation_level="tran_rep_class_uncommit_instance"

cubrid_port_id=1523

connection_timeout=5

optimization_level=1

max_clients=800

thread_stacksize=1.0M

db_hosts=""

ha_mode="yes"

ha_mode_for_sa_utils_only="off"

ha_node_list="cubrid1@testhost01:testhost02"

ha_replica_list=""

ha_db_list="testdb"

ha_copy_log_base="/home/cubuser/DB"

ha_copy_sync_mode="async:async"

ha_apply_max_mem_size=500

ha_port_id=59901

ha_ping_hosts="11.0.1.21:11.0.1.22"

service::service="server,broker"

service::server=""

session_state_timeout=21600

multi_range_optimization_limit=200

db_volume_size=1.0G

log_volume_size=500.0M

sql_trace_slow_msecs=-1

sql_trace_slow=-1

sql_trace_execution_plan=n
```

```
intl_collation=""
generic_vol_prealloc_size=50.0M
sort_limit_max_count=1000
sql_trace_ioread_pages=0
query_trace=n
query_trace_format="text"
```

데이터베이스 서버 상태 확인

cubrid service status 명령을 사용해 데이터베이스 서버, 브로커, 매니저 서버의 상태를 한 번에 확인할 수 있다.

```
$ cubrid service status

@ cubrid master status
++ cubrid master is running.
@ cubrid server status
 HA-Server testhost01 (rel 9.3, pid 3448)
@ cubrid broker status
```

다음 두 화면은 원래 가로로 이어져 한 화면에 출력되는데, 지면 제약상 둘로 나눴다.

NAME	PID	PORT	AS	JQ	TPS	QPS	SELECT	INSERT
* testhost_so	24500	20103	5	0	0	0	0	0
* testhost_rw	24515	20199	1	0	147919	101197630	146105	101050108
* thost1_ro	24524	30103	100	0	221	181	181	0
* thost1_rw	24629	30102	100	0	1967908	247559283	5288533	225809436
* thost1_temp	OFF							

```
@ cubrid manager server status
++ cubrid manager server is not running.
```

UPDATE	DELETE	OTHERS	LONG-T	LONG-Q	ERR-Q	UNIQUE-ERR-Q	#CONNECT
0	0	0	0/60.0	0/60.0	0	0	0
79	124	1214	37/60.0	27/60.0	884	20	31105
0	0	0	0/1.0	0/1.0	0	0	35
16386112	75166	36	90097/1.0	82901/1.0	375	12	125671

데이터베이스 서버의 상태만 확인하려면 cubrid server status 명령을 사용한다.

```
$ cubrid server status

@ cubrid server status
 HA-Server testhost01 (rel 9.3, pid 3448)
```

HA 환경을 구성한 경우에는 cubrid heartbeat status 명령을 사용해 HA 노드 그룹에 포함된 모든 서버의 상태를 한 번에 확인할 수 있다.

```
$ cubrid heartbeat status

@ cubrid heartbeat status

 HA-Node Info (current testhost01, state master)
   Node testhost02 (priority 2, state slave)
   Node testhost01 (priority 1, state master)


 HA-Process Info (master 3438, state master)
   Applylogdb testdb@localhost:/home/cubuser/DB/testdb_testhost02 (pid 29097, state
registered)
   Copylogdb testdb@testhost02:/home/cubuser/DB/testdb_testhost02 (pid 29098, state
registered)
   Server testhost01 (pid 3448, state registered_and_active)
```

마스터 노드, 슬레이브 노드의 데이터베이스 상태나 복제 로그 반영 프로세스(applylogdb), 복제 로그 복사 프로세스(copylogdb) 등 HA 관련 프로세스의 상태도 함께 확인할 수 있다.

데이터베이스의 전반적인 상태 확인

cubrid broker status −b −s 1 명령을 사용해 브로커를 통한 질의 유입 및 브로커의 질의 처리를 초 단위로 모니터링하는 것과 비슷한 방법으로, cubrid statdump −i 1 명령을 사용하면 데이터베이스에서 수행하는 각종 처리 상황을 초 단위로 모니터링할 수 있다.

```
$ cubrid statdump  -i 1 testhost@localhost


Sun July 20 17:45:22 KST 2014


  *** SERVER EXECUTION STATISTICS ***
Num_file_creates                        =         0
Num_file_removes                        =         0
Num_file_ioreads                        =         0
Num_file_iowrites                       =         1
Num_file_iosynches                      =         1
Num_data_page_fetches                   =         0
Num_data_page_dirties                   =         0
Num_data_page_ioreads                   =         0
Num_data_page_iowrites                  =         0
Num_data_page_victims                   =         0
Num_data_page_iowrites_for_replacement  =         0
Num_log_page_ioreads                    =         0
Num_log_page_iowrites                   =         1
Num_log_append_records                  =         1
Num_log_archives                        =         0
Num_log_start_checkpoints               =         0
Num_log_end_checkpoints                 =         0
Num_log_wals                            =         0
Num_page_locks_acquired                 =         0
Num_object_locks_acquired               =         0
Num_page_locks_converted                =         0
Num_object_locks_converted              =         0
```

```
Num_page_locks_re-requested            =       0
Num_object_locks_re-requested          =       0
Num_page_locks_waits                   =       0
Num_object_locks_waits                 =       0
Num_tran_commits                       =       0
Num_tran_rollbacks                     =       0
Num_tran_savepoints                    =       0
Num_tran_start_topops                  =       0
Num_tran_end_topops                    =       0
Num_tran_interrupts                    =       0
Num_btree_inserts                      =       0
Num_btree_deletes                      =       0
Num_btree_updates                      =       0
Num_btree_covered                      =       0
Num_btree_noncovered                   =       0
Num_btree_resumes                      =       0
Num_btree_multirange_optimization      =       0
Num_query_selects                      =       0
Num_query_inserts                      =       0
Num_query_deletes                      =       0
Num_query_updates                      =       0
Num_query_sscans                       =       0
Num_query_iscans                       =       0
Num_query_lscans                       =       0
Num_query_setscans                     =       0
Num_query_methscans                    =       0
Num_query_nljoins                      =       0
Num_query_mjoins                       =       0
Num_query_objfetches                   =       0
Num_query_holdable_cursors             =       0
Num_sort_io_pages                      =       0
Num_sort_data_pages                    =       0
Num_network_requests                   =       4
Num_adaptive_flush_pages               =       0
Num_adaptive_flush_log_pages           =       1
Num_adaptive_flush_max_pages           =       200
Num_prior_lsa_list_size                =       0
```

```
Num_prior_lsa_list_maxed            =       0
Num_prior_lsa_list_removed          =       1
Num_heap_stats_bestspace_entries    =       0
Num_heap_stats_bestspace_maxed      =       0
Time_ha_replication_delay           =       0


*** OTHER STATISTICS ***
Data_page_buffer_hit_ratio          =       0.00
```

여기서 주로 살펴봐야 할 항목은 다음과 같다.

- **Num_file_ioreads:** 파일에서 데이터 읽기가 발생한 페이지 수. 이 같은 페이지가 많으면 데이터를 버퍼에서 읽지 못하고 디스크에서 읽으므로 처리 속도가 전반적으로 저하되고 버퍼 적중률(buffer hit ratio)이 낮아진다.

- **Num_data_page_fetches:** 버퍼에서 데이터 읽기가 발생한 페이지 수. 유입되는 질의량에 비해 페치(fetch)되는 페이지 수가 너무 많다면 질의가 최적화돼 있지 않은 상태를 의심할 수 있다.

- **Num_query_selects/inserts/deletes/updates:** 초당 유입된 SELECT/INSERT/DELETE/UPDATE 질의 수.

- **Num_query_sscans:** 테이블 전체 스캔(table full scan)이 발생한 횟수. 테이블 전체 스캔이 많으면 최적화되지 않은 질의가 많다고 볼 수 있으며, 필요 이상으로 많은 페이지 페치가 발생할 수 있다.

- **Num_query_iscans:** 인덱스를 이용한 스캔(index scan)이 발생한 횟수. 질의 수행 시 인덱스를 이용해 처리되는 횟수를 의미하며 이 횟수가 많으면 해당 질의가 인덱스를 잘 사용한다고 볼 수 있다.

- **Num_query_nljoins/mjoins:** 질의 수행 시 조인하는 방식이 중첩 루프 조인(nested loop join)/정렬 병합 조인(sort merge join)으로 수행된 횟수. 온라인 서비스는 대부분 중첩 루프 조인으로 수행하는 것이 유리하고, 대규모 데이터 처리와 같은 배치에는 정렬 병합 조인이 유리하다.

- **Data_page_buffer_hit_ratio:** 질의 처리 시 버퍼의 데이터를 이용한 비율. 버퍼 적중률은 전반적인 데이터베이스 상태를 이해할 수 있는 가장 일반적인 지표 중 하나이며 98~99% 이상을 유지하는 것이 좋다. 지속적으로 적중률이 낮고 Num_file_ioreads가 크면 데이터베이스 버퍼 크기가 작다고 볼 수 있으며 이런 경우 장비의 메모리를 증설해 버퍼 크기를 늘리는 것이 좋다.

트랜잭션 모니터링

운영 중인 데이터베이스에는 항상 다양한 형태의 질의가 유입되고 데이터베이스는 해당 질의를 수행해 결과를 보내준다. 데이터베이스가 원활하게 운영되고 있는지 확인하려면 유입된 질의가 오류 없이 빠르게 처리되고 있는지 확인하면 된다. 이렇게 유입되는 질의의 처리 상황을 확인하려면 다음과 같이 cubrid tranlist 명령을 수행한다.

```
$ cubrid tranlist testhost@localhost
Enter DBA password:
```

다음 두 화면은 원래 가로로 이어져서 한 화면에 출력되는데, 지면 제약상 둘로 나눴다.

Tran index	User name	Host name	Process id	Program name	Query time
1(ACTIVE)	DBA	testhost01	1581	statdump	0.00
2(ACTIVE)	TESTADMN	testhost01	10704	testhost_rw_cub_cas_1	0.00
3(ACTIVE)	TESTADMN	testhost01	1894	testhost_rw_cub_cas_5	0.00
4(ACTIVE)	TESTADMN	testhost01	1925	testhost_rw_cub_cas_4	0.00
5(ACTIVE)	TESTADMN	testhost01	10945	testhost_rw_cub_cas_2	0.00
6(ACTIVE)	TESTADMN	testhost01	14420	testhost_rw_cub_cas_3	0.00
7(ACTIVE)	TESTADMN	testhost01	22260	testhost_rw_cub_cas_6	0.00
8(ACTIVE)	TESTADMN	testhost01	28638	testhost_rw_cub_cas_57	0.00
9(ACTIVE)	TESTADMN	testhost01	17476	testhost_rw_cub_cas_8	0.00
10(ACTIVE)	TESTADMN	testhost01	10309	testhost_rw_cub_cas_7	0.00
11(ACTIVE)	TESTADMN	testhost01	10242	testhost_rw_cub_cas_9	0.00
12(ACTIVE)	TESTADMN	testhost01	2444	testhost_rw_cub_cas_10	0.00

Tran time	Wait for lock holder	SQL_ID	SQL Text
0.00	-1	*** empty ***	
0.00	-1	*** empty ***	
0.00	-1	848b780d84a94	select * from test_a where col1=?
0.00	-1	*** empty ***	
0.00	-1	*** empty ***	
0.00	-1	*** empty ***	
0.00	-1	*** empty ***	
0.00	-1	*** empty ***	
0.00	-1	eb01225165c77	update test_c set col2='A'
0.00	-1	*** empty ***	
0.00	-1	*** empty ***	
0.00	-1	*** empty ***	

이 명령은 데이터베이스의 연결별로 현재 상태를 보여주며, 질의 수행 중인 경우에는 질의 내용 및 잠금 대기 현황(Wait for lock holder)도 보여준다. 따라서 현재 어떤 질의가 얼마나 수행되고 있는지 확인하고자 할 때 이 명령을 사용하면 필요한 정보를 확인할 수 있다. 단, 화면에 출력되는 질의문(SQL Text)은 질의 실행 계획 캐시에 저장돼 있는 것으로, 질의 수행이 끝나면 SQL_ID는 *** empty ***로 출력되고 SQL Text는 출력되지 않는다. 참고로 CSQL에서 직접 질의를 수행하는 경우에도 SQL_ID가 ***empty***로 출력되면서 SQL Text가 출력되지 않는다.

수행 중인 트랜잭션 중 문제가 되는 질의나 질의 수행 시간이 너무 긴 질의를 강제로 종료하려면 문제가 되는 트랜잭션에 대한 정보(트랜잭션 인덱스, 운영체제 사용자 이름, 클라이언트 호스트명, 또는 SQL 아이디 등)를 cubrid killtran 명령에 지정해 해당 트랜잭션을 강제로 종료할 수 있다.

잠금 모니터링

DBMS는 여러 가지 잠금(lock) 메커니즘으로 데이터 무결성을 보장할 수 있다. 큐브리드에도 다양한 종류의 잠금 메커니즘이 있으며 이를 모니터링하기 위한 유틸리티를 제공한다.

```
$ cubrid lockdb testhost@localhost

*** Lock Table Dump ***
 Lock Escalation at = 100000000, Run Deadlock interval =  1.00

Transaction (index  0, (unknown), (unknown)@(unknown)|-1)
Isolation REPEATABLE CLASSES AND READ UNCOMMITTED INSTANCES
State TRAN_ACTIVE
Timeout_period : Infinite wait


Transaction (index  1, statdump, DBA@testhost01|29803)
Isolation REPEATABLE CLASSES AND READ UNCOMMITTED INSTANCES
State TRAN_ACTIVE
Timeout_period : 10.00
......
Transaction (index 75, testhost_rw_cub_cas_1, TESTADMN@testhost01|7321)
Isolation REPEATABLE CLASSES AND READ UNCOMMITTED INSTANCES
Timeout_period : 10.00
......
```

Transaction (index 78, testhost_rw_cub_cas_2, TESTADMN@testhost01¦7322)

Isolation REPEATABLE CLASSES AND READ UNCOMMITTED INSTANCES

State TRAN_ACTIVE

Timeout_period : 10.00

......

Transaction (index 117, testhost_rw_cub_cas_16, TESTADMN@testhost01¦7421)

Isolation REPEATABLE CLASSES AND READ UNCOMMITTED INSTANCES

State TRAN_ACTIVE

Timeout_period : 10.00

Object Lock Table:

      Current number of objects which are locked   = 4

      Maximum number of objects which can be locked = 2196880

OID = -10693¦540632¦29110

Object type: Index key of class (0¦   487¦ 91) = foo.

Index name: pk_foo_id

Total mode of holders =   NX_LOCK, Total mode of waiters = NULL_LOCK.

Num holders= 1, Num blocked-holders= 0, Num waiters= 0

LOCK HOLDERS:

   Tran_index = 75, Granted_mode = NX_LOCK, Count =   1

OID = 2¦502010¦   0

Object type: Instance of class (0¦   487¦ 91) = foo.

Total mode of holders =   NX_LOCK, Total mode of waiters = NULL_LOCK.

Num holders= 1, Num blocked-holders= 0, Num waiters= 0

LOCK HOLDERS:

   Tran_index = 75, Granted_mode = NX_LOCK, Count =   1

OID = 0¦   487¦ 91

Object type: Class = foo.

Total mode of holders =   X_LOCK, Total mode of waiters = NULL_LOCK.

Num holders= 1, Num blocked-holders= 1, Num waiters= 0

LOCK HOLDERS:

   Tran_index = 75, Granted_mode = IX_LOCK, Count =   5, Nsubgranules = 3

BLOCKED LOCK HOLDERS:

```
        Tran_index =  78, Granted_mode =  IX_LOCK, Count =   2, Nsubgranules =  0
                      Blocked_mode =   X_LOCK
                      Start_waiting_at = Tue Jul 29 20:44:05 2014
                      Wait_for_secs = 10.00

  OID =  0¦    60¦   1
  Object type: Root class.
  Total mode of holders =   IX_LOCK, Total mode of waiters = NULL_LOCK.
  Num holders=  2, Num blocked-holders=  0, Num waiters=  0
  LOCK HOLDERS:
      Tran_index =  78, Granted_mode =  IX_LOCK, Count =   1, Nsubgranules =  0
      Tran_index =  75, Granted_mode =  IX_LOCK, Count =   2, Nsubgranules =  0

  OID =  1¦540632¦ 182
  Object type: Instance of class ( 0¦   487¦  91) = foo.
  Total mode of holders =    X_LOCK, Total mode of waiters = NULL_LOCK.
  Num holders=  1, Num blocked-holders=  0, Num waiters=  0
  LOCK HOLDERS:
      Tran_index =  75, Granted_mode =   X_LOCK, Count =   2
```

cubrid lockdb 명령의 수행 결과는 크게 두 부분으로 나눌 수 있는데, 첫 번째 영역은 현재 데이터베이스와 연결된 응용프로그램의 정보를 보여주고 두 번째 영역은 실제 데이터베이스상의 잠금 정보를 보여준다.

LOCK HOLDERS는 해당 잠금을 보유한 트랜잭션을 의미하며 BLOCKED LOCK HOLDERS는 잠금을 보유한 상태에서 다른 잠금을 획득하기 위해 대기 중인 상태를 의미한다. LOCK WAITERS는 잠금을 보유하지 않은 상태에서 대기 중인 트랜잭션을 의미한다. 이 결과에서는 Tran_index 75번과 78번이 둘 다 foo라는 테이블에 대해 IX_LOCK을 보유한 상태이고, 78번은 X_LOCK을 획득하기 위해 기다리고 있다. 전체 스캔(full scan)하는 UPDATE의 경우 이런 상태가 발생한다. 둘 다 PREPARE만 한 상태에서는 둘 다 IX_LOCK을 획득하며, EXECUTE할 때 X_LOCK을 획득해야 하지만 다른 트랜잭션이 IX_LOCK을 보유하고 있어서 대기해야 한다. 이런 경우, 대기하던 트랜잭션에는 데이터베이스에 설정된 lock_timeout 파라미터(기본값은 −1로 무제한, 기본 단위는 밀리초(ms)) 설정에 따라 잠금 대기 시간 초과(timeout) 오류가 발생한다. 특정 트랜잭션이 비정상적으로 잠금을 오래 점유하는 경우, cubrid killtran 명령을 실행해 해당 트랜잭션을 강제 종료할 수 있다.

잠금 모니터링에 대한 자세한 내용은 "6. 트랜잭션과 잠금"(153쪽)을 참고한다.

데이터베이스 용량 모니터링

용량 관리는 데이터베이스의 주요 관리 항목 중 하나이며, 최근의 빅데이터 환경에서는 그 중요성이 더욱 크다. 큐브리드에서는 볼륨의 용량을 확인하기 위해 cubrid spacedb 명령을 제공한다.

```
$ cubrid spacedb testhost@localhost

Space description for database 'testhost@localhost' with pagesize 16.0K. (log pagesize: 16.0K)

Volid  Purpose    total_size    free_size  Vol Name

   0   GENERIC       1.0 G     1019.5 M  /home/cubuser/DB/testhost/testhost
   1      DATA      10.0 G        2.3 G  /home/cubuser/DB/testhost/testhost_data_000
   2     INDEX      10.0 G        7.4 G  /home/cubuser/DB/testhost/testhost_index_000
   3      TEMP      10.0 G        9.7 G  /home/cubuser/DB/testhost/testhost_temp_000
-------------------------------------------------------------------------------
   4                31.0 G       20.4 G
Space description for temporary volumes for database 'testhost@localhost' with pagesize 16.0K.

Volid  Purpose    total_size    free_size  Vol Name

             LOB space description file:/home/cubuser/DB/testhost/lob
```

데이터베이스 볼륨을 종류별(DATA/INDEX/GENERIC/TEMP/TEMP TEMP)로 파일별로 확인할 수 있으며, -s 옵션을 사용하면 요약된 정보를 볼 수 있다.

```
$ cubrid spacedb testhost@localhost -s

Summarized space description for database 'testhost@localhost' with pagesize 16.0K. (log
pagesize: 16.0K)

Purpose      total_size   used_size   free_size  volume_count
-----------------------------------------------------------------
      DATA      10.0 G       7.7 G       2.3 G        1
     INDEX      10.0 G       2.6 G       7.4 G        1
   GENERIC       1.0 G       4.5 M     1019.5 M       1
      TEMP      10.0 G     344.7 M       9.7 G        1
 TEMP TEMP       0.0 M       0.0 M       0.0 M        0
-----------------------------------------------------------------
     TOTAL      31.0 G      10.6 G      20.4 G        4
```

로그 파일을 이용한 모니터링

큐브리드는 다양한 내용의 로그를 파일로 저장한다. 각 로그 파일의 내용을 이용해 각종 모니터링을 하거나 문제 발생 시 원인을 파악할 수 있다.

브로커 접속 로그

WEB/APP 서버를 구동하면 데이터베이스와 연결을 맺기 위해 브로커의 CAS에 접속하는데, 이때 접속 성공 및 실패에 대한 내용을 로그로 남긴다. 응용프로그램이 CAS에 정상적으로 접속했는지는 다음 로그 파일에서 확인할 수 있다. 단, 브로커 접속 로그를 남기려면 cubrid_broker.conf의 ACCESS_LOG 파라미터를 ON으로 설정해야 한다.

- $CUBRID/log/broker/{broker_name}.access
- $CUBRID/log/broker/{broker_name}.access.denied

파일 이름에서 알 수 있듯이 {broker_name}.access 파일은 정상적으로 접속한 이력을 기록한 로그이며, {broker_name}.access.denied 파일은 접속에 실패한 이력을 기록한 로그다.

- {broker_name}.access

```
1 11.0.1.224 2014/03/26 19:57:41 testhost01 TESTADMN NEW 7374
1 11.0.1.224 2014/03/26 19:57:42 testhost01 TESTADMN NEW 7375
1 11.0.1.224 2014/03/26 19:57:45 testhost01 TESTADMN NEW 7377
1 11.0.1.224 2014/03/26 19:57:51 testhost01 TESTADMN NEW 7378
2 11.0.1.224 2014/03/26 19:57:54 testhost01 TESTADMN NEW 7380
2 11.0.1.224 2014/03/26 20:01:14 testhost01 TESTADMN NEW 7438
2 11.0.1.224 2014/03/26 20:01:14 testhost01 TESTADMN NEW 7439
2 11.0.1.224 2014/03/26 20:01:14 testhost01 TESTADMN NEW 7440
```

- {broker_name}.access.denied

```
16 11.1.47.49 2014/04/02 10:30:54 testhost01 TESTADMN REJECT
16 11.1.47.49 2014/04/02 10:31:31 testhost01 TESTADMN REJECT
16 11.2.90.126 2014/04/03 01:56:46 testhost01 TESTADMN REJECT
```

```
13 11.2.90.126 2014/04/03 02:05:00 testhost01 TESTADMN REJECT
13 11.2.90.126 2014/04/03 02:05:01 testhost01 TESTADMN REJECT
```

각 로그 파일에는 접속한 WEB/APP 서버의 IP 주소와 접속한 시간, 데이터베이스 이름, 데이터베이스 계정 이름이 기록돼 있다.

REJECT라고 표시된 것은 브로커 ACL이 해당 IP 주소를 허용하지 않은 경우다. $CUBRID/conf/cubrid_broker.conf 파일에서 ACCESS_CONTROL_FILE 파라미터로 지정한 파일에 해당 서버의 IP 주소를 추가해야 한다. IP 주소를 추가한 후에는 cubrid broker acl reload 명령을 실행해 변경된 파일을 다시 읽어야 변경 사항이 적용된다.

SQL 로그

브로커의 설정에 따라 실행되는 질의를 SQL 로그에 남기거나 느린 질의만을 남길 수 있으며, 오류 발생 시에는 별도의 오류 로그에 오류 내용이 기록된다. SQL 로그를 남기려면 cubrid_broker.conf 파일에서 다음과 같이 브로커를 설정한다.

```
SQL_LOG             =ON
LOG_DIR             =log/broker/sql_log/qe_rw
```

SQL 로그는 CAS별로 각각의 로그 파일에 시간순으로 기록된다. SQL 로그 파일에는 질의가 수행된 시간과 질의 수행 결과 건수, 질의의 내용, 변수의 값이 포함된다.

```
14-06-29 11:55:00.470 (1468) prepare 8 SELECT JOB_INSTANCE_ID, JOB_NAME from BATCH_JOB_
INSTANCE where JOB_NAME = ? and JOB_KEY = ?
14-06-29 11:55:00.471 (1468) prepare srv_h_id 1 (PC)
14-06-29 11:55:00.487 (1468) set query timeout to 60000 ms (from broker)
14-06-29 11:55:00.487 (1468) execute srv_h_id 1 SELECT JOB_INSTANCE_ID, JOB_NAME from BATCH_
JOB_INSTANCE where JOB_NAME = ? and JOB_KEY = ?
14-06-29 11:55:00.487 (1468) bind 1 : VARCHAR (28)inquiryQuantityAggregateJob
14-06-29 11:55:00.487 (1468) bind 2 : VARCHAR (33)bdaefc3d73a393b57681073b10c0ce17
14-06-29 11:55:00.489 (1468) execute 0 tuple 0 time 0.001
14-06-29 11:55:00.501 (1468) cursor_close srv_h_id 1
```

```
14-06-29 11:55:00.502 (0) end_tran COMMIT
14-06-29 11:55:00.502 (0) end_tran 0 time 0.000
14-06-29 11:55:00.502 (0) *** elapsed time 0.031
```

데이터베이스에서 수행된 질의를 확인할 수 있으며, 이를 기반으로 처리 속도가 느린 질의나 오류가 발생한 질의, 잠금 경합(lock contention)을 일으킨 질의 등 특정 문제 상황의 원인을 찾을 수 있다.

모든 질의를 로그로 남기면 시스템에 I/O 부하를 줄 수 있으므로 이럴 때는 느린 질의만 로그로 남길 수도 있다. 느린 질의를 로그로 남기려면 cubrid_broker.conf 파일에서 다음과 같이 브로커를 설정한다.

```
SLOW_LOG                =ON
SLOW_LOG_DIR            =log/broker/slow_log/qe_rw
LONG_QUERY_TIME         =1
```

느린 질의에 대한 로그 역시 CAS별로 각 로그 파일에 시간순으로 기록된다. LONG_QUERY_TIME 파라미터에 설정한 시간(단위: 초)보다 오래 수행된 질의는 모두 느린 질의 로그에 남는다. 느린 질의 로그의 형식은 SQL 로그와 같으며 SQL 로그에도 동일하게 중복 기록된다.

질의 수행 시 오류가 발생하면 해당 내용을 별도의 로그로 기록할 수 있다. 오류 로그를 남기려면 cubrid_broker.conf 파일에서 다음과 같이 브로커를 설정한다.

```
ERROR_LOG_DIR           =log/broker/error_log/qe_rw
```

오류 내용 역시 CAS별로 각 로그 파일에 시간순으로 기록된다.

평상시에는 cubrid broker status -b -s 1 명령으로, 유입되는 질의와 처리 상태를 모니터링할 수 있으며, 모니터링하면서 오류가 발생하거나(ERR-Q) 느린 질의가 발생하는 경우(LONG-Q) 로그 파일에서 오류 내용을 확인하거나 수행이 늦은 질의를 찾아볼 수 있다.

느린 질의 분석

SQL 로그를 기반으로 broker_log_top 유틸리티를 이용해 특정 시간대에 수행된 질의를 분석할 수 있으며 이를 통해 수행 횟수 및 평균/최대/최소 수행 시간을 확인할 수 있다.

<사용법>

```
broker_log_top [-t] [-F <from date>] [-T <to date>] <log_file>
```

<사용 예시>

```
broker_log_top -F "14-05-30 00:00:00" -T "14-06-01 19:00:00" *.log
```

broker_log_top을 수행하면 다음 2개의 파일이 생성된다.

- log_top.res: 질의 분석에 대한 집계 내용

	max	min	avg	cnt(err)
[Q1]	34.663	0.000	10.275	77 (4)
[Q2]	0.390	0.000	0.055	881 (8)
[Q3]	0.338	0.000	0.247	20 (2)

- log_top.q: 실제 수행된 질의 내용

```
[Q1]------------------------------------------
testhost_rw_62.sql.log:31774
10/27 17:05:20.429 (271) execute_all srv_h_id 43 /* selectCategory */    SELECT /*+ USE_
MERGE ORDERED */   COUNT(*) FROM       xx_category cat    INNER JOIN xx_chan chan ON
chan.chan_id = cat.chan_id AND chan.chan_ status_cd = 'EX'  WHERE        1=1   AND cat.
chan_category_cd = ?   AND cat. status_cd = 'EX'   AND cat.open_yn = 'Y'   AND cat.ht_
status_cd = 'COMPLETE'
10/27 17:05:20.429 (271) bind 1 : VARCHAR (5) SERVICE
10/27 17:05:20.429 (271) bind 2 : VARCHAR (3) DD
10/27 17:05:55.093 (271) execute_all 0 tuple 1 time 34.663

[Q2]------------------------------------------
vsvc_mobile_26.sql.log:19636
10/27 17:05:25.999 (21) execute_all srv_h_id 21 /*selectService */    SELECT horizon_
size, vertical_size, play_tm FROMxx_target tgt    INNER JOIN xx_cat chan ON chan.chan_id
= tgt.chan_id    WHERE       chan. status_cd =?      AND tgt.open_yn = ?      ORDER BY
tgt. register_ymdt DESC
10/27 17:05:25.999 (21) bind 1 : VARCHAR (9)lovecell
```

```
10/27 17:05:25.999 (21) bind 2 : VARCHAR (3)Y
10/27 17:05:26.389 (21) execute_all 0 tuple 1 time 0.390


[Q3]-----------------------------------------
```

broker_log_top 유틸리티는 SQL 로그를 읽어서 분석하므로 시간 범위를 너무 크게 지정하거나 분석 대상 로그 파일이 많으면 I/O를 많이 발생시킬 수 있으므로 주의해야 한다.

데이터베이스 서버 오류 로그

데이터베이스 서버에서 발생하는 각종 이벤트 및 오류 내용은 모두 데이터베이스 서버 오류 로그에 남으며 이러한 로그를 기반으로 문제 상황에 대한 원인을 분석할 수 있다. 서버 로그는 기본적으로 $CUBRID/log/server 디렉터리에 위치하며 오류 로그와 이벤트 로그로 구분할 수 있다. 파일 이름은 {데이터베이스 이름}_{yyyymmdd}_{hhmi}.err 형식이다.

오류 로그는 $CUBRID/log/server 디렉터리에 생성되며, 데이터베이스 ACL로 인해 접속 실패한 로그나 고유 키 위반(unique violation) 등의 오류 내용, 체크포인트(checkpoint) 수행 로그 등이 기록된다.

데이터베이스 서버 이벤트 로그

데이터베이스 서버 오류 로그 외에 질의 성능에 영향을 주는 이벤트 발생 시 이벤트 내용과 함께 관련 질의를 이벤트 로그에 남길 수 있다. 이벤트 로그에 기록되는 이벤트로는 SLOW_QUERY, MANY_IOREADS, LOCK_TIMEOUT, DEADLOCK, TEMP_VOLUME_EXPAND가 있다.

이벤트	설명
SLOW_QUERY	느린 질의가 발생했을 때 로그를 기록하며 cubrid.conf 파일에 sql_trace_slow 파라미터가 설정돼 있어야 한다. 느린 질의의 기준이 되는 시간(단위: 밀리초)을 설정하면 설정된 시간보다 수행 시간이 긴 질의의 내용과 함께 각 단계에서 소요된 시간 정보가 기록된다.
MANY_IOREADS	I/O가 많은 질의가 실행됐을 때 로그를 기록하며 cubrid.conf 파일에 sql_trace_ioread_pages 파라미터가 설정돼야 한다. 특정 페이지 수보다 더 많이 읽은 질의가 발생하면 읽은 페이지 수와 함께 해당 질의가 기록된다.
LOCK_TIMEOUT	잠금 대기 시간 초과(lock timeout) 시 잠금 보유자(blocker)와 잠금 대기자(waiter)의 클라이언트 정보와 함께 해당 질의를 기록한다. 별도의 파라미터 설정 없이 항상 로그를 기록한다.

이벤트	설명
DEADLOCK	교착 상태 발생 시 교착 상태에 포함된 트랜잭션 정보를 질의와 함께 기록한다. LOCK_TIMEOUT과 같이 별도의 파라미터 설정 없이 항상 기록되는 이벤트다.
TEMP_VOLUME_EXPAND	일시적인 임시 볼륨(temporary temp volume)이 추가될 때 기록되며 일시적인 임시 볼륨 추가를 유발한 클라이언트와 질의가 함께 기록된다.

이벤트 로그 파일은 데이터베이스 서버 오류 로그와 동일하게 $CUBRID/log/server 디렉터리에 위치하며 파일 이름은 {데이터베이스 이름}_{yyyymmdd}_{hhmi}.event 형식이다.

데이터베이스 복제 모니터링

대부분의 서비스는 장애 없이 365일 24시간 운영이 가능해야 하며, 큐브리드에서는 이를 위해 HA 기능을 제공한다. HA 기능은 마스터 데이터베이스에 장애가 발생하면 슬레이브 데이터베이스를 마스터 데이터베이스로 페일오버(failover)해 장애 시간을 최소화한다. 이를 위해서는 마스터 데이터베이스의 데이터와 슬레이브 데이터베이스의 데이터가 항상 실시간으로 동기화돼야 한다.

마스터 데이터베이스와 슬레이브 데이터베이스의 동기화를 모니터링하려면 데이터베이스에 있는 db_ha_apply_info 테이블을 이용한다. 슬레이브 데이터베이스에 접속해 db_ha_apply_info 테이블을 조회해서 log_record_time 값과 last_access_time 값의 차이가 작으면 데이터가 잘 복제되고 있다고 볼 수 있다.

```
SELECT log_record_time, last_access_time, fail_counter FROM db_ha_apply_info;

=== <Result of SELECT Command in Line 1> ===


  log_record_time              last_access_time                 fail_counter
===================================================================================
  06:21:35.000 AM 07/30/2014    06:21:35.421 AM 07/30/2014                 0

1 rows selected. (0.024627 sec) Committed.
```

fail_counter 값은 복제 시 실패가 발생한 열의 개수를 의미한다. 복제 실패가 발생한 경우 $CUBRID/log/{데이터베이스 이름}@localhost_applylogdb_{데이터베이스 이름}_Master{호스트 이름}.err 파일에서 실패한 테이블과 행을 확인할 수 있다.

시스템 모니터링

데이터베이스 서버를 모니터링하려면 DBMS뿐만 아니라 기본적인 시스템 리소스에 대한 모니터링도 함께 이뤄져야 한다. 전반적인 시스템 상황을 모니터링하기 위해 리눅스의 명령어인 sar를 이용할 수 있는데, 이를 통해 어떤 리소스의 부하가 큰지 확인할 수 있다.

```
$sar 1 5
Linux 2.6.32-358.23.2.el6.x86_64 (testhost01)        06/01/14        _x86_64_        (24 CPU)
18:04:01        CPU     %user    %nice   %system   %iowait   %steal    %idle
18:04:02        all      0.00     0.00      0.04      0.00      0.00    99.96
18:04:03        all      0.79     0.00      0.00      0.00      0.00    99.21
18:04:04        all      0.29     0.00      0.29      0.00      0.00    99.42
18:04:05        all      0.92     0.00      0.08      0.00      0.00    99.00
18:04:06        all      0.83     0.00      0.00      0.00      0.00    99.17
Average:        all      0.57     0.00      0.08      0.00      0.00    99.35
```

CPU 사용량이 많은 경우(%user)는 유입되는 질의량이 많아서 질의 파싱에 소요되는 비용이 크기 때문일 수 있다. 또한 질의에서 많은 양의 데이터를 정렬(order by)하거나 그룹화(group by)하는 등의 작업을 수행할 때도 CPU 사용량이 증가할 수 있다.

디스크의 사용량이 많은 경우(%iowait)는 리눅스 명령어인 iostat를 이용해 좀 더 상세하게 살펴볼 수 있다.

```
$ iostat -xm 1
Linux 2.6.32-358.23.2.el6.x86_64 (testhost01)        2014년 06월 11일        _x86_64_        (24 CPU)

avg-cpu:  %user   %nice %system %iowait  %steal   %idle
           0.37    0.00    0.12    0.00    0.00   99.51

Device:    rrqm/s   wrqm/s    r/s    w/s   rMB/s   wMB/s avgrq-sz avgqu-sz  await  svctm  %util
sda          0.04   100.56   0.46  48.55   0.02    0.54    23.31     0.01   0.12   0.04   0.22
```

iostat 실행 결과에서 디스크의 부하가 읽기 부하인지(rMB/s), 쓰기 부하인지(wMB/s) 확인할 수 있으며, 읽기 부하인 경우는 최적화되지 않은 질의로 인해 필요 이상의 데이터 읽기가 발생하는 경우를 의심해 볼 수 있다. I/O 부하가 쓰기 부하인 경우는 많은 양의 데이터 변경으로 인한 것일 수도 있고, 유입되는 질의량이 많을 때 브로커에서 SQL 로그를 남기느라 발생한 부하일 수도 있다. 체크포인트로 인해 버퍼의 데이터를 디스크로 쓰는 경우에도 쓰기 부하가 높아질 수 있다.

시스템 모니터링을 통해 CPU 부하인지 디스크 부하인지를 판단해 부하의 유형에 맞게 원인을 찾는 것이 일반적인 접근 방법이라고 볼 수 있다.

큐브리드 매니저를 이용한 모니터링

데이터베이스를 소규모로 운영한다면 큐브리드 매니저를 사용해 대시보드[29]에서 쉽고 편리하게 모니터링 할 수 있다. 큐브리드 매니저는 HA 상태 모니터링, 리소스 모니터링 기능을 제공한다. HA 상태 모니터링 기능을 사용하면 HA로 구성된 데이터베이스 노드의 현재 상태와 브로커의 연결 상태, 마스터/슬레이브 노드 간 복제 로그 지연 상태를 한눈에 파악할 수 있다. 리소스 모니터링 기능은 데이터베이스의 현재 상태와 함께 큐브리드 매니저 서버에서 수집한 운영 이력을 운영 지표별 차트로 보여준다. 제공하는 운영 지표는 브로커의 QPS, TPS, 질의 오류 횟수, 데이터베이스의 I/O 읽기, I/O 쓰기뿐만 아니라 CPU, 메모리 현황이다.

여기서는 큐브리드 매니저를 이용해 HA 상태와 리소스를 모니터링하는 방법을 알아보겠다.

HA 상태 모니터링

큐브리드 매니저에서 HA 노드 상태 모니터링 대시보드를 사용하면 마스터/슬레이브 데이터베이스가 복잡하게 구성돼 있거나 브로커가 다중화돼 있는 상태에서도 전체 현황을 한눈에 파악할 수 있다. 다음은 큐브리드 매니저가 제공하는 대시보드의 HA 상태 모니터링 화면이다.

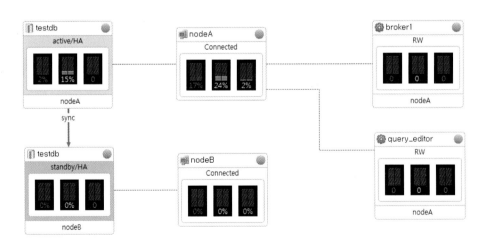

그림 9-1 HA 상태 모니터링 대시보드 화면

29 자동차 계기판과 같이 한 화면에 다양한 정보를 알기 쉽게 구성해 제공하는 사용자 인터페이스

그림에서 보는 바와 같이 어떤 노드가 액티브(active) 상태이고 어떤 노드가 스탠바이(standby) 상태인지 확인할 수 있으며, 각 노드의 CPU와 메모리 사용량뿐만 아니라 HA 복제 지연 시간도 확인할 수 있다. 대시보드에 표시되는 정보에 대한 자세한 내용은 "HA 상태 모니터링 대시보드 사용 방법"(290쪽)을 참고한다.

큐브리드 매니저에 HA 구성 노드 추가

여기서는 8장의 "데이터베이스 다중화"(227쪽)에서 구성한 마스터/슬레이브 데이터베이스 nodeA, nodeB를 이용해 대시보드를 만들면서 큐브리드 매니저에서 어떻게 HA 상태와 데이터베이스 상태를 모니터링하는지 알아보겠다.

8장에서는 nodeA와 nodeB에 동일하게 testdb라는 데이터베이스가 있었다. 두 노드를 큐브리드 매니저에 추가하고 로그인하면 다음 그림과 같이 각 노드의 testdb가 보인다.

그림 9-2 HA 구성 시 호스트 데이터베이스 표시

nodeA의 testdb 아이콘에는 M 표시가 보이고 nodeB의 testdb 아이콘에는 S 표시가 보이는데, 이는 nodeA의 testdb가 마스터 노드이고 nodeB의 testdb가 슬레이브 노드라는 의미다. M, S 표시가 없다면 HA 구성이 제대로 되지 않은 것이므로 cubrid.conf, cubrid_ha.conf, databases.txt 파일을 제대로 설정했는지 확인해야 한다.

HA 상태 모니터링 대시보드 추가

큐브리드 매니저의 관리 모드에는 **호스트** 탭과 **모니터링** 탭이 있다. **모니터링** 탭을 클릭하면 처음에는 빈 상태다. 여기에 HA 상태 모니터링 대시보드를 추가해보자. **모니터링** 탭에서 빈 공간을 마우스 오른쪽 버튼으로 클릭하고 **HA 모니터링 추가**를 클릭한다.

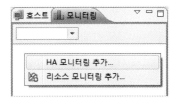

그림 9-3 HA 상태 모니터링 대시보드 추가 메뉴

모니터링 대시보드 추가 대화 상자에서는 **모니터링** 탭에 표시할 대시보드 이름을 입력할 수 있고 호스트, 데이터베이스를 대시보드에 추가할 수 있다. 여기서는 대시보드 이름으로 testdb-ha로 입력한다.

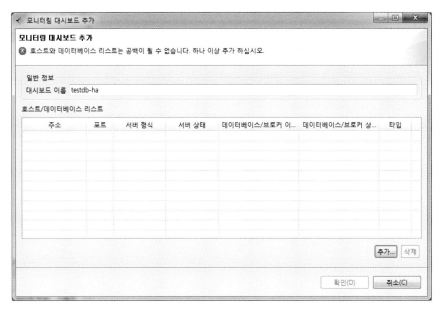

그림 9-4 모니터링 대시보드 이름 입력

이제 HA를 구성하는 노드를 추가하기 위해 추가를 클릭한다. 다음과 같이 **호스트/데이터베이스 추가** 대화 상자가 나타나면, 별칭 이름, 주소, 포트, 비밀번호를 입력한다. 먼저, 현재 마스터 노드가 위치한 nodeA의 정보를 입력한다.

- **별칭 이름**에는 각 노드를 구분할 이름을 입력하는데, 편의를 위해 보통 호스트명을 입력한다.
- **주소**에는 큐브리드 매니저가 설치된 PC에서 호스트명을 사용해 연결할 수 있다면 호스트명을 입력하고, 그렇지 않다면 IP 주소를 입력한다.
- **포트**에는 큐브리드 매니저 서버 포트인 8001을 입력한다.
- **비밀번호**에는 큐브리드 매니저 admin 계정의 비밀번호를 입력한다.

연결 시험을 클릭해 오류가 발생하지 않는다면 제대로 입력한 것이므로 **다음**을 클릭한다. 연결 시험에 실패하면 **다음**이 활성화되지 않는다.

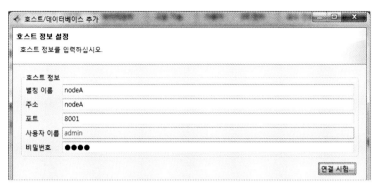

그림 9-5 호스트 정보 설정

호스트 정보를 제대로 입력했다면 큐브리드 매니저는 해당 호스트의 큐브리드 매니저 서버에 연결해서 데이터베이스 목록을 받아 드롭다운 목록으로 보여준다. HA 구성된 testdb 데이터베이스를 노드에 추가할 것이므로 **데이터베이스 이름**에서 testdb를 클릭하고, DBA **비밀번호**는 설정돼 있지 않으므로 비워둔다. 그 후 **데이터베이스 추가**를 클릭하면 아래의 **데이터베이스 리스트**에 testdb가 등록된다.

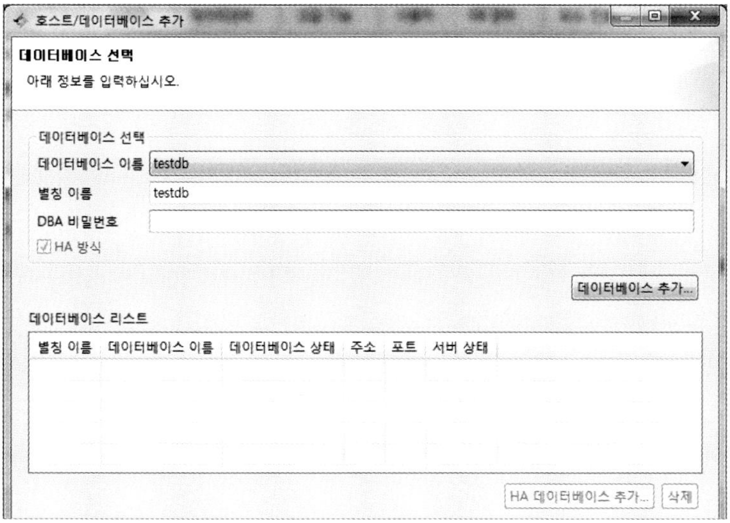

그림 9-6 데이터베이스 선택

큐브리드 매니저가 마스터 노드의 큐브리드 매니저 서버에 연결되면 다음과 같이 HA 구성을 인식하고 스탠바이 노드 자동 추가 여부를 묻는다. 직접 모든 노드를 추가하려면 번거로우므로 **예**를 클릭한다. 만약 nodeA가 아니라 nodeB를 먼저 추가했다면 이와 반대로 액티브 노드를 자동으로 추가할 것인지 물었을 것이다. 참고로, 여기서는 액티브 노드가 마스터 노드이고 스탠바이 노드가 슬레이브 노드다.

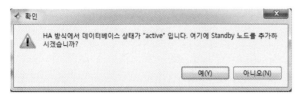

그림 9-7 스탠바이 노드 자동 추가

스탠바이 노드를 자동으로 추가하는 과정에서 nodeB의 큐브리드 매니저 admin 계정의 비밀번호와 testdb의 DBA 비밀번호를 입력해야 한다. DBA 비밀번호는 설정돼 있지 않으므로 비워두고 **데이터베이스 추가**를 클릭한다.

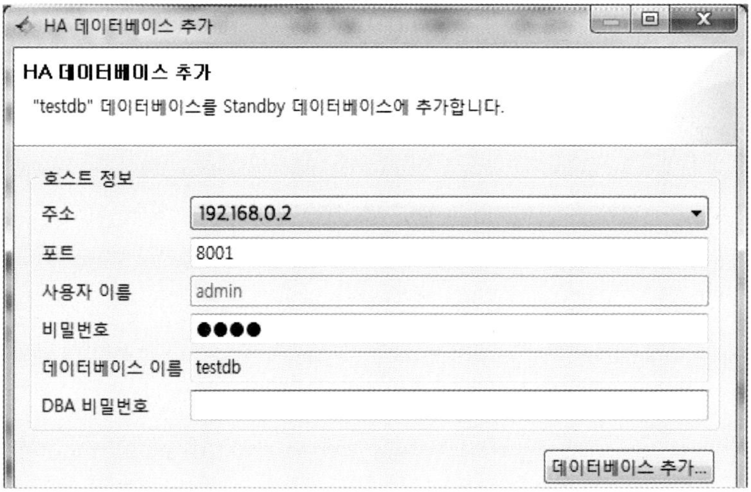

HA 데이터베이스 추가

HA 데이터베이스 추가

"testdb" 데이터베이스를 Standby 데이터베이스에 추가합니다.

호스트 정보

주소	192.168.0.2
포트	8001
사용자 이름	admin
비밀번호	●●●●
데이터베이스 이름	testdb
DBA 비밀번호	

데이터베이스 추가...

그림 9-8 스탠바이 노드 정보 입력

다음과 같이 **데이터베이스 리스트**에 testdb가 추가되면 **확인**을 클릭한다.

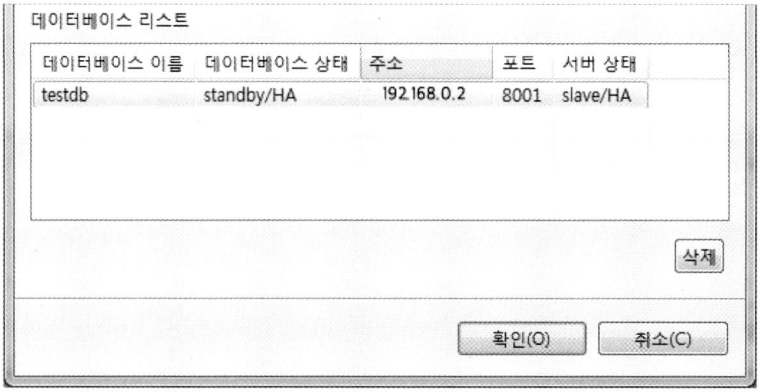

그림 9-9 스탠바이 노드가 추가된 데이터베이스 리스트

다음과 같이 마스터 노드와 슬레이브 노드가 추가된 것을 확인할 수 있다. 만약 더 추가할 슬레이브 노드나 레플리카 노드가 있다면 **HA 데이터베이스 추가**를 클릭해 추가한다. 브로커를 추가하려면 **다음**을 클릭하고, 브로커를 추가하지 않고 마치려면 **완료**를 클릭한다. 여기서는 브로커를 추가하는 과정을 설명하기 위해 **다음**을 클릭한다.

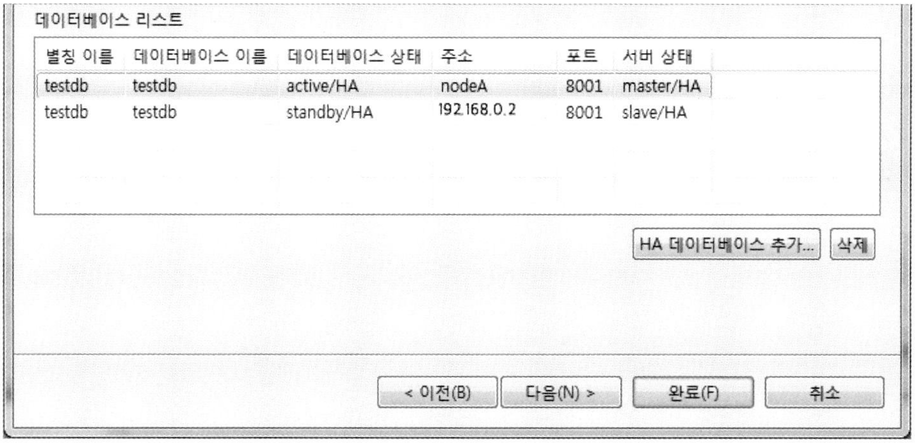

그림 9-10 마스터 노드와 슬레이브 노드가 추가된 데이터베이스 리스트

큐브리드 매니저는 브로커 목록도 큐브리드 매니저 서버에서 받아 드롭다운 목록으로 보여준다. 모니터링할 브로커를 목록에서 클릭하고 **브로커 추가**를 클릭하면 다음과 같이 **브로커 리스트**에 추가된다. 여기서는 기본으로 제공하는 브로커 2개를 모두 추가했다. 브로커 추가를 마친 후에는 **완료**를 클릭한다.

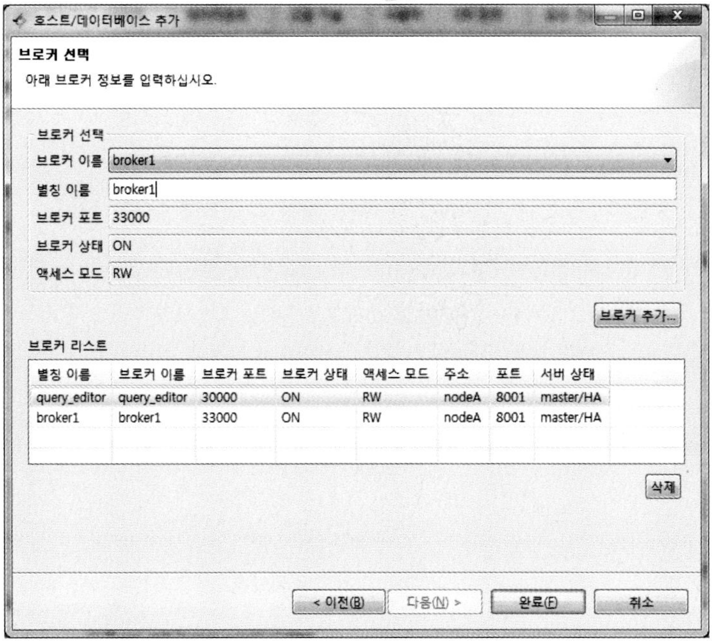

그림 9-11 브로커 추가

호스트 추가를 완료한 화면은 다음과 같다. 스탠바이 노드를 자동으로 추가했기 때문에 호스트명 대신 IP 주소가 표시되는데, 모니터링 대시보드 추가 작업을 완료한 후 표시되는 이름을 변경할 수 있다. **확인**을 클릭한다.

그림 9-12 호스트, 데이터베이스 추가 완료

추가된 대시보드는 다음과 같다.

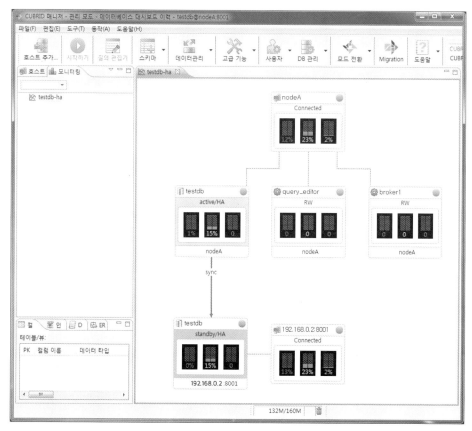

그림 9-13 대시보드 화면

대시보드에 IP 주소 대신 다른 이름이 표시되길 원한다면 해당 호스트를 마우스 오른쪽 버튼으로 클릭하고
별칭 이름 편집을 클릭한 후 원하는 이름을 입력한다.

그림 9-14 호스트 별칭 이름 편집

HA 상태 모니터링 대시보드 사용 방법

이제 HA 상태 모니터링 대시보드를 어떻게 사용하는지 알아보자.

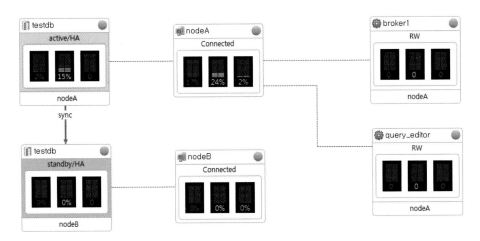

그림 9-15 대시보드 노드 배치

이 그림은 각 노드의 위치가 그림 9-13과는 좀 다르다. HA 상태 모니터링 대시보드에서는 각 노드를 마우스로 끌어다 놓아 마음대로 배치할 수 있다. 위에는 nodeA, 아래에는 nodeB를 배치했고, 왼쪽부터 데이터베이스, 호스트, 브로커 순서로 배치했다.

데이터베이스 노드가 녹색이면 액티브 상태, 회색이면 스탠바이 상태다. 각 노드의 오른쪽 위에 있는 원은 색깔로 상태를 나타낸다. 녹색이면 정상, 노란색이면 오류 발생, 빨간색이면 서버와의 연결 실패를 의미한다.

각 노드에는 수준 측정기(level meter)가 표시되는데, 비슷해보이지만 마우스 포인터를 올려보면 조금씩 다른 지표를 출력하는 것을 알 수 있다. 데이터베이스에는 왼쪽부터 CPU 사용량, 메모리 사용량, 복제 지연 시간(단위: 밀리초)이 표시된다. 여기 표시되는 CPU 사용량과 메모리 사용량은 호스트의 사용량이 아니라 해당 데이터베이스 서버 프로세스의 사용량이다.

그림 9-16 데이터베이스 노드의 수준 측정기

호스트의 수준 측정기는 각각 CPU 사용량, 메모리 사용량, I/O 대기율(I/O wait)을 나타낸다.

그림 9-17 호스트 노드의 수준 측정기

마지막으로 브로커의 수준 측정기가 나타내는 값은 각각 세션 수(session), 실행 중인 세션 수(active session), 초당 트랜잭션 수(TPS)다.

그림 9-18 브로커 노드의 수준 측정기

수준 측정기를 더블클릭하면 오른쪽에서 다음과 같이 상세 모니터링 화면을 볼 수 있다. 대시보드에서 수준 측정기가 보여주는 것보다 훨씬 많은 정보를 제공한다.

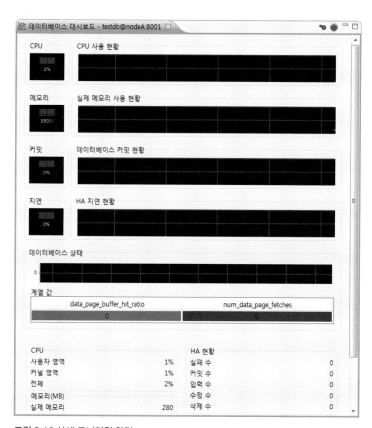

그림 9-19 상세 모니터링 화면

HA 상태 모니터링 대시보드에서는 현재 어떤 브로커가 어떤 데이터베이스에 연결돼 있는지도 확인할 수 있다. nodeA의 testdb에 로그인하고 질의 편집기를 열면 큐브리드 매니저의 질의 편집기는 query_editor 브로커에 연결되고 query_editor 브로커는 CAS 프로세스를 이용해 testdb에 연결된다. 이때 HA 상태 모니터링 대시보드를 보면 다음과 같다.

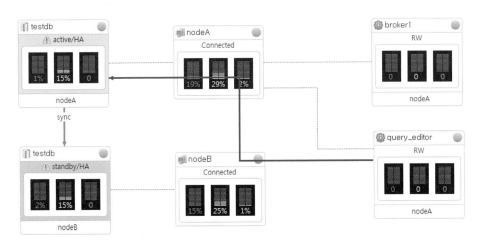

그림 9-20 질의 편집기 실행 시 모니터링 대시보드 화면

그림 9-15와는 다르게 query_editor와 testdb 데이터베이스가 화살표로 연결돼 있는 것을 볼 수 있다. 이는 query_editor 브로커가 testdb와 연결돼 있음을 의미한다. 질의 편집기를 종료하면 화살표도 사라진다. 물론, 빈번하게 연결되는 서비스가 query_editor 브로커를 사용한다면 질의 편집기를 닫아도 화살표가 사라지지 않을 수도 있다.

HA 상태 모니터링 대시보드에서는 각 데이터베이스의 오류 로그를 볼 수 있다. 대시보드에서 데이터베이스 노드를 마우스 오른쪽 버튼으로 클릭해 **HA 적용 로그 보기**, **HA 복사 로그 보기**, **데이터베이스 로그 보기**를 클릭하면 각각에 해당하는 오류 로그가 표시된다.

그림 9-21 로그 보기 메뉴

HA 적용 로그 보기를 클릭했을 때는 다음과 같은 오류 로그가 표시된다. 자세한 내용을 확인하려면 해당 항목을 더블클릭한다.

번호	시간	오류 형식	오류 코드	트랜잭...	오류 ID	오류 메시지
1	12/07/14 21:57:59.094	ERROR				file ../../src/transactior
2	12/07/14 21:58:13.729	ERROR				file ../../src/transactior
3	12/07/14 21:58:25.703	ERROR				file ../../src/communic
4	12/07/14 21:58:25.704	ERROR				file ../../src/communic
5	12/07/14 21:58:25.704	ERROR				file ../../src/transactior
6	12/07/14 21:58:25.704	ERROR				file ../../src/transactior
7	12/07/14 21:58:25.704	ERROR				file ../../src/communic
8	12/07/14 21:59:01.233	ERROR				file ../../src/transactior
9	12/07/14 21:59:15.137	ERROR				file ../../src/transactior

그림 9-22 HA 적용 로그 보기 화면

리소스 모니터링

큐브리드 매니저의 리소스 모니터링은 큐브리드 매니저 서버에서 수집된 정보를 일별, 주별, 월별로 집계해 보관하기 때문에 큐브리드 매니저 서버가 설치된 호스트에 약간의 CPU 사용 및 디스크 I/O가 발생할 수 있다. 큐브리드 설치 후 기본 설정은 정보를 수집하지 않으며, cm.conf 파일에서 support_mon_statistic의 값을 YES로 설정해야만 수집을 시작한다.

HA 상태 모니터링 대시보드를 추가할 때와 비슷하게 **모니터링** 탭에서 빈 공간을 마우스 오른쪽 버튼으로 클릭하고 **리소스 모니터링 추가**를 클릭한다.

그림 9-23 리소스 모니터링 추가 메뉴

리소스 모니터링 추가를 클릭하면 **모니터링 대시보드 추가** 대화 상자가 나타나는데, **모니터링** 탭에 표시할 대시보드 이름을 입력할 수 있고 호스트, 데이터베이스를 대시보드에 추가할 수 있다. 여기서는 대시보드 이름으로 testdb를 입력한다.

리소스 모니터링 등록 대화 상자에서 추가할 대시보드 이름을 입력하고 **확인**을 클릭한다.

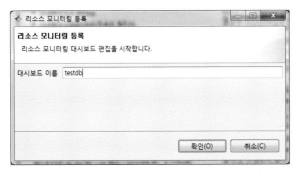

그림 9-24 리소스 모니터링 등록 대화 상자

새로 추가된 대시보드이므로 빈 화면이다. 대시보드를 열면 초기 상태는 조회 모드다. 그래프를 추가하려면 **편집모드**를 클릭한다. 리소스 모니터링 대시보드에는 편집 모드와 조회 모드가 있으며, 편집 모드에서만 그래프를 추가하거나 변경할 수 있다.

그림 9-25 대시보드 조회 모드 화면

추가를 클릭하거나 대시보드 화면의 + 표시를 클릭한다.

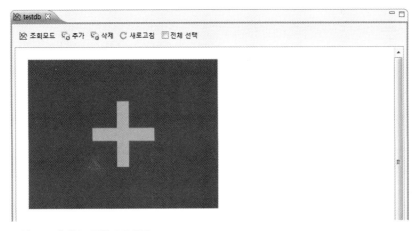

그림 9-26 대시보드 편집 모드 화면

모니터링 그래프 등록 대화 상자가 나타나면 **호스트 추가**를 클릭해 호스트 및 모니터링할 지표를 추가한다.

그림 9-27 모니터링 그래프 등록 대화 상자

다음 그림과 같은 경고 메시지가 출력되면 큐브리드 매니저 서버가 리소스 모니터링을 사용하지 않게 설정돼 있다는 의미다.

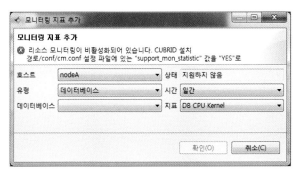

그림 9-28 리소스 모니터링 비활성화 시 오류 메시지

이 경우 cm.conf 파일을 열어 다음과 같이 support_mon_statistic 파라미터의 값을 YES로 설정하고 큐브리드 매니저 서버를 재시작한다.

```
#
# support monitoring statistic (YES/NO), default NO
#
support_mon_statistic=YES
```

제대로 설정됐다면 다음 그림과 같이 모니터링할 지표를 설정할 수 있다. 호스트는 nodeA를 클릭하고 **유형은 운영체제, 시간은 일간, 지표는 OS CPU Idle**을 클릭하고 **확인**을 클릭해보자.

그림 9-29 모니터링 지표 설정

모니터링할 지표가 다음과 같이 등록됐으면 **확인**을 클릭한다.

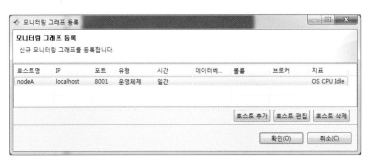

그림 9-30 등록된 모니터링 지표 목록

다음 그림과 같이 OS CPU I/O 대기율이 대시보드에 그래프로 출력된다. 이와 같은 방법으로 모니터링할
지표를 추가할 수 있다.

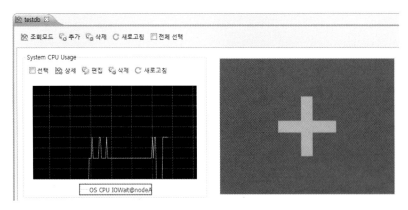

그림 9-31 대시보드에 출력되는 OS CPU I/O 대기율 그래프

조회모드를 클릭하면 다음과 같이 **추가, 삭제** 등의 버튼이 사라지고 그래프만 볼 수 있다. 다시 편집 모드로 돌아가려면 **편집모드**를 클릭한다.

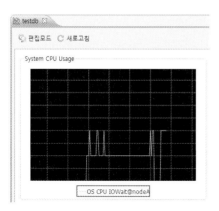

그림 9-32 대시보드 조회 모드 그래프 출력 화면

여기서는 nodeA의 OS CPU I/O 대기율만 표시했지만 대시보드 하나에는 여러 호스트, 여러 지표를 추가할 수 있다. 따라서 특정 서비스가 여러 대의 호스트에 설치된 큐브리드를 사용하고 데이터베이스, 브로커 등을 함께 모니터링해야 하는 경우 이 기능을 유용하게 사용할 수 있다.

대규모 시스템 모니터링

운영할 데이터베이스 시스템의 규모가 작다면 큐브리드 매니저의 모니터링 대시보드로 충분할 수 있다. 그러나 만약 다수의 서비스가 있고 그 서비스를 위한 다수의 큐브리드 서버가 있다면 사용자 PC에서 실행하는 큐브리드 매니저만으로는 충분하지 않을 것이다. 여기서는 오픈 소스를 활용해 큐브리드에서 모니터링 지표를 도출하고 저장해 누구나 편리하게 볼 수 있는 웹 기반의 대시보드로 시각화해보겠다.

시계열 데이터베이스

DBMS를 모니터링하기 위해 또 다른 데이터베이스가 필요할까 의문이 생길 수 있다. 하지만 소규모 DBMS에서 만들어내는 데이터는 사실 그리 많지 않다고 하더라도, 모니터링 대상이 많다면 차원이 달라진다. 데이터베이스 인스턴스 하나에서 만들어내는 모니터링 지표는 적으면 수십 개, 많으면 수백 개에 이를 수 있는데 DBMS가 100여 대라면 어떻게 되겠는가? 매번 모니터링 데이터를 기록할 때마다 만 개의 데이터를 저장해야 하므로 시간 변화에 따른 수치형 데이터 저장 및 조회에 최적화된 저장소가 필요할 것이다.

RRDtool부터 시작해서 Graphite[30], OpenTSDB[31], InfluxDB[32] 등, 쓸 만한 오픈 소스 시계열 데이터베이스는 이미 많다. 여기서는 이 중에서 InfluxDB를 사용하는 방법을 설명한다. InfluxDB는 처음에는 인스턴스 하나에 모니터링 데이터를 저장하다가 확장이 필요하면 간단히 인스턴스를 추가해 데이터를 분산 저장할 수 있는 구조로, 초기 비용이 적게 들고 추후 확장이 쉽다.

InfluxDB는 키-값(key-value) 데이터베이스[33]를 샤딩 구성이 가능하게 해서 확장성을 제공하는 시계열 데이터베이스다. Graphite나 OpenTSDB와 달리 저장 엔진과 인터페이스가 하나의 패키지에 통합돼 초기 설치 및 운영 편의성이 높은 편이다. InfluxDB 개발사는 InfluxDB로 모니터링 대시보드 호스팅도 운영하고 있는데, 이를 보면 비교적 최근에 출시된 제품임에도 완성도가 높다는 것을 간접적으로 알 수 있다.

InfluxDB 설치 및 시작

InfluxDB를 설치하려면 InfluxDB 공식 웹사이트에서 InfluxDB 최신 버전을 다운로드한다. 레드햇(RedHat)과 데비안(Debian) 계열의 리눅스 시스템에 설치할 수 있다. 여기서는 레드햇 계열인 CentOS에서 설치하는 과정을 설명한다.

먼저 다음과 같이 rpm 설치 파일을 다운로드한다.

```
$ wget http://s3.amazonaws.com/influxdb/influxdb-latest-1.x86_64.rpm
```

다운로드한 rpm 설치 파일을 다음과 같이 실행하면 설치가 완료된다.

```
$ sudo rpm -ivh influxdb-latest-1.x86_64.rpm
Preparing...                ########################################### [100%]
   1:influxdb               ########################################### [100%]
```

> **참고**
>
> 최신 버전의 리눅스 패키지에 설치할 것을 권장한다. CentOS 6.5 이상에서는 정상 설치됐으나 CentOS 5.7에서는 정상적으로 설치되지 않아 InfluxDB가 구동되지 않았다.

---

30 http://graphite.wikidot.com
31 http://opentsdb.net
32 http://influxdb.com
33 LevelDB를 이용해 저장 엔진을 만들었다.

InfluxDB를 시작하는 방법도 마찬가지로 매우 쉽다. 다음과 같이 시작 스크립트인 influxdb를 실행하기만 하면 된다.

```
$ sudo /etc/init.d/influxdb start
```

InfluxDB는 최소한의 웹 관리 도구를 기본 제공하고 있어서 데이터베이스를 생성하고 질의를 웹에서 바로 실행할 수 있다. InfluxDB는 SQL과 유사한 질의를 이용해 시계열 데이터를 조회하거나 입력할 수 있다.

InfluxDB 서비스가 시작됐다면 웹 브라우저에 http://localhost:8083을 입력해 관리 페이지에 연결할 수 있다. 아이디와 비밀번호를 입력한 후 Connect를 클릭해 로그인한다. 초기 아이디와 비밀번호는 모두 root다.

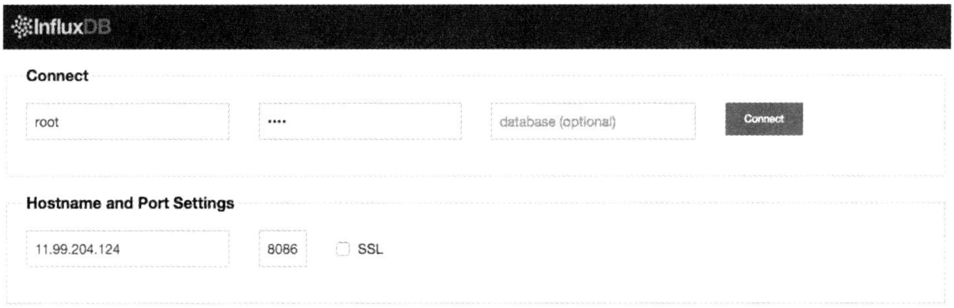

그림 9-33 InfluxDB 관리 페이지

아직 데이터베이스가 없으므로 큐브리드 모니터링을 위한 저장소로 cubrid라는 데이터베이스를 하나 만든다. Database Details에 cubrid를 입력하고 Create Database를 클릭해 데이터베이스를 생성한다.

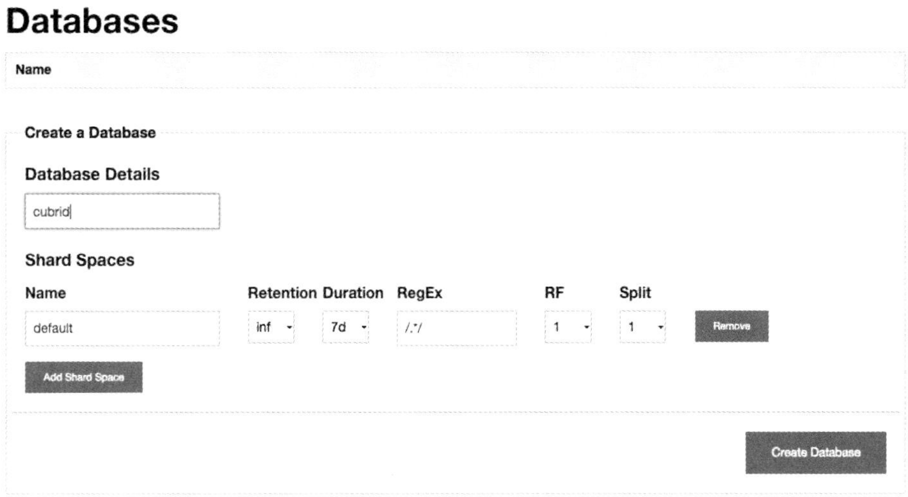

그림 9-34 InfluxDB 데이터베이스 생성

데이터베이스를 생성하면 다음과 같이 데이터베이스 목록에 데이터베이스가 표시된다. Explorer Data를 클릭하면 유사 SQL로 질의를 작성해 필요한 데이터를 간단히 시각화할 수 있다. 제공하는 질의 구문을 알아보려면 InfluxDB 공식 웹사이트의 "Query Language" 페이지[34]를 참고하면 되지만 InfluxDB를 이용해 대시보드를 만들기 위해 따로 질의 구문을 익힐 필요는 없다.

그림 9-35 InfluxDB 데이터베이스 목록

만약 방화벽이나 정책 때문에 기본 포트인 8083을 사용할 수 없다면 다음과 같이 config.toml 파일을 열어 서비스 포트를 변경한 후 시작 스크립트로 InfluxDB를 재시작한다.

```
$ sudo vi /opt/influxdb/shared/config.toml
```

포트 설정 외에도 다양한 설정이 있으니 자세한 내용은 공식 웹사이트의 매뉴얼[35]을 참고한다.

Grafana 설치

Grafana[36]를 설치하기 전에 Grafana가 뭔지 알아보자. Grafana 공식 웹사이트를 보기만 해도 화려하다는 것을 알 수 있다. Grafana는 Elasticsearch에서 대시보드를 제공하기 위해 만든 Kibana에서 파생된 오픈 소스 프로젝트이며, 시계열 데이터를 효과적으로 표현하기 위한 시각화 도구다. 여기서는 Grafana를 이용해 큐브리드의 모니터링 데이터를 시각화해볼 것이다.

Grafana는 웹 페이지와 자바스크립트만으로 개발됐으므로 웹 서버만 있으면 잘 동작한다. 그러나 여기서는 빠르게 설치해 바로 사용해보는 것이 목적이므로, Node.js의 serve-static 모듈을 이용해 간단한 웹 서버를 만들고 Grafana를 실행해보겠다. 추후 안정적인 서비스를 위해서는 아파치나 Nginx를 설치해서 연동하는 것을 권장한다.

---

34 http://influxdb.com/docs/v0.8/api/query_language.html
35 http://influxdb.com/docs/v0.8/introduction/getting_started.html
36 http://grafana.org

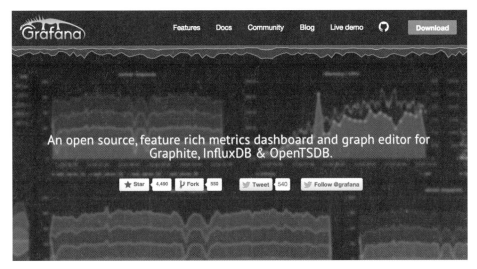

그림 9-36 Grafana 공식 웹사이트

Grafana를 설치하기 전에 필요한 작업이 있다. Grafana는 대시보드 설정 정보를 저장하기 위해 기본적으로 Elasticsearch를 필요로 한다. 그러나 대시보드 하나를 만들겠다고 상당한 리소스를 점유하는 Elasticsearch를 사용하는 것은 낭비일 테니, 이미 설치해둔 InfluxDB에 대시보드용으로 데이터베이스를 하나 더 추가해 대시보드 설정 정보를 저장하겠다. 다음 그림과 같이 grafana라는 이름의 데이터베이스를 생성하면 Grafana 대시보드 설정을 저장하기 위한 준비가 끝난다.

Databases

Name

cubrid   Explore Data »   ✕

Create a Database

Database Details

grafana

Shard Spaces

Name	Retention Duration		RegEx	RF	Split	
default	inf ▾	7d ▾	/.*/	1 ▾	1 ▾	Remove

Add Shard Space

Create Database

그림 9-37 Grafana 대시보드 설정 저장용 데이터베이스 생성

Node.js 설치

Node.js[37]는 공식 웹사이트에서 압축된 설치 파일을 다운로드한 후 압축을 풀고 실행하는 것으로 손쉽게 설치할 수 있다. 여기서는 먼저 홈 경로($HOME) 아래에 압축을 풀고 해당 디렉터리에 node라는 심벌릭 링크를 만든다.

```
$ cd $HOME
$ wget http://nodejs.org/dist/v0.12.0/node-v0.12.0-linux-x64.tar.gz
$ tar xvfz node-v0.12.0-linux-x64.tar.gz
$ ln -s node-v0.12.0-linux-x64 node
```

웹 서버 구성에 필요한 모듈을 설치한다.

```
./node/bin/npm install connect
./node/bin/npm install serve-static
```

Grafana 설치

Grafana를 설치하려면 먼저 압축된 설치 파일을 다운로드한 후 압축을 푼다. 여기서는 먼저 홈 경로($HOME) 아래에 압축을 풀고 해당 디렉터리에 grafana라는 심벌릭 링크를 만든다.

```
$ cd $HOME
$ wget http://grafanarel.s3.amazonaws.com/grafana-1.9.1.tar.gz
$ tar xvfz grafana-1.9.1.tar.gz
$ ln -s grafana-1.9.1 grafana
```

초기에는 설정 파일이 없는데 config.sample.js를 config.js로 복사한 후 데이터소스 설정을 변경한다.

```
$ cd grafana
$ cp config.sample.js config.js
```

---

37 https://nodejs.org/

이제 config.js 파일에 InfluxDB의 데이터베이스 연결 정보를 입력하면 된다.

```
$ vi config.js

datasources: {
        influxdb: {
          type: 'influxdb',
          url: "http://localhost:8086/db/cubrid",
          username: 'root',
          password: 'root',
        },
        grafana: {
          type: 'influxdb',
          url: "http://localhost:8086/db/grafana",
          username: 'root',
          password: 'root',
          grafanaDB: true
        },
      },
```

홈 경로에 webserver.js 파일을 만들고 다음 코드를 저장한다. 이 코드는 serve-static 모듈을 이용해 8080 포트를 사용하는 간단한 웹 서버를 만든다. Grafana를 실행하기 위해 임시로 이 웹 서버를 사용할 것이다.

```
$ cd $HOME
$ vi webserver.js

var connect = require('connect');
var serveStatic = require('serve-static');
connect().use(serveStatic('./grafana')).listen(8080);
```

웹 서비스를 시작하려면 다음과 같이 실행한다.

```
$ cd $HOME
$ ./node/bin/node webserver.js &
```

설정에 문제가 없다면 http://{Grafana 설치 호스트 주소}:8080/index.html에 접속했을 때 다음 그림과 같은 시작 화면을 볼 수 있다. 그러나 아직 큐브리드에서 모니터링 데이터를 수집하지 않았기 때문에 대시보드에 구성할 데이터가 없다. 큐브리드 모니터링을 위해 수집할 대상으로 데이터베이스와 브로커가 있는데 이제 큐브리드의 모니터링 데이터를 수집해보자.

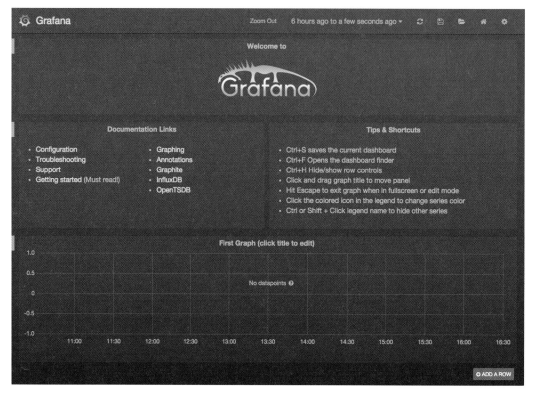

그림 9-38 Grafana 시작 화면

InfluxDB에 Grafana용 데이터 입력

큐브리드 FTP 웹사이트에서는 파이썬으로 작성한 모니터링 데이터 수집 스크립트를 제공한다. 여기서는 이 스크립트를 다운로드해 몇 가지 정보를 수정한 후 사용하겠다. 이와 관련한 최신 정보는 큐브리드 커뮤니티 웹사이트의 "CUBRID Monitoring Dashboard" 페이지[38]를 참고한다.

---

38 http://www.cubrid.org/wiki_tools/entry/cubrid-monitoring-dashboard

먼저 큐브리드가 설치된 디렉터리에 스크립트를 다운로드한다.

```
$ wget http://ftp.cubrid.org/CUBRID_Docs/Book/monitoring/cubrid_broker_influxdb.py
$ wget http://ftp.cubrid.org/CUBRID_Docs/Book/monitoring/cubrid_db_influxdb.py
```

다운로드한 두 파일에서 다음 정보를 수정한다.

```
COLLECTION_INTERVAL = 10  # seconds
URL = "http://localhost:8086/db/cubrid/series?u=root&p=root"
```

여기서 URL의 호스트 주소는 localhost로 설정돼 있는데, InfluxDB와 CUBRID가 동일한 장비에 설치돼 있다고 가정하기 때문이다. InfluxDB와 CUBRID가 서로 다른 장비에 설치돼 있다면 localhost를 InfluxDB의 호스트 주소로 변경한다.

큐브리드가 설치된 장비에서 다음과 같이 스크립트를 실행한다. 이때 환경 변수 $CUBRID는 큐브리드가 설치된 디렉터리를 가리켜야 한다.

```
$ python cubrid_db_influxdb.py &
$ python cubrid_broker_influxdb.py &
```

> **참고**
>
> 여러 장비에서 구동 중인 큐브리드의 시스템 정보를 수집하려면 큐브리드가 구동 중인 모든 장비에서 모니터링 데이터 수집 스크립트를 실행한다.

Grafana 대시보드에 그래프 추가

이제 대시보드를 만들어 그래프를 추가해보자. 먼저 Grafana 화면 오른쪽 위의 폴더 모양 아이콘을 클릭하고 New를 클릭해 빈 대시보드를 만든다.

빈 대시보드가 생성되면 왼쪽 위의 녹색 버튼을 클릭하고 Add Panel > graph를 클릭한다.

그림 9-39 그래프 추가

빈 그래프가 추가되면 no title (click here)라는 제목란을 클릭하고 edit를 클릭해 그래프를 편집한다.

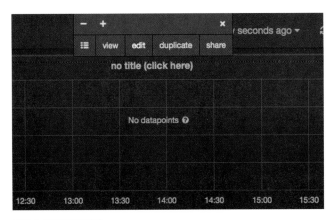

그림 9-40 그래프 편집

series에 cubrid를 입력하면 모니터링 지표 이름의 나머지 부분이 자동 완성되므로 지금까지 수집된 모니터링 지표 중 cubrid로 시작하는 지표를 확인할 수 있다. 그 중 추가를 원하는 지표를 클릭한다. 여기서는 브로커의 질의 실행 누적 수(cubrid.broker.query)를 클릭하겠다.

> **참고**
>
> CSQL에서 질의를 수행하면 브로커를 통하지 않으므로 브로커의 질의 실행 횟수에는 해당 질의의 수행 횟수가 누적되지 않는다. CSQL이 아닌 응용프로그램에서는 질의 수행 시 브로커를 경유하므로 브로커의 질의 실행 횟수가 누적된다.

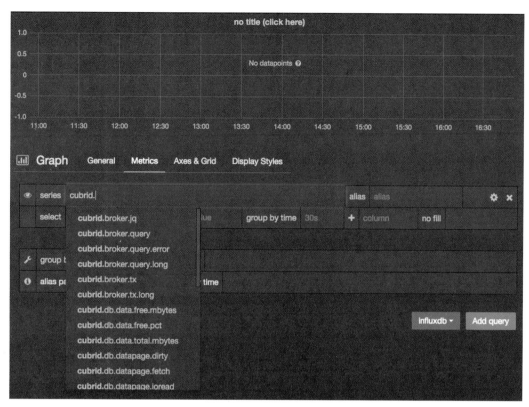

그림 9-41 모니터링 지표 설정

select에서는 구간별 누적값의 차를 확인하기 위해 difference(value)를 클릭한다. 그리고 모니터링 데이터를 10초 간격으로 수집하므로 group by time에는 30s를 입력해 구간 간격을 30초로 설정한다.

- 입력을 마치면 **Ctrl+S** 키를 누르거나 화면 오른쪽 위에 있는 **Save** 📁를 클릭해 그래프를 저장한다. 화면 위쪽의 **Back to dashboard**를 클릭하면 추가한 그래프를 대시보드 화면에서 확인할 수 있다.

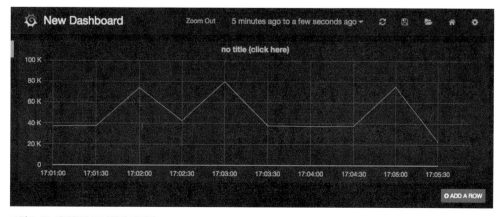

그림 9-42 시각화된 모니터링 데이터

이와 같이 큐브리드 모니터링 데이터를 손쉽게 시각화할 수 있어 단시간에 고품질의 모니터링 대시보드를 구성할 수 있다.

시간에 따라 변화하는 수치 데이터를 기록한다는 측면에서 보면 InfluxDB는 기존 RRDtool과 크게 다르지 않다. 하지만 서비스에서 발생하는 엄청난 규모의 모니터링 데이터를 저장해야 하는데 RRDtool은 성능과 확장성에 한계가 있어 새로운 아키텍처의 시계열 데이터베이스가 필요하다. 어떤 시계열 데이터베이스는 HBase와 같은 분산 데이터베이스를 기반으로 수평 확장성을 보장하기도 하고 어떤 시계열 데이터베이스는 직접 샤드를 구현해서 수평 확장성을 보장하기도 한다. 여기서는 처음에는 단일 저장소에서 시작해서 샤드 추가로 수평 확장성을 제공하는 시계열 데이터베이스인 InfluxDB를 활용해 큐브리드 모니터링 지표를 저장하고 Grafana를 이용해 대시보드를 구현해봤다.

10
성능 최적화

서비스 초기에는 DBMS가 잘 동작하다가도 이용자가 늘고 데이터가 축적되면서 CPU 사용과 디스크 I/O가 급격히 늘어나면 CPU를 교체하고 메모리를 추가해도 이를 감당하지 못해서 정상적인 서비스를 제공하지 못하거나 시스템에 장애가 발생할 수도 있다. 이렇듯 물리적인 장비로 성능을 높이는 것은 분명 한계가 있다. 따라서 DBMS 성능을 최적화하는 것이 적은 비용으로 효과적인 결과를 가져오는 길이다.

DBMS 성능 최적화는 몇 가지 설정 파라미터값을 수정하는 것만으로 끝나지 않는다. 크게 구분하면 질의를 튜닝하는 방법과 테이블, 인덱스 등의 데이터베이스 객체를 최적화하는 방법이 있다. 이 장에서는 큐브리드 성능을 최적화하는 두 방법을 모두 다룰 것이다. 하지만 모든 환경에 일관되게 적용할 수 있는 최적화 방법은 없다. 응용프로그램의 형태, 데이터의 특성, 하드웨어의 사양에 따라 최적화 기준은 달라질 수밖에 없기 때문이다. 따라서 큐브리에 적용할 수 있는 일반적인 기준을 설명할 것이다. 이 장에서 설명하는 큐브리드 질의 최적화기의 동작과 관련 개념을 이해하고 각자 환경에 맞게 적용한다면 하드웨어에 투자하는 것 이상의 성능 향상을 끌어낼 수도 있을 것이다.

데이터베이스 최적화

이 절에서는 데이터베이스 성능을 고려해 시스템을 구축하고 시스템 파라미터를 최적화하는 방법을 소개한다. 먼저 성능을 최적화할 수 있게 시스템을 구축하는 방법을 알아보자.

데이터베이스 서버는 기본적으로 디스크 수준에서도 이중화가 필요하기 때문에 RAID[39] 1+0 구성을 사용하는데, 데이터베이스 설치 시 데이터베이스 데이터 볼륨과 데이터베이스 로그를 별도의 디스크에 분리해 저장하는 것이 좀 더 성능을 높일 수 있는 방법이다. 데이터 볼륨, 인덱스 볼륨과 같은 데이터베이스 볼륨에서 발생하는 I/O는 대부분 랜덤 I/O 형태이고 데이터베이스 로그에서 발생하는 I/O는 순차 I/O 형태이므로, 물리적인 디스크를 분리해 I/O 형태를 분산해 서로 영향받지 않는 구조가 성능상 유리하다. 데이터베이스 서버 디스크로 SSD와 SAS 디스크를 혼용하는 경우에는 SAS 디스크에는 데이터베이스 로그나 백업을 저장하고 SSD를 데이터베이스 데이터 볼륨 전용으로 사용하면 성능을 높일 수 있다. SSD를 데이터베이스 볼륨으로 사용하는 경우에는 RAID 1+0보다는 디스크 공간을 더 크게 확보할 수 있는 RAID 5 형태의 사용을 권장한다.

다음으로, 로깅 관련 몇 가지 파라미터와 구성에 대해 알아보자. 네이버에서 데이터베이스 로그 파일 크기 표준은 500MB다. 로그는 특성상 삭제와 생성이 반복되기 때문에 크기가 500MB 이상이면 성능에 좋지 않다.

보관 로그 파일이 저장될 수 있는 최대 개수는 log_max_archives 파라미터에 설정한다. 그런데 데이터 마이그레이션이나 대량 배치와 같은 패턴으로 사용되는 경우에는 많은 양의 보관 로그 파일이 쌓였다가 일시에 지워지는 일이 종종 발생한다. 이렇게 파일이 대량으로 한꺼번에 삭제되는 일이 발생하면 마스터 데이터베이스 서버의 I/O 부하가 너무 커질 수 있다. 이를 방지하려면 보관 로그 삭제를 천천히 진행하도록 시스템 파라미터를 설정해야 한다. remove_log_archive_interval_in_secs 파라미터가 이에 해당하며, 디스크 공간이 충분하다면 60(단위: 초) 정도로 설정해 천천히 삭제하는 것을 권장한다.

이와 비슷하게, 데이터베이스 체크포인트 시에도 마스터 데이터베이스에 영향을 주지 않도록 천천히 디스크에 반영해야 할 때가 있다. 특히 마이그레이션이나 대량 배치로 인해 데이터 변경이 많이 발생하는 경우이 설정이 반드시 필요하다. checkpoint_sleep_msecs 파라미터가 이에 해당하며, 일정 페이지를 반영한 뒤에 설정한 시간만큼 쉬었다가 동작하는 방식이다. 이 값을 너무 크게 설정하면 오히려 체크포인트 작업이 계속 밀릴 수 있으니 적정한 값으로 설정하는 것이 좋다. 네이버에서는 10(단위: 밀리초) 정도로 설정하는 것이 표준이다.

---

39 redundant array of independent disks의 약자로, 저장 장치의 신뢰성을 높이거나 성능을 향상시키는 등의 목적으로 여러 디스크를 하나의 논리적 단위로 구성하는 기술. 자세한 내용은 위키백과의 "RAID" 항목(http://ko.wikipedia.org/wiki/RAID)을 참고한다.

질의 최적화기

큐브리드 질의를 튜닝하려면 먼저 큐브리드에서 어떤 과정을 거쳐 질의가 실행되는지 정확하게 아는 것이 중요하다. 사용자가 작성한 질의는 여러 복잡한 과정을 거쳐야만 데이터베이스에 저장된 데이터를 읽고 결과를 반환할 수 있다. 이 중 가장 복잡한 과정이라면 단연코 질의 최적화기(query optimizer)라 할 수 있다. 질의 최적화기는 질의 성능을 판가름하는 핵심이기 때문에 질의 최적화기에 대해 잘 모른다면 질의를 튜닝할 수 없다.

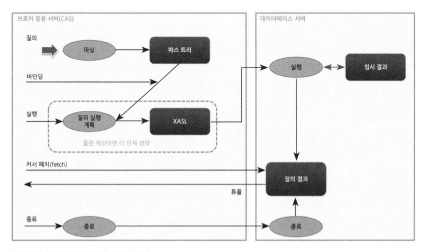

그림 10-1 큐브리드 질의 실행 과정

질의 최적화기는 DBMS 핵심 엔진에 속한다. 질의 최적화기는 질의를 가장 빠르고 효율적으로 실행할 계획을 수립하고 그중 최적의 실행 계획을 선택한다. 질의 최적화기는 문자열로 된 질의를 그대로 이해할 수 없기 때문에 컴파일을 선행해야 한다. 컴파일은 문자열의 SQL을 분석하고 질의 최적화기가 이해할 수 있는 수준으로 각 요소를 분리해서 파스 트리(parse tree)를 만드는 것이다. 질의 최적화기는 컴파일 결과 생성된 파스 트리를 보고 질의 실행 과정에 어떤 테이블이 필요한지 알아낸 후, 데이터베이스 서버에서 해당 테이블에 대한 통계 정보를 가져와 질의 실행 계획 수립을 준비한다.

DBMS의 질의 최적화기는 작동 방식에 따라 규칙 기반 최적화기(rule-based optimizer)와 비용 기반 최적화기(cost-based optimizer)로 구분할 수 있다. 규칙 기반 최적화기는 이용 가능한 인덱스 유무, 질의에 사용되는 연산자 종류, 참조하는 테이블 순서에 따른 우선순위 규칙을 정해두고 이 규칙에 따라 질의 실행 계획을 생성한다. 반면 비용 기반 최적화기는 통계 정보를 고려해 질의 실행 계획 후보를 생성하고 총 비용이 가장 낮은 질의 실행 계획을 선택한다. 큐브리드는 비용 기반 최적화기를 기본으로, 규칙 기반 최적화기의 장점을 일부 채택해 사용한다.

비용 기반 최적화기의 가장 중요한 요소는 통계 정보다. 통계 정보가 갱신되지 않아서 통계 정보가 실제 데이터와 다르다면 엉뚱한 질의 실행 계획 때문에 어느 순간 갑자기 서비스가 느려질 수 있다. 큐브리드가 수집하고 질의 최적화기에 제공하는 통계 정보는 다음과 같다.

- 테이블의 레코드 개수

- 힙(heap) 페이지 개수

- 칼럼 개수

- 인덱스의 전체 페이지 개수

- 단말 페이지(leaf page) 개수

- 트리의 깊이(depth)

- 인덱스 칼럼의 고유한 값(distinct value)

- 데이터 분포도

- 숫자 자료형 데이터의 최솟값/최댓값

이 정보는 데이터가 증가함에 따라 자동으로 수집되지 않기 때문에 주기적으로 통계 정보를 갱신해야 하며, cubrid 유틸리티(cubrid optimizedb)나 질의(UPDATE STATISTICS ON)를 사용해 통계 정보를 갱신할 수 있다. 큐브리드 9.2까지는 통계 정보를 갱신하려면 테이블 전체를 스캔하면서 상당한 비용이 들기 때문에 대용량 테이블일수록 테이블 사용이 적을 때 통계 정보를 갱신하는 것이 좋다. 그러나 9.3부터는 통계 정보를 샘플링하므로 통계 정보 갱신에 대한 부담이 적다.

통계 정보를 수집하면 질의 최적화기는 각 테이블 간의 조인 관계를 분석해 질의 실행 계획 후보를 만들고, 각 후보마다 비용을 계산해 총 비용이 가장 낮은 질의 실행 계획을 선택한다.

인덱스

인덱스는 데이터를 효율적으로 조회할 수 있게 돕는 데이터 구조다. 성능 향상에 필수지만 인덱스를 간과하거나 잘못 이해하면 성능 문제의 원인이 되기도 한다. 여기서는 큐브리드에서 사용되는 인덱스의 종류와 특징을 알아보겠다.

큐브리드의 인덱스는 기본적으로 키 영역을 저장하는 중간 노드(non-leaf node)와 데이터 영역을 저장하는 단말 노드(leaf node)로 나뉜 B+ 트리 구조의 인덱스를 사용한다.

인덱스는 인덱스 키값으로 데이터가 정렬돼 있는지에 따라 클러스터형 인덱스(clustered index)와 비클러스터형 인덱스(non-clustered index)로 구분할 수 있다.

클러스터형 인덱스는 단말 노드에 인덱스 키뿐만 아니라 데이터도 함께 저장되며, 인덱스의 순서가 곧 데이터의 순서라고 할 수 있다. 하나의 테이블에 생성 가능한 클러스터형 인덱스의 개수는 하나다.

비클러스터형 인덱스는 단말 노드에 인덱스 키와 함께 데이터의 주소만 저장되며, 데이터는 별도의 저장 공간인 힙(heap)에 저장된다. 즉, 인덱스의 순서가 데이터의 순서와 일치하지 않는다. 큐브리드는 비클러스터형 인덱스만 지원하며 데이터 주소는 OID(object identifier)라는 형식으로 저장한다.

클러스터형 인덱스가 없는 테이블을 힙 구조의 테이블이라고 하며, 데이터 저장 순서는 인덱스와 무관하다. 만약 인덱스를 스캔하면서 추출하는 테이블 데이터의 범위가 넓다면 클러스터형 인덱스에 비해 다량의 랜덤 액세스(random access)가 발생할 수 있다.

인덱스가 키 칼럼순으로 정렬돼 있기 때문에 특정 위치에서 검색을 시작해 검색 조건에 일치하지 않는 값을 만나는 순간 검색을 멈출 수 있다. 이를 인덱스 범위 스캔(index range scan)이라고 한다.

예를 들어, 다음과 같은 질의를 실행한다고 가정하자.

```
SELECT *
FROM tbl
WHERE age BETWEEN 21 AND 24;
```

이 질의를 실행할 때 인덱스 범위 스캔은 다음과 같이 동작한다.

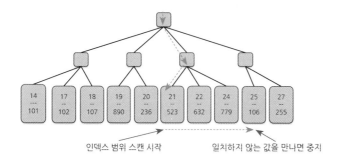

그림 10-2 인덱스 범위 스캔 동작

인덱스 범위 스캔을 사용하면 특정 범위를 검색하기 위해 테이블 전체 스캔(table full scan)을 하지 않고도 신속하게 데이터를 가져올 수 있다. 하지만 데이터 범위가 크다면 다량의 랜덤 액세스로 성능이 떨어질 수 있으므로 데이터 범위에 따라 인덱스를 사용할 것인지를 미리 생각해봐야 한다.

질의 처리 과정

큐브리드는 질의를 처리할 때 질의 실행 계획에 따라 키 범위(key range), 키 필터(key filter), 데이터 필터 (data filter), 정렬 과정을 거쳐 최종 결과 데이터를 반환한다. 다음 예를 통해 질의가 처리되는 과정을 살펴 보자.

인덱스가 (a,b)로 구성돼 있는 상황에서 다음과 같은 질의를 수행한다고 가정하자.

```
SELECT *
FROM tbl
WHERE a > 1 AND a < 5 AND b < 'K' AND c LIKE '123456%';
```

큐브리드는 먼저 키 범위에 해당하는 인덱스 위치를 스캔하면서 키 필터를 적용해 키값이 조건에 맞는 노드에 저장된 OID를 OID 버퍼에 담는다. 이 과정은 키 범위의 시작부터 끝까지 계속된다. 이렇게 수집한 OID를 이용해 데이터 페이지에서 해당 레코드를 찾고 데이터 필터를 적용해 SELECT에 지정된 칼럼값을 결과로 반환한다.

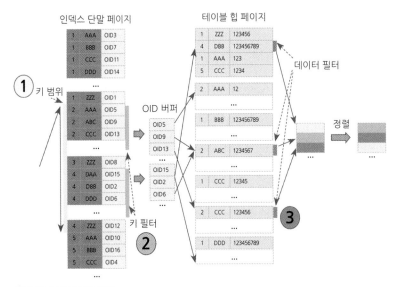

그림 10-3 질의 처리 과정

이제부터 질의 처리 과정의 각 단계를 자세히 살펴보겠다.

키 범위

인덱스 스캔 범위로 활용되는 조건을 키 범위라고 한다. 여기서는 a 〉 1 AND a 〈 5가 키 범위에 해당한다.

큐브리드가 스캔해야 할 범위가 키 범위로 결정되며 동시에 처리 성능에도 영향을 준다. 키 범위를 얼마나 적절하게 잘 지정하느냐에 따라 나중에 키 필터, 데이터 필터 과정에서 처리해야 할 데이터의 양이 결정되기 때문이다. 키 범위의 시작부터 끝까지 스캔하며 OID를 수집하고, 여기서 수집한 OID는 OID 버퍼에 보관했다가 뒤의 데이터 필터 단계에서 꺼내 쓴다.

키 필터

키 범위에 포함되지 않으나 인덱스로 처리 가능한 조건이 키 필터로 처리된다. 여기서는 b 〈 'K'가 키 필터에 해당한다.

키 필터는 키 범위를 만족하는 모든 인덱스 페이지를 읽으면서 필터링하기 때문에 키 범위에 의해 걸러진 결과 건수가 많을 경우 키 필터 연산을 수행하는 비용이 많이 소모될 수 있다. 질의 실행 계획에는 다음과 같이 출력된다.

```
Join graph terms:
term[0]: tbl.b range (min inf_lt 'K') (sel 0.1) (rank 2) (sarg term) (not-join eligible)
(indexable b[0]) (loc 0)
term[1]: tbl.c range ('12356' ge_lt '12357') (sel 0.01) (rank 2) (sarg term) (not-join
eligible) (loc 0)
term[2]: tbl.a range (1 gt_lt 5) (sel 0.01) (rank 2) (sarg term) (not-join eligible) (indexable
a[0]) (loc 0)

Query plan:

iscan
    class: tbl node[0]
    index: i_tbl_a_b term[2]
    filtr: term[0]
    sargs: term[1]
    cost:  1 card 1
```

이 질의 실행 계획에서 term[2]가 키 범위, term[0]이 키 필터, term[1]이 데이터 필터임을 알 수 있다.

데이터 필터

인덱스에 포함되지 않아 실제 데이터 페이지의 레코드를 읽는 시점에 적용하는 조건을 데이터 필터라고 한다. 여기서는 c LIKE '123456%'가 데이터 필터에 해당한다.

키 범위와 키 필터를 통해 수집한 OID 버퍼에 저장된 OID를 하나씩 데이터 페이지에서 랜덤 액세스해 레코드 위치를 찾은 후, 해당 칼럼의 값이 유효한지 데이터 필터를 통해 확인해 유효한 값을 임시 페이지에 저장한다.

성능 관점에서는 키 범위 〉 키 필터 〉 데이터 필터 순서로 성능 향상 효과가 크다. 질의를 튜닝하는 가장 기본적인 방법은 키 필터 또는 데이터 필터를 되도록 없애고 키 범위를 줄이는 것이다.

커버링 인덱스

SELECT 문에서 WHERE, GROUP BY, ORDER BY를 구성하는 칼럼 모두와 SELECT 리스트에 지정된 칼럼 모두를 인덱스에 포함하면 데이터 페이지에 랜덤 액세스가 발생하지 않는데, 이러한 기법을 커버링 인덱스(covering index) 기법이라고 한다. 질의 실행 계획에서는 (covers)라고 표시되는데, 인덱스 내에서만 처리되기 때문에 성능에 매우 유리한 기법이다.

예를 들어 인덱스의 칼럼이 (a, b)로 구성돼 있는 상태에서 다음과 같은 질의를 수행하면 커버링 인덱스가 적용돼 데이터 페이지에 접근하지 않는다.

```
SELECT a,b FROM tbl where a > 1 AND a < 5 AND b < 'K' ORDER BY b;
```

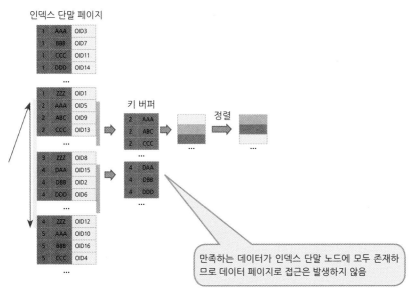

인덱스 단말 페이지

키 버퍼

정렬

만족하는 데이터가 인덱스 단말 노드에 모두 존재하므로 데이터 페이지로 접근은 발생하지 않음

그림 10-4 커버링 인덱스가 적용된 예

정렬 작업 생략

정렬 작업 생략(skip order by)이란 질의문의 정렬 칼럼 순서와 인덱스의 칼럼 순서가 일치하는 경우 정렬 작업을 생략하는 기법이다. 이 기법이 적용되면 질의 실행 계획에는 (skip order by)라고 출력된다. 정렬 조건이 인덱스에 포함돼 이미 정렬된 상태이므로 별도로 정렬하는 데 자원을 소모하지 않아 성능이 향상된다. 결과 건수가 많으면 별도의 정렬 작업이 발생하느냐에 따라 성능 차이가 클 수 있기 때문에 정렬 조건을 확인해 인덱스 칼럼을 효율적으로 구성하는 것이 좋다.

(a, b)로 구성된 인덱스가 있을 경우 정렬 작업 생략 여부에 따른 동작 방식의 차이를 살펴보자.

정렬 작업이 생략되지 않는 경우

```
SELECT *
FROM tbl
WHERE a=2 and b < 'K' ORDER BY C;
```

이 경우 결과를 가져온 뒤에 C 칼럼값을 기준으로 정렬 작업이 수행된다.

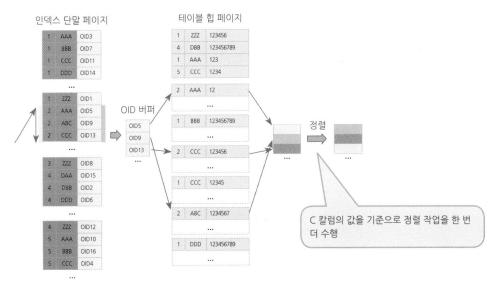

그림 10-5 정렬 작업이 생략되지 않는 예

정렬 작업이 생략되는 경우

```
SELECT *
FROM tbl
WHERE a=2 AND b < 'K' ORDER BY b;
```

이 경우 인덱스 칼럼 순서가 칼럼 정렬 순서와 같기 때문에 별도의 정렬 작업이 생략된다.

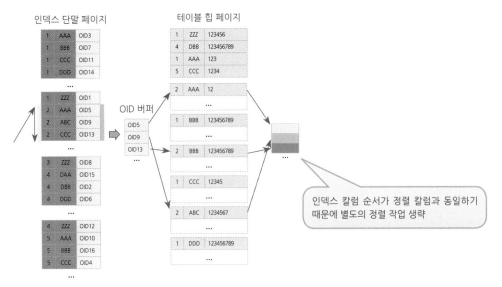

그림 10-6 정렬 작업이 생략되는 예

그룹화 작업 생략

그룹화 작업 생략(skip group by)이란 정렬과 마찬가지로 GROUP BY 질의 수행 시에도 칼럼 및 검색 조건이 인덱스 칼럼 정렬 순서와 일치하면 별도의 정렬 없이 인덱스에 정렬된 값을 활용해 결과를 추출하는 기법이다. 질의 실행 계획에는 (skip group by)라고 출력된다. 예를 들어 (a, b)로 인덱스가 구성돼 있을 경우, 다음과 같은 질의를 수행하면 인덱스 칼럼이 GROUP BY 칼럼과 동일하기 때문에 별도의 정렬 없이 그룹화된 결과를 가져올 수 있다.

```
SELECT COUNT(*)
FROM tbl
WHERE a > 1 AND a < 5 AND b < 'K' AND c > 10000 GROUP BY a;
```

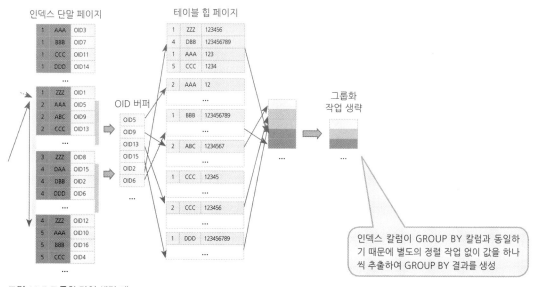

그림 10-7 그룹화 작업 생략 예

내림차순 인덱스 스캔

내림차순 인덱스 스캔(descending index scan)이란 인덱스의 정렬 순서와 반대되는 정렬 조건으로 질의를 수행할 때 인덱스의 뒤에서 앞으로 스캔해 결과를 가져오는 기법이다. 예를 들어 (a ASC, b ASC) 순서로 인덱스가 구성돼 있을 경우, 다음과 같은 질의를 수행할 때 인덱스를 뒤에서 앞으로 스캔해 결과를 가져올 수 있다. 내림차순 인덱스 스캔이 적용되면 질의 실행 계획에서는 (desc_index)라고 출력된다.

```
SELECT *
FROM tbl
WHERE a=2 AND b < 'K' ORDER BY b DESC;
```

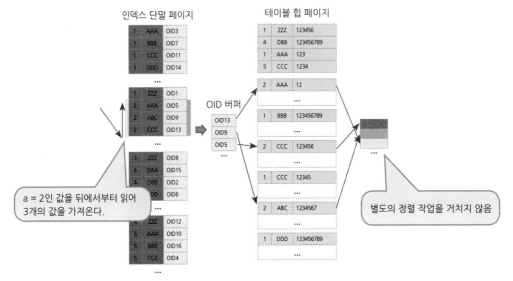

그림 10-8 내림차순 인덱스 스캔의 예

NULL 처리

큐브리드에서는 NULL을 인덱스에 포함하지 않으며, 인덱스 통계 정보에서 NULL의 개수를 관리할 뿐이다. 따라서 IS NOT NULL 또는 IS NULL 등의 비교 연산에 인덱스를 활용할 수 없다. 다만 IS NOT NULL 조건에 대해서는 다음과 같은 조건을 추가하면 인덱스를 활용할 수 있다.

- **문자 자료형:** WHERE 칼럼 > ''
- **숫자 자료형:** WHERE 칼럼 > 실제 값에는 쓰이지 않는 최솟값(예: INT 자료형이면 -2,147,483,648)

인덱스 최적화

인덱스를 최적화할 때 고려해야 할 사항은 다음과 같다.

- 인덱스를 선정할 때에는 데이터 분포를 고려해야 한다. 데이터 분포가 고르지 않으면 성능에 불리하며, 인덱스에 중복된 값이 많으면 삭제가 느려질 수 있다. 만약 중복된 값이 많은 칼럼(예: 남/여)을 인덱스로 선정해야 한다면 분포가 고른 더미 칼럼을 인덱스에 추가해 인위적으로 분포를 개선할 수 있다.

- 인덱스를 새로 추가하면 기존 질의 실행 계획에 영향을 줄 수 있다. 인덱스를 단 하나 추가하더라도 해당 인덱스의 테이블을 포함하는 질의 전체에 대해 인덱스의 액세스 패턴과 인덱스 분석이 필요하다.

- 인덱스가 지나치게 많으면 데이터를 변경할 때 비용이 더 많이 들 수 있으며, 그 결과 DML(data manipulation language) 성능이 떨어질 수 있다. 따라서 꼭 필요한 인덱스만 선정해야 한다.

- 커버링 인덱스를 활용할 수 있게 인덱스를 구성하는 것이 좋다. 커버링 인덱스는 랜덤 액세스를 발생시키지 않으므로 성능을 개선하는 매우 좋은 방법이다. 단, 인덱스에 대한 갱신 비용을 감안해 인덱스를 구성하는 전체 칼럼의 크기가 너무 커지지 않도록 유의한다.

- 정렬은 인덱스를 사용할 수 있게 구성하는 것이 좋다. 정렬 작업 생략이나 그룹화 정렬 생략 기법이 적용되면 ORDER BY나 GROUP BY로 인한 정렬 비용이 별도로 발생하지 않는다.

조인

일반적으로 DBMS에서 사용하는 조인 연산의 종류에는 내부 조인, 외부 조인, 교차 조인 등이 있다. 조인 연산을 수행하는 방법에는 중첩된 루프 조인, 정렬 병합 조인, 해시 조인이 있는데, 조인 방법의 특성은 각각 다르므로 용도에 따라 구분해서 사용해야 하고, 원하는 실행 계획이 아닐 경우에는 질의를 수정해서 질의 최적화기가 질의 상황에 맞는 조인 방식을 사용하도록 유도해야 한다. 여기서는 조인 연산의 종류와 조인 연산을 수행하는 여러 가지 방법을 살펴본다.

조인 연산의 종류

조인은 두 테이블의 결합 조건을 지정해 새로운 집합을 만드는 데 사용한다. 특히, 1:M 관계의 테이블을 조인하면 1에 해당하는 테이블의 데이터가 M개만큼 복제된 것처럼 집합을 만드는 특징이 있다. 조인의 종류로는 내부 조인(inner join), 외부 조인(outer join), 교차 조인(cross join)이 있다.

다음은 조인 종류별 질의 작성 예다. FROM 절에 결합할 테이블을 나열하면서 CROSS, INNER, LEFT OUTER, RIGHT OUTER를 명시한 후 ON 절에서 결합 조건을 명시한다.

```
SELECT a.code, a.name, g.athlete_code, g.game_date, g.medal
FROM athlete a
[CROSS | INNER | LEFT OUTER] JOIN game g ON a.code = g.athlete_code AND g.host_year = 2004
WHERE a.nation_code = 'KOR' AND a.event = 'Archery' AND g.host_year = 2004
```

내부 조인

조인 칼럼을 기준으로 일치하는 레코드만 집합으로 만드는 것이 내부 조인 방식이다. 두 테이블 간의 결합 칼럼값이 일치하지 않으면 결과 집합에서 제외되는 특징이 있으며, 일반적으로 많이 사용하는 조인 방식이다.

외부 조인

결합하는 두 테이블 중 한 테이블의 데이터를 기준으로 데이터 집합을 만들려면 외부 조인을 사용한다. 즉, 기준 테이블에 대응되는 데이터가 조인에 결합하는 다른 테이블에 없다고 하더라도 데이터가 집합에 제외되지 않으며, 결합할 데이터가 없는 칼럼은 NULL로 표현된다.

외부 조인은 결합하는 테이블의 왼쪽을 기준으로 할 것인지 오른쪽을 기준으로 할 것인지에 따라 왼쪽 외부 조인, 오른쪽 외부 조인으로 구분할 수 있다.

외부 조인 질의를 작성할 때 주의해야 할 점은 기준이 되는 테이블(왼쪽 내부 조인의 경우 왼쪽 테이블)의 필터 조건은 WHERE 절에 명시되고 다른 쪽 테이블(왼쪽 내부 조인의 경우 오른쪽 테이블)의 필터 조건은 ON 절 내부에 명시돼야 한다는 점이다. 만약 기준이 아닌 쪽 테이블의 필터 조건이 WHERE 절에 명시되면 외부 조인한 집합에 필터를 적용하므로 내부 조인이 될 수 있다. 다음 질의의 실행 계획을 보면 명확하게 알 수 있다.

```
SELECT a.code, a.name, g.athlete_code, g.game_date, g.medal
FROM athlete a
LEFT OUTER JOIN game g ON a.code = g.athlete_code AND g.host_year = 2004     (1)
WHERE a.nation_code = 'KOR' AND a.event = 'Archery' AND g.host_year = 2004     (2)
```

필터 조건을 (1)처럼 ON에 추가하면 실행 계획이 (left outer join)으로 출력되지만 (2)처럼 WHERE에 추가하면 왼쪽 외부 조인으로 질의문을 작성했더라도 질의 실행 계획과 결과 모두 (inner join)으로 출력된다.

교차 조인

교차 조인은 결합하는 두 테이블에 각각 M개의 행과 N개의 행이 있을 때 M과 N의 곱으로 집합을 만드는 방식으로, 이를 데카르트 곱(cartesian product)이라고 한다. 교차 조인을 의도적으로 실행하는 OLAP(on-line analytical processing)의 특수한 경우 외에는 대부분 질의 작성 시 실수로 WHERE 절에 결합 조건을 빠트리는 경우다. 의도치 않은 교차 조인으로 인해 데이터베이스의 데이터 처리량이 갑자기 증가해서 장애로 이어질 수 있으니 질의 작성 시 테이블 간 결합 조건을 잘 고려해야 한다.

다음 그림은 지금까지 소개한 조인 유형을 집합 다이어그램으로 그려본 것이다. 조인 연산의 종류로는 이 밖에 완전 외부 조인(full outer join)이 있는데 큐브리드는 이를 지원하지 않는다.

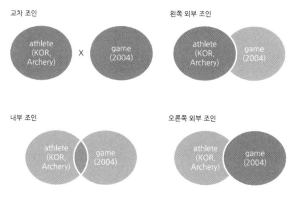

그림 10-9 조인 연산 종류

조인과 집합 연산

둘 이상의 테이블에서 연관된 데이터를 조회하는 방법으로, 조인 외에 집합 연산이 있다. 먼저 집합 연산에 대해 간단히 설명하고 그 차이점을 알아보겠다.

집합 연산자는 두 집합에 대한 연산으로 새로운 집합을 만들 때 사용한다. 집합 연산자에는 UNION, UNION ALL, DIFFERENCE, DIFFERENCE ALL, INTERSECT, INTERSECT ALL이 있는데, UNION과 UNION ALL 연산은 합집합을 만드는 데 사용하고, DIFFERENCE와 DIFFERENCE ALL 은 차집합을, INTERSECT와 INTERSECT ALL은 교집합을 만드는 데 사용한다.

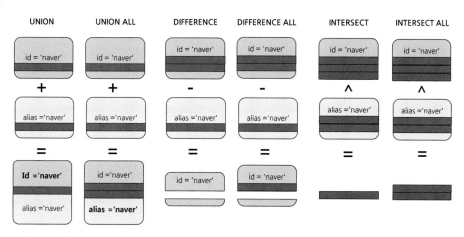

그림 10-10 집합 연산자 동작

- **UNION, UNION ALL**

  UNION과 UNION ALL은 모두 합집합을 만드는 연산자이지만 성능에 영향을 줄 수 있는 다른 특징이 있으므로 사용 용도에 따라 구분해서 사용해야 한다. UNION ALL은 UNION과 달리 중복을 제거하지 않아 새로 만든 집합을 정렬하지 않으므로 질의 성능에 차이가 생길 수 있다. 질의 결과 집합이 이미 중복이 제거된 집합이라면 UNION ALL을 사용하는 것이 더 효율적이다.

- **DIFFERENCE, DIFFERENCE ALL**

  DIFFERENCE와 DIFFERENCE ALL은 A 집합에서 A와 B 집합의 공통 부분을 제거한 집합을 만드는 데 사용한다. DIFFERENCE ALL은 중복을 제거하지 않는다.

- **INTERSECT, INTERSECT ALL**

  INTERSECT는 두 집합 사이에 일치하는 데이터만으로 집합을 만든다. INTERSECT ALL은 중복을 제거하지 않는다.

조인은 1 : M 결합 시 M개만큼 복제가 발생하는 데 비해 집합 연산은 중복되는 데이터를 어떻게 처리할지 결정할 뿐 복제하지는 않는다. 조인은 A와 B를 결합하면 가로 방향으로도 확장(결과 집합의 칼럼 개수가 증가)되는 반면 집합 연산은 가로 방향 변경 없이 세로 방향의 변화만 발생하는 것이 특징이다.

조인 방법

중첩된 루프 조인

최근 관계형 데이터베이스 시스템을 가장 많이 사용하는 분야는 아마도 웹 서비스가 아닐까 싶다. 즉, OLTP(on-line transaction processing) 성격의 작업이 가장 많다고 볼 수 있다. 빠른 시간 내에 데이터를 탐색하고 결과를 만들어 사용자에게 보여주는 OLTP에서 아마도 가장 많이 사용되는 조인 방식은 중첩된 루프 조인(nested loop join)일 것이다.

중첩된 루프 조인의 주요 용도는 좁은 범위의 데이터를 추출해 결과로 반환해야 하는 분야이며, 부분 범위 처리가 가능해서 조인에 성공하는 데이터를 먼저 사용자에게 반환할 수 있기 때문에 반응이 빨라야 하는 경우에 사용한다. 중첩된 루프 조인은 특성상 랜덤 I/O가 많이 발생할 수밖에 없으므로 넓은 범위의 데이터를 검색해 대량의 데이터를 추출하는 용도로 사용해야 한다면 적절하지 않을 수 있다. 이런 경우에는 보통, 뒤에서 설명하는 정렬 병합 조인(sort merge join)이나 해시 조인(hash join)을 권장한다.

조인 시 결합되는 테이블은 스캔 순서에 따라 선행 테이블과 후행 테이블로 구분할 수 있다. 후행 테이블에서 조인에 사용되는 칼럼에는 반드시 인덱스가 있어야 한다. 인덱스가 없으면 선행 칼럼값과 후행 칼럼값을 비교할 때 선행 칼럼의 데이터 개수만큼 비교해야 하며, 그 횟수만큼 테이블 전체 스캔이 발생해 성능에 좋지 않은 영향을 준다. 또한 선행 테이블의 처리 범위가 넓으면 넓을수록 처리 속도는 떨어진다. 선행 테이블의 처리 범위만큼 후행 테이블을 처리하는 횟수가 많아지기 때문이다. 선행 테이블의 필터 조건이 좋아야 선행 테이블 처리 범위가 줄어, 조인에 참여하는 레코드의 개수도 적어지고 질의 응답 속도도 개선된다.

다음 그림에 중첩된 루프 조인의 처리 절차를 표현했다. 왼쪽 테이블이 선행 테이블이고 오른쪽 테이블이 후행 테이블이다. 선행 테이블에서 데이터를 탐색한 후 조건에 만족하는 데이터에 대해 후행 테이블 칼럼의 인덱스를 탐색한 후 데이터를 추출한다.

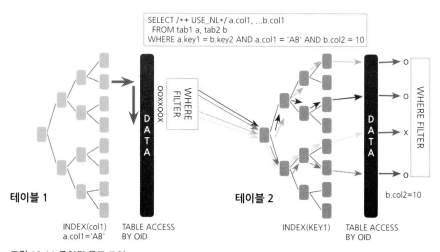

그림 10-11 중첩된 루프 조인

중첩된 루프 조인 방식에서 랜덤 I/O가 많이 발생하는 원인은 후행 테이블에서 선행 테이블과 조인에 필요한 값을 탐색한 후 다시 데이터를 탐색해야 하기 때문이다. 후행 테이블의 조인 칼럼에는 반드시 인덱스가 있어야 하며, SELECT에 나열된 칼럼이 인덱스에 포함돼 있다면 데이터를 탐색하지 않고 인덱스만으로도 탐색할 수 있기 때문에 테이블의 랜덤 I/O를 줄일 수 있다. 물론 선행 테이블도 커버링 인덱스를 사용할 수 있다면 인덱스만으로 데이터를 추출할 수 있기 때문에 중첩된 루프 조인에서 최적의 성능을 보여준다.

이때 중첩된 루프 조인에서 인덱스가 사용되면서 질의 실행 계획에서 (idx-join)으로 출력된다.

참고로 그림 10-11에서 왼쪽에 있는 선행 테이블을 보면 인덱스를 탐색한 후 OID를 이용해 데이터에 접근하는 것을 볼 수 있다. 큐브리드는 테이블의 레코드가 저장되는 위치를 관리하기 위해 OID라는 주소를 이용한다. OID는 레코드의 논리적 위치를 가리키며, 인덱스는 이 OID를 갖고 있다가 빠르게 데이터에 접근한다.

정렬 병합 조인

전통적으로 RDBMS를 사용하는 분야는 OLTP 그리고 OLAP다. OLTP는 좁은 범위의 데이터에서 빠른 속도로 결과를 만들어 제공하는 것이 목적으로, 빠른 반응이 핵심이다. 그에 비해 OLAP, 즉 일괄 처리(batch) 작업은 비교적 넓은 범위의 데이터를 추출하기 위한 것으로, OLTP에 비해 빠른 반응이 필요한 것은 아니다. OLAP에서 많이 사용하는 조인 방식 중 하나가 바로 정렬 병합 조인과 해시 조인인데, 우선 정렬 병합 조인을 살펴보겠다.

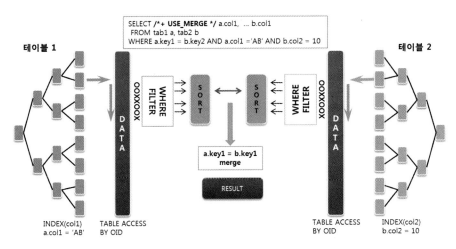

그림 10-12 정렬 병합 조인

중첩된 루프 조인에서는 선행 테이블과 후행 테이블 개념이 있고 선행 테이블의 범위가 충분히 좁혀져야 질의 성능이 향상된다. 반면 정렬 병합 조인에서는 조인에 사용되는 두 테이블 사이에는 순서가 없으며, 각 테이블의 탐색 범위가 좁으면 당연히 성능은 높아지겠지만 두 테이블 중 어느 쪽이 범위가 넓고 좁은가는 성능에 있어서 고려 사항이 아니다.

그 이름에서 알 수 있듯이, 정렬 병합 조인 방식에서는 각 테이블의 데이터를 추출해 각각 정렬한 후 병합한다. 이 과정에서 데이터를 추출한다는 것은 메모리에서 작업하는 것을 의미하며, 메모리가 부족할 경우 당연히 임시 볼륨과 같은 디스크에 저장되므로 디스크 I/O가 발생할 수 있다. 조인에 사용되는 양쪽 테이블을 모두 정렬한 후 병합하는 과정에서는 두 조인 조건의 칼럼값을 비교해가면서 데이터를 만든다. 이렇게 조인에 필요한 데이터를 모두 추출한 후 조인을 시도하기 때문에 조인 연결 고리에 사용되는 칼럼 사이의 처리 성능보다는 각 테이블의 검색 조건으로 추출한 데이터의 양에 비례해서 성능 차이가 발생한다. 두 테이블의 데이터를 우선 추출한 후 조인하므로 중첩된 루프 조인과 달리 부분 범위를 처리하지 못한다.

만약 조인 칼럼에 인덱스가 있다면 해당 테이블은 별도로 정렬하지 않는다.

큐브리드에서 정렬 병합 조인은 질의 실행 계획에 (m-join)으로 출력된다. 만약, OLTP 성격의 질의 실행 계획으로 (m-join)이 출력된다면 질의 최적화나 인덱스 최적화가 필요할 수도 있다.

해시 조인

해시 조인은 OLAP 성격의 작업에 사용되는 정렬 병합 조인의 가장 큰 단점인 디스크 I/O 문제를 해결하기 위해 생긴 기능이나, 큐브리드는 해시 조인을 지원하지 않는다. 조인에 참여하는 칼럼을 해시로 만들어 비교하는 방식이며 해시를 만드는 데 드는 시간은 CPU의 성능에 의존한다. 마땅히 사용할 인덱스가 없는 대량의 데이터를 조인해서 결과를 만드는 경우에 해시 조인이 사용될 수 있다.

상관 인덱스 조인

중첩된 루프 조인과 유사하나 후행 테이블에 인덱스가 있을 경우를 특정해서 상관 인덱스 조인(correlated index join)이라고 한다. 큐브리드에서 상관 인덱스 조인은 질의 실행 계획에서 (idx-join)으로 출력된다.

부질의

부질의(subquery)란 질의 내부에 포함된 질의를 말한다. 다음은 부질의가 포함될 수 있는 위치와 해당 위치에서 부질의가 갖는 특징이다.

- **SELECT:** 스칼라 부질의라고도 불리며, 다른 테이블의 값을 조회할 때 사용된다. 결과 행의 개수만큼 부질의 내의 테이블에 접근하며, 일치하는 행이 없으면 NULL을 반환한다. 주 질의(main query)의 결과 집합 개수에 영향을 주지 않으며, 부질의 내의 결과 건수는 반드시 하나여야 한다.
- **FROM:** 가상의 결과 집합을 만들어내기 때문에 인라인 뷰(inline view)라고도 불린다. 내부 조인이거나 왼쪽 외부 조인이더라도 1:N 관계이면 주 질의의 결과 집합 개수에 영향을 준다. 부질의 내의 칼럼을 SELECT 절에 사용할 수 있다.
- **WHERE:** 주 질의의 데이터를 필터링하는 데 사용된다. 주 질의의 결과 집합의 개수를 늘리지는 않고 동일하게 유지하거나 감소시킨다. 부질의 내의 칼럼을 SELECT 절에 사용할 수 없다.
- **HAVING:** GROUP BY의 HAVING 절 조건 작성 시 다른 테이블과 연관된 조건을 작성할 때 사용한다.

- **INSERT 문의 INTO 절**: 다른 테이블에서 추출한 값을 삽입할 때 사용된다.

- **UPDATE 문의 SET 절**: 다른 테이블에서 추출한 값으로 갱신할 때 사용된다.

부질의는 결과 건수에 따라서 다음과 같이 분류할 수 있는데, 결과 건수에 따라 사용할 수 있는 곳이 제한된다.

- **단일 행 부질의**: 반환 건수가 1건인 부질의. 단일 행 부질의가 WHERE 절에 위치하는 경우 =, <, > 등의 연산자를 사용할 수 있다. SELECT 절에 위치하는 부질의는 반드시 단일 행 부질의여야 한다.

- **복수 행 부질의**: 반환 건수가 2건 이상인 부질의. 복수 행 부질의를 WHERE 절에서 사용하는 경우 반드시 복수 행 연산자(IN, ANY, SOME, EXISTS 등)를 사용해야 한다.

- **다중 칼럼 부질의**: 부질의의 실행 결과로 여러 칼럼을 반환한다. 주 질의의 조건 절에서 여러 칼럼을 동시에 비교할 수 있으며 칼럼 순서는 동일해야 한다.

주 질의와의 연관성에 따라 분류하는 경우에는 상관 부질의(correlated subquery)와 비상관 부질의(noncorrelated subquery)로 분류하는데, 주 실의의 칼럼값에 의존하는 질의를 상관 부질의리 하고, 부질의를 떼어내어 단독으로 실행할 수 있는 질의를 비상관 부질의라 한다.

- **상관 부질의**: 부질의의 값이 주 질의의 값에 의존하며, 부질의 단독으로 실행될 수 없다. 주 질의의 결과 건수만큼 부질의의 테이블에 접근한다.

- **비상관 부질의**: 외부 질의를 참조하지 않고 단독으로 사용되는 부질의로, 부질의만 단독으로 실행해도 오류가 발생하지 않는다.

부질의 동작 방식의 차이에 의해 성능도 달라질 수 있다. 스칼라 부질의와 인라인 뷰를 사용하는 예를 살펴보자.

- 스칼라 부질의

```
SELECT a.code, a.name, g.lastdate ,(SELECT max(game_date) from game g1 where host_year =
2004  and g1.athlete_code = a.code) as lastdate
FROM  athlete a
WHERE a.nation_code = 'KOR' AND a.event = 'Archery'
```

- 인라인 뷰

```
SELECT a.code, a.name, g.lastdate
FROM   athlete a
INNER JOIN (SELECT athlete_code,max(game_date) as lastdate
               FROM game
               WHERE host_year = 2004
               group by athlete_code)  as g ON a.athlete_code = a.code
WHERE a.nation_code = 'KOR' AND a.event = 'Archery'
```

두 코드의 실행 결과는 같지만 동작 방식에는 차이가 있다. 스칼라 부질의는 주 질의를 수행하면서 추출된 결과를 하나씩 부질의의 조건식과 비교해 조건을 만족하면 결과를 반환하고 조건을 만족하지 않으면 NULL을 반환하는 방식으로 동작한다. 즉, 주 질의의 SELECT 결과 건수가 많다면 그만큼 많이 비교해야 하기 때문에 비효율적일 수 있다.

반면, 인라인 뷰는 부질의 결과를 별도의 메모리 공간에 임시 테이블로 만들어 놓고 주 질의와 조인하는 방식으로 동작한다. 부질의 결과가 적다면 비용이 적게 들지만 부질의 결과가 많다면 비효율적일 수 있다.

이처럼 데이터의 분포에 따라 성능에 차이를 보일 수 있기 때문에 데이터 분포를 고려해 스칼라 부질의를 사용할지 인라인 뷰 형태의 조인을 사용할지 적절히 판단할 필요가 있다.

복수 행 연산자

WHERE 절에서 복수 행 부질의를 사용해 주 질의의 데이터를 필터링하는 경우 복수 행 연산자를 사용해야 한다. 먼저 복수 행 연산자에 대해 간단히 알아보고 최적화 시 고려할 점을 알아보자. 복수 행 연산자에는 IN, SOME, ANY, ALL, EXISTS가 있으며, 조건을 만족하면 참(true)을 반환한다.

- EXISTS는 부질의를 실행한 결과가 하나 이상 존재하면 참을 반환한다.
- IN, SOME, ANY는 주 질의 칼럼값에 해당하는 부질의 결과가 하나 이상 존재하면 참을 반환한다.
- ALL은 주 질의 칼럼값이 부질의 결과를 모두 만족하는 경우 참을 반환한다.
- NOT IN, NOT EXISTS는 주 질의 칼럼값이 부질의 결과를 모두 만족하지 않는 경우에만 참을 반환한다.

다음은 복수 행 연산자를 사용하는 예다.

```
SELECT a.code, a.name, g.athlete_code, g.game_date, g.medal
FROM athlete a
WHERE a.nation_code = 'KOR' AND a.event = 'Archery'
AND a.code  {[NOT] IN |
                { = SOME | = ANY | = ALL }
            }
   (SELECT athlete_code
     FROM game g
     WHERE g.host_year = 2004)
AND EXISTS (SELECT * FROM game g where a.code = g.athlete_code and g.athlete_code = a.code)
```

IN, SOME, ANY, ALL과 EXISTS는 내부 동작의 차이로 인해 성능상 차이를 보인다. IN, SOME, ANY, ALL은 부질의의 결과에서 중복을 제거(DISTINCT)해 메모리에 임시 테이블을 만든 후 주 질의와 조인을 시도하며, 중복을 제거하는 과정에서 정렬이 발생한다. 이때 데이터양이 많으면 디스크의 임시 볼륨에서 정렬을 처리하므로 처리 속도가 떨어질 수 있다.

EXISTS는 주 질의를 수행하면서 부질의의 결과와 비교해서 만족하는 행을 찾아서 반환하므로 주 질의에 만족하는 행을 부질의에서 찾기 위해 부질의에서 랜덤 액세스가 발생할 수밖에 없다.

질의 비용 확인

질의의 정확한 비용을 보려면 질의가 수행될 때 큐브리드 서버가 읽는 물리적/논리적 페이지 I/O를 확인 해야 한다. 질의를 수행할 때 다음과 같은 구문을 추가해 함께 수행하면 페이지 I/O 비용 통계 정보가 출력 된다.

```
SET @collect_exec_stats=1 ; // 세션 변수 설정(통계 정보 수집)
SELECT … // 질의 수행
SHOW EXEC STATISTICS // 통계 정보 출력
```

수행 결과에는 많은 값이 출력되는데, I/O 비용·통계 정보는 다음 4가지다.

- **Num_data_page_fetches**: 데이터 페이지를 가져온(fetch) 횟수
- **Num_data_page_dirties**: 데이터 페이지를 변경한(dirty) 횟수
- **Num_data_page_ioreads**: 데이터 페이지를 디스크에서 읽은 횟수
- **Num_data_page_iowrites**: 데이터 페이지를 디스크로 쓴 횟수

질의 실행 계획 확인

질의 최적화기가 생성한 질의 실행 계획을 읽고 이해할 수 있어야 어떤 부분이 문제인지 진단하고 성능을 개선할 수 있을 것이다. 질의 실행 계획을 확인하는 방법은 여러 가지가 있는데, 여기서는 큐브리드 매니저의 질의 모드를 기준으로 설명한다.

질의 실행 계획을 확인하려면 큐브리드 매니저 질의 모드에서 질의 편집기를 열고, **질의 실행 계획 보기** ⓟ 를 클릭하거나 F6 키를 누른다. 질의 실행 계획을 출력하는 형식은 원본 출력, 트리 출력, 그래픽 출력의 3 가지가 있는데, 원본 출력은 텍스트 형태로 가장 자세한 정보를 제공하고, 한눈에 보기 편한 것은 그래픽 출력이다. 트리 출력에서는 가장 안쪽의 가장 윗줄부터 읽는다.

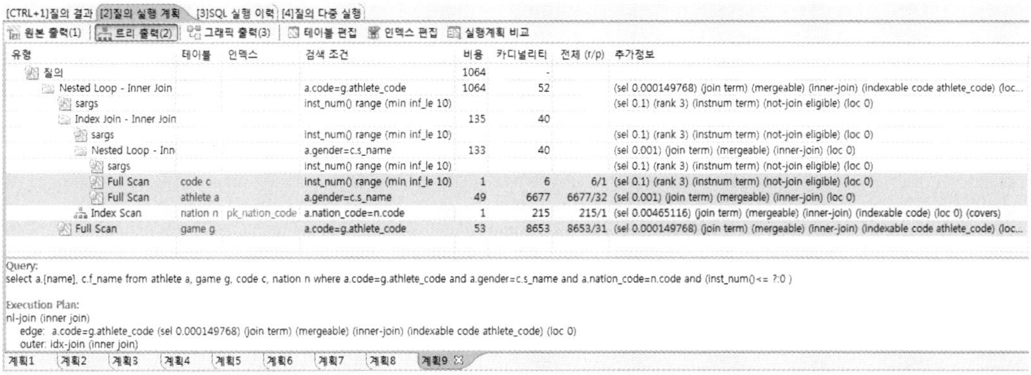

그림 10-13 질의 실행 계획 트리 출력

질의 실행 계획 트리 출력 화면에서 **비용**은 큐브리드가 내부적으로 정한 규칙에 따라 계산된 비용을 의미한다. 여러 개의 실행 계획이 있는 경우 비용이 적은 것을 선택한다. **카디널리티**는 선택될 것으로 예상되는 레코드의 개수를 의미한다. **전체 (r/p)**는 카디널리티/페이지를 순서대로 출력한 값이다.

질의 실행 계획을 트리 출력했을 때 배경이 분홍색으로 표시된 행은 테이블 전체 스캔을 나타내고, 연두색으로 표시된 행은 인덱스 스캔을 나타낸다. 분홍색으로 표시된 테이블 전체 스캔은 최적화할 방법이 없는지 주의 깊게 살펴봐야 한다.

이제 큐브리드 설치 시 기본적으로 생성되는 데이터베이스인 demodb에 몇 가지 질의를 실행해보면서 대표적인 질의 실행 계획을 살펴보자.

스캔

테이블 전체 스캔은 순차 스캔(sequential scan)이라고도 한다. 다음은 테이블 전체 스캔이 발생하는 예다. 동일한 질의가 여러 차례 실행돼도 질의 실행 계획이 항상 출력되도록 + RECOMPILE이라는 힌트를 추가했다.

```
SELECT /*+ RECOMPILE */ *
FROM athlete
WHERE name = 'Yoo Nam-Kyu';
```

질의 실행 계획에서 테이블 전체 스캔은 다음 그림과 같이 Full Scan으로 표시된다.

유형	테이블	인덱스	검색 조건	비용	카디널리티	전체 (r/p)	추가정보
질의				49	-		
Full Scan	athlete		athlete.[name]='Yoo Nam-Kyu'	49	1	6677/32	(sel 0.00014988)

그림 10-14 테이블 전체 스캔 질의 실행 계획

인덱스를 스캔하는 경우는 인덱스 스캔이라 한다. 질의 실행 계획에서 인덱스 스캔을 확인하기 위해 athelete.name 칼럼에 인덱스를 생성한 다음 질의를 실행해보자. 여기서도 질의 실행 계획이 항상 출력되도록 하기 위해 + RECOMPILE이라는 힌트를 추가했다.

```
CREATE INDEX ix_athlete_name ON athlete(name);

SELECT /*+ RECOMPILE */ *
FROM athlete
WHERE name ='Yoo Nam-Kyu';
```

질의 실행 계획에서 인덱스 스캔은 다음 그림과 같이 Index Scan으로 표시된다.

유형	테이블	인덱스	검색 조건	비용	카디널리티	전체 (r/p)	추가정보
질의				3	-		
Index Scan	athlete	ix_athlete_name	athlete.[name]='Yoo Nam-Kyu'	3	1	6677/32	(sel 0.00014988)

그림 10-15 인덱스 스캔 질의 실행 계획

조인

이번에는 조인 구문을 수행할 때 확인할 수 있는 실행 계획 정보가 무엇인지 알아보자.

다음은 중첩된 루프 조인을 사용하는 예다.

```
SELECT *
FROM olympic, nation
WHERE olympic.host_nation=nation.name;
```

질의 실행 계획에서 중첩된 루프 조인은 다음 그림과 같이 Nested Loop로 표시된다.

유형	테이블	인덱스	검색 조건	비용	카디널리티	전체 (r/p)	추가정보
질의				16	-		
Nested Loop - Inner Join			olympic.host_nation=nation.[name]	16	5		(sel 0.001)
Full Scan	olympic			1	25	25/1	
Full Scan	nation		olympic.host_nation=nation.[name]	2	215	215/1	(sel 0.001)

그림 10-16 중첩된 루프 조인 질의 실행 계획

다음은 상관 인덱스 조인을 사용하는 예다.

```
SELECT /*+ RECOMPILE */ *
FROM game, athlete
WHERE game.athlete_code=athlete.code
AND athlete.code > 20000;
```

질의 실행 계획에서 상관 인덱스 조인은 다음 그림과 같이 Index Join으로 표시된다.

유형	테이블	인덱스	검색 조건	비용	카디널리티	전체 (r/p)	추가정보
질의				16			
Index Join - Inner Join				16	865		
Index Scan	athlete	pk_athlete_code	athlete.code range (20000 gt_inf max)	10	668	6677/27	(sel 0.1) (rank 2) (sarg term) (not-join eligible) (indexable code) (loc 0)
Index Scan	game	fk_game_athlet...	game.athlete_code=athlete.code	3	8653	8653/24	(sel 0.000149768) (join term) (mergeable) (inner-join) (indexable athlete_code code) (loc...

그림 10-17 상관 인덱스 조인 질의 실행 계획

다음은 정렬 병합 조인을 사용하는 예다.

```
SELECT /*+ USE_MERGE */ *
FROM game, ahlete
WHERE game.athlete_code=athlete.code;
```

질의 실행 계획에서 정렬 병합 조인은 다음 그림과 같이 Merged로 표시된다.

유형	테이블	인덱스	검색 조건	비용	카디널리티	전체 (r/p)	추가정보
질의				36906	-		
Temp				36906	8653		
Merged - Inner Join				36816	8653		
edge			game.athlete_code=athlete.code				(sel 0.000149768) (join ↑
Temp				305	6677		
Full Scan	athlete			49	6677	6677/32	
Temp				400	8653		
Full Scan	game			53	8653	8653/31	

그림 10-18 정렬 병합 조인 질의 실행 계획

필터

데이터 필터, 키 필터의 경우도 다음과 같이 질의 실행 계획에서 확인할 수 있다. 데이터 필터, 키 필터는 비용이 높기 때문에 성능을 고려한다면 최소화하는 게 좋다.

다음은 데이터 필터가 사용된 예다. game 테이블의 host_year 칼럼은 기본 키(primary key, pk) 인덱스로 구성돼 있고, 예제 질의를 수행하게 되면 medal 칼럼값을 찾기 위해 데이터 필터가 발생한다. 실행 계획에서는 데이터 필터가 sargs로 출력된다.

```
SELECT *
FROM game
WHERE host_year > 2000 AND medal='S';
```

유형	테이블	인덱스	검색 조건	비용	카디널리티	전체 (r/p)	추가정보
질의				16			
Index Scan	game	pk_game_host_...	game.host_year range (2000 gt_inf max)	16	1	8653/31	(sel 0.1) (rank 2) (sarg term) (not-join eligible) (indexable host_year) (loc 0)
sargs			game.medal='S'				(sel 0.001) (sarg term) (not-join eligible) (loc 0)

그림 10-19 데이터 필터 사용 시 질의 실행 계획

다음은 키 필터가 사용된 예다. 아래 예제 질의를 수행하면 기본 키 인덱스 내에서 키 필터로 처리하는 것을 볼 수 있다. 실행 계획에서는 filter로 출력된다.

```
SELECT *
FROM game
WHERE host_year = 2000 AND athlete_code =10776;
```

참고로, game 테이블의 기본 키 인덱스 구성은 다음과 같다.

```
PRIMARY KEY pk_game_host_year_event_code_athlete_code ON game (host_year, event_code, athlete_
code)
```

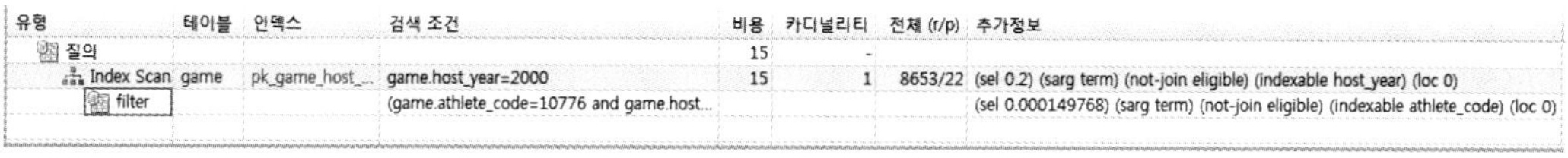

유형	테이블	인덱스	검색 조건	비용	카디널리티	전체 (r/p)	추가정보
질의				15		-	
Index Scan	game	pk_game_host_...	game.host_year=2000	15	1	8653/22	(sel 0.2) (sarg term) (not-join eligible) (indexable host_year) (loc 0)
filter			(game.athlete_code=10776 and game.host...				(sel 0.000149768) (sarg term) (not-join eligible) (indexable athlete_code) (loc 0)

그림 10-20 키 필터 사용 시 질의 실행 계획

SQL 튜닝 모드

질의 비용, 질의 실행 계획을 확인하는 방법을 설명했는데, 큐브리드 매니저에서 SQL 튜닝 모드를 사용하면 이를 더욱 쉽게 확인할 수 있다. SQL 튜닝 모드에서 질의를 변경하고 실행하면 질의 변경 전후의 질의 비용, 질의 실행 계획을 한눈에 보고 비교할 수 있어 질의를 튜닝하는 데 매우 유용하다. 다음 예를 통해 SQL 튜닝 모드를 사용하는 방법을 알아보자.

큐브리드 매니저에서 질의 편집기를 열고 위쪽의 도구 모음에서 **SQL 튜닝 모드** 🔍를 클릭한 후 질의를 실행하면 **튜닝모드** 창이 열린다.

```
SELECT name, gender
FROM athlete
WHERE EXISTS (SELECT 1 FROM game WHERE athlete.code=game.athlete_code AND host_year=2004);
```

튜닝모드 창 왼쪽에는 실행한 질의의 비용과 질의 실행 계획이 표시되고, 오른쪽은 비어있다.

그림 10-21 질의 변경 전 튜닝모드 창 화면

화면 오른쪽 위의 **오른쪽에 출력**을 클릭하고 다시 질의 편집기로 돌아가 다음과 같이 질의를 변경하고 실행하자.

```
SELECT name, gender
FROM athlete
WHERE athlete.code IN (SELECT athlete_code FROM game WHERE host_year=2004);
```

튜닝모드 창의 오른쪽에 다음과 같이 변경된 질의의 비용과 실행 계획이 표시된다.

그림 10-22 질의 변경 후 튜닝모드 창 화면

두 질의의 실행 계획을 비교해보면 기존 질의는 EXISTS 연산을 사용해 테이블 전체 스캔을 하며 읽어야 하는 페이지가 많아 성능이 안 좋은 질의이고, IN으로 변경하면서 인덱스 스캔이 적용돼 적은 페이지를 읽으면서 기존보다 성능이 좋아졌음을 알 수 있다.

질의 튜닝에서 무엇보다 중요한 것은 문제점이 무엇인지 파악하는 것이기 때문에 질의 실행 계획과 질의 비용을 제대로 이해하는 것이 중요하다.

힌트 사용하기

똑똑한 질의 최적화기라고 하더라도 항상 옳은 결정을 내리지는 못한다. 질의 최적화기가 잘못 판단하는 것을 방지하기 위해서는 힌트를 주어 잘못된 실행 계획을 만들지 않게 해야 하는 경우도 있다.

조인 힌트

큐브리드에서 조인에 힌트를 주는 방법은 다음과 같다.

```
SELECT /*+ HINT_EXPRESSION */ … FROM … WHERE …
```

여기서 HINT_EXPRESSION의 종류는 다음과 같다.

- **USE_NL:** 중첩된 루프 조인(nested loop join) 실행 계획 생성
- **USE_IDX:** 인덱스 조인(indexed join) 실행 계획 생성
- **USE_MERGE:** 병합 조인(merge join) 실행 계획 생성
- **ORDERED:** 조인 순서 제어. FROM 절에 명시된 클래스의 순서대로 조인하는 질의 실행 계획을 만든다. FROM 절 앞에 오는 테이블이 외부(outer)가 되고 뒤에 오는 테이블이 내부(inner)가 된다.
- **USE_DESC_IDX:** 내림차순으로 인덱스 스캔
- **NO_COVERING_IDX:** 커버링 인덱스 기능을 사용하지 않음

다음과 같이 조인 힌트를 둘 이상 동시에 주면 힌트는 무시된다.

```
SELECT /*+ USE_NL USE_MERGE */ --> 힌트 무시됨
```

또한 다음과 같이 힌트 구문을 잘못 입력하면 주석으로 처리되고 무시된다.

```
SELECT /* USE_NL */ --> 힌트 무시됨
```

조인 힌트는 비용이 너무 높을 경우 무시된다.

인덱스 힌트

다음과 같이 WHERE 절 뒤에 USING INDEX 절을 추가하면 인덱스에 대한 힌트를 줄 수 있다.

```
SELECT … FROM … WHERE … USING INDEX {NONE | index_spec [{,index} …]}
UPDATE … SET … WHERE … USING INDEX {NONE | index_spec [{,index} …]}
DELETE …FROM … WHERE … USING INDEX {NONE | index_spec [{,index} …]}
```

USING INDEX 절에 인덱스 목록을 나열하면 지정된 인덱스만 대상으로 스캔 비용을 산출하는데, USING INDEX 절에 지정한 인덱스의 비용이 너무 높다고 판단하면 테이블 전체 스캔(또는 순차 스캔)을 진행할 수 있다. 인덱스 스캔을 강제 지정하려면 다음과 같이 인덱스 이름 뒤에 (+)를 붙인다. 이 경우 질의 최적화기는 해당 인덱스의 비용을 0으로 계산한다.

```
USING INDEX 인덱스 이름(+)
```

반대로 강제로 순차 스캔을 하게 하려면 다음과 같이 힌트를 줘야 한다.

```
USING INDEX NONE
```

인덱스 이름을 잘못 입력하면 질의 파싱(parsing) 단계에서 오류가 발생하면서 질의가 수행되지 않는다.

11
보안

데이터베이스는 서비스에 사용되는 각종 콘텐츠 및 사용자 정보가 저장된 공간으로, 보안에 대한 관리가 철저해야 한다. 큐브리드에서의 데이터베이스 보안은 크게 외부에서 브로커, 데이터베이스 서버에 접근하는 것을 제어하는 것과 내부에서 데이터베이스 객체에 접근하는 것을 제어하는 것으로 나눠 볼 수 있다. 브로커, 데이터베이스 서버에 대한 접근을 제어하기 위해서 큐브리드는 ACL(access control list)을 사용하는데, 이는 특정 개체에 접근할 수 있는 권한을 정리한 목록이다. 브로커 모드를 설정해 데이터베이스에 접근하는 브로커를 제어할 수도 있다.

또한 큐브리드가 설치된 호스트에는 큐브리드 매니저 서버 프로세스가 실행돼, 큐브리드 매니저로 해당 호스트에 연결하면 전체 데이터베이스와 브로커를 관리할 수 있는데 이 사용자의 권한 또한 상세하게 설정할 수 있다.

이 장에서는 브로커, 데이터베이스 서버에 대한 접근을 제어하는 방법과 데이터베이스 객체에 대한 접근을 제어하는 방법, 그리고 큐브리드 매니저 사용자를 관리하는 방법을 설명한다.

브로커 접근 제어

브로커는 허용된 IP 주소에서만 접근할 수 있게 설정해 외부로부터의 접근을 제어할 수 있다.

접근 가능한 IP 주소 설정

브로커에 접근 가능한 IP 주소를 설정하려면 $CUBRID[40]/conf/cubrid_broker.conf 파일에서 다음과 같이 파라미터를 설정한다.

```
# cubrid_broker.conf

[broker]
MASTER_SHM_ID            =30001
ADMIN_LOG_FILE           =log/broker/cubrid_broker.log
ACCESS_CONTROL           =ON
ACCESS_CONTROL_FILE      =/home/cubrid/access_file.txt
```

ACCESS_CONTROL 파라미터값을 ON으로 설정하면 ACL 접근 제어가 활성화된다. ACCESS_CONTROL_FILE 파라미터에는 브로커별로 접근을 허용하는 IP 주소 목록이 저장된 ACL 파일을 지정한다. 다음은 ACL 파일의 예다.

```
[%QUERY_EDITOR]
dbname1:dbuser1:READIP.txt
dbname1:dbuser2:WRITEIP1.txt,WRITEIP2.txt
*:dba:READIP.txt
*:dba:WRITEIP1.txt
*:dba:WRITEIP2.txt

[%BROKER2]
dbname:dbuser:iplist2.txt

[%BROKER3]
dbname:dbuser:iplist2.txt
```

---

40 $CUBRID는 큐브리드가 설치된 환경 변수다. 윈도우에서는 %CUBRID%로 표기된다.

```
[%BROKER4]
dbname:dbuser:iplist2.txt
```

각 줄은 '{데이터베이스 이름}:{데이터베이스 사용자 이름}:{IP 주소 목록 파일 이름}[,{IP 주소 목록 파일 이름},…]'과 같은 형식으로 입력한다. 예를 들어, dbname1:dbuser2:WRITEIP1.txt,WRITEIP2.txt은 dbname1이라는 데이터베이스에 dbuser2라는 사용자가 접근할 때 허용하는 IP 주소 목록이 WRITEIP1.txt, WRITEIP2.txt 파일에 저장돼 있다는 의미다.

여기서 별표(*)는 모든 것을 나타낸다. 예를 들어, *:dba:READIP.txt는 이 브로커를 사용하는 모든 데이터베이스에 dba 사용자가 접근할 때 허용하는 IP 주소 목록은 READIP.txt에 기록돼 있다는 의미다. 또한 별표는 IP 주소 목록 파일 안에서도 사용될 수 있다. 예를 들어, IP 주소 목록 파일인 READIP.txt 파일에 다음과 같이 IP 주소를 지정할 수 있다.

```
192.168.1.25
11.54.*
214.*
```

이 경우 브로커를 통해 접근하는 모든 데이터베이스에 대해 dba 사용자는 192.168.1.25와 11.54로 시작하는 IP 주소, 214로 시작하는 IP 주소에서만 접근할 수 있다.

브로커 구동 중 접근 제어 설정 변경

브로커가 구동되고 있는 상태에서 브로커에 접근 가능한 IP 주소를 추가하거나 삭제한 경우 cubrid broker acl reload 명령어를 사용하면 변경된 설정을 온라인으로 적용할 수 있다.

```
$ cubrid broker acl reload
```

현재 접근 허용된 IP 주소 목록을 보려면 cubrid broker acl status 명령어를 사용한다.

```
$ cubrid broker acl status
ACCESS_CONTROL=ON
ACCESS_CONTROL_FILE=access_file.txt
```

```
[%broker1]
demodb:dba:iplist1.txt
        CLIENT IP LAST ACCESS TIME
================================================
    11.20.129.11
  11.113.153.144 2013-11-07 15:19:14
  11.113.153.145
  11.113.153.146
        11.64.* 2013-11-07 15:20:50

testdb:dba:iplist2.txt
        CLIENT IP LAST ACCESS TIME
================================================
        * 2013-11-08 10:10:12
```

데이터베이스 서버 접근 제어

데이터베이스 서버에 대한 접근을 제어하는 방법은 두 가지인데, 브로커와 비슷하게 ACL을 사용하는 방식과 브로커 모드를 사용하는 방식이 있다.

ACL을 사용한 접근 제어

데이터베이스 서버에 접근 가능한 IP 주소를 설정하려면 $CUBRID/conf/cubrid.conf 파일에서 다음과 같이 파라미터를 설정한다.

```
# cubrid.conf

access_ip_control=yes
access_ip_control_file="/home/cubrid/CUBRID/conf/db.access"
```

access_ip_control 파라미터값을 yes로 설정해 ACL 접근 제어를 활성화하고, access_ip_control_file 파라미터에 접근을 허용하는 IP 주소 목록이 저장된 파일을 지정한다.

브로커와 마찬가지로, 데이터베이스 서버도 별표를 사용해 IP 주소 대역을 지정할 수 있다. 접근 제어 설정을 변경한 경우 cubrid server acl reload 명령어를 사용하면 변경된 설정을 온라인으로 적용할 수 있으며, 현재 접근 허용된 IP 주소 목록을 보려면 cubrid server acl status 명령어를 사용한다.

브로커 모드를 사용한 접근 제어

브로커에 브로커 모드를 설정하면 해당 브로커가 읽기/쓰기가 가능한 데이터베이스(마스터)에 접근할지, 아니면 읽기 전용 데이터베이스(슬레이브, 레플리카)에 접근할지 제어할 수 있다. 브로커 모드는 $CUBRID/conf/cubrid_broker.conf 파일의 ACCESS_MODE 파라미터에 설정하며, 설정할 수 있는 값과 그에 대한 설명은 다음과 같다.

브로커 모드	설명
RW	읽기/쓰기가 가능한 데이터베이스(마스터)에 우선 접속한다. 읽기/쓰기가 가능한 데이터베이스가 없다면 $CUBRID/databases/databases.txt 파일에 있는 순서대로 읽기만 가능한 데이터베이스(슬레이브, 레플리카)에 접속한다. 이때 쓰기 요청은 실패하고 읽기 요청만 정상적으로 수행되며, 읽기 트랜잭션이 종료되면 연결을 끊고 다시 마스터를 찾는다.
RO	읽기만 가능한 데이터베이스(슬레이브, 레플리카)에 우선 접속한다. 읽기만 가능한 데이터베이스가 없는 경우 읽기/쓰기가 가능한 데이터베이스(마스터)에 접속한다(이 경우에도 읽기만 가능하다).
SO	읽기만 가능한 데이터베이스(슬레이브, 레플리카)에만 접속한다. 읽기만 가능한 데이터베이스가 없다면 해당 요청은 실패한다.

서비스 구현 시 브로커 모드를 이용하면 마스터/슬레이브 데이터베이스를 효율적으로 사용할 수 있다. 예를 들어, 많은 양의 데이터를 주기적으로 읽어야 하는 배치 질의 사용 시 마스터 데이터베이스에 영향을 적게 주기 위해 슬레이브 데이터베이스에 접속하게 하고 싶다면 RO 모드의 브로커에 접속하게 하면 된다. 평상시에는 슬레이브 데이터베이스에서 질의가 수행되므로 마스터 데이터베이스에 영향을 주지 않으며, 슬레이브 데이터베이스에 장애가 발생하면 별도의 조치 없이 마스터 데이터베이스에서 정상적으로 질의가 수행된다. 또한, 슬레이브 데이터베이스에서 수행되는 질의의 중요도가 낮거나 부하가 너무 커서 슬레이브 데이터베이스에 장애가 발생했을 때도 해당 질의가 마스터 데이터베이스에서 수행되지 않게 하고 싶다면 SO 모드의 브로커에 접속하게 하면 된다. 이에 대한 더 자세한 사항은 8장의 "브로커 설정"(231쪽)을 참고한다.

객체 접근 제어

데이터베이스에서 생성되는 모든 객체(테이블, 뷰, 인덱스 등)는 기본적으로 객체를 생성한 사용자에게만 접근 및 사용 권한이 부여된다. 다른 사용자가 해당 객체에 접근하거나 해당 객체를 사용하려면 객체를 생성한 소유자가 GRANT 명령을 사용해 접근 권한(SELECT, INSERT, UPDATE, DELETE 등)을 부여해야 한다. 단, 시리얼 객체에 대해서는 권한을 별도로 부여하지 않아도 모든 사용자가 사용할 수 있다.

큐브리드 데이터베이스에는 DBA 사용자와 PUBLIC 사용자가 기본적으로 생성된다. DBA는 데이터베이스의 모든 객체에 접근할 수 있는 최고 권한의 사용자로, 다른 사용자를 생성할 수 있는 권한이 있으며 모든 객체에 접근이 가능하다. 따라서 다른 사용자가 만든 객체에 대해서도 DBA는 해당 사용자와 동일한 권한을 갖는다. 데이터베이스에 생성되는 모든 사용자는 PUBLIC 사용자가 된다. 따라서 PUBLIC에 부여하는 권한은 모든 사용자에게 부여된다.

데이터베이스 내에 생성되는 객체에 대한 접근을 제어하기 위해 데이터베이스 관리자는 객체의 소유자와 사용자를 구분한다. 즉, 객체의 소유자(보통 DBA 사용자)로 테이블과 같은 객체를 생성하고, 실제 사용자를 별도로 생성해 해당 사용자에게 필요한 권한을 부여한다.

사용자에게 부여되는 권한의 종류는 다음과 같다.

- **SELECT:** 객체를 조회할 수 있는 권한
- **INSERT:** 객체를 삽입할 수 있는 권한
- **UPDATE:** 객체를 갱신할 수 있는 권한
- **DELETE:** 객체를 삭제할 수 있는 권한
- **ALTER:** 테이블 스키마를 수정할 수 있고, 테이블 이름을 변경하거나 삭제할 수 있는 권한
- **INDEX:** 인덱스를 생성할 수 있는 권한
- **EXECUTE:** 테이블 메서드를 호출할 수 있는 권한
- **ALL PRIVILEGES:** 모든 권한

권한을 부여하려면 다음과 같이 GRANT 문을 사용한다.

```
GRANT SELECT, INSERT, UPDATE, DELETE ON db_svc TO svcuser;
```

WITH GRANT OPTION을 사용하면 해당 권한을 부여받은 사용자가 다른 사용자에게 다시 권한을 부여할 수 있다.

```
GRANT SELECT, INSERT, UPDATE, DELETE ON db_svc TO svcuser WITH GRANT OPTION;
```

권한을 해지하려면 다음과 같이 REVOKE 문을 사용한다.

```
REVOKE SELECT, INSERT, UPDATE, DELETE ON db_svc FROM svcuser;
```

큐브리드 매니저 사용자 관리

GUI 큐브리드 관리 도구인 큐브리드 매니저의 관리 모드를 사용하면 큐브리드가 설치된 호스트에 원격으로 연결해 GUI 환경에서 데이터베이스 생성, 볼륨 추가, 백업 등 큐브리드 유틸리티의 기능을 대부분 사용할 수 있다. 그런데 큐브리드 매니저 관리 모드로 큐브리드 호스트에 연결하려면 큐브리드 매니저 사용자 계정이 필요하다.

3장의 "큐브리드 매니저"(60쪽)에서 설명했듯이, 큐브리드를 설치하면 기본으로 admin 사용자가 생성된다. admin 사용자만 큐브리드 매니저 사용자를 추가하고 권한을 부여할 수 있으며 모든 데이터베이스에 대한 접근 권한과 데이터베이스 생성 권한이 있다. 다른 권한의 사용자는 데이터베이스에 접근하려면 별도로 권한을 부여받아야 한다. 큐브리드 매니저의 사용자를 관리하는 방법은 큐브리드 매니저의 GUI(즉, 큐브리드 매니저 클라이언트)를 이용하는 방법과 콘솔에서 큐브리드 매니저의 사용자 관련 명령어를 이용하는 방법이 있다.

큐브리드 매니저 클라이언트에서 사용자 관리

큐브리드 매니저 관리 모드에서 admin 사용자로 호스트에 연결하면 도구 모음에서 **사용자 〉 CM 관리자 편집**을 클릭해 큐브리드 매니저 사용자를 관리할 수 있다.

그림 11-1 큐브리드 매니저 사용자 관리 메뉴

큐브리드 매니저 사용자 관리 화면은 다음과 같다. 여기서 사용자를 추가, 편집 및 삭제할 수 있다. 물론, admin 사용자는 추가, 편집, 삭제가 불가능하며 오직 비밀번호만 변경할 수 있다.

그림 11-2 큐브리드 매니저 사용자 관리 화면

큐브리드 매니저 사용자 추가

CUBRID Manager **관리자 편집** 대화 상자에서 **추가**를 클릭하면 다음과 같이 새 사용자 계정 정보를 입력하는 대화 상자가 나타난다.

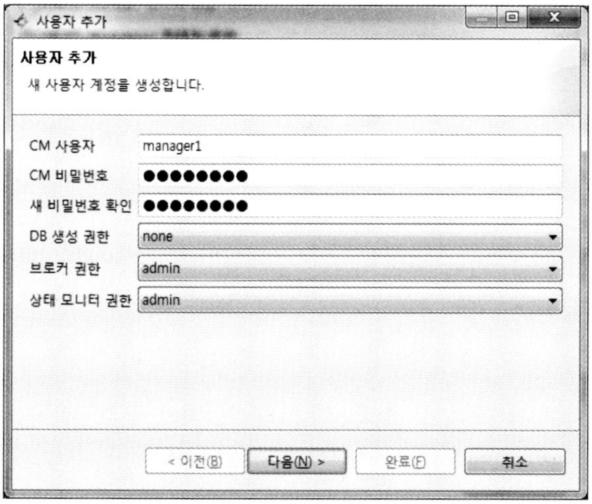

그림 11-3 큐브리드 매니저 사용자 추가

데이터베이스 생성 권한은 부여할 수 없으며, 브로커 권한, 상태 모니터 권한에 대해 다음 값을 설정할 수 있다.

- **none:** 권한 없음

- **monitor:** 읽기 권한만 부여

- **admin:** 읽기/쓰기 권한 부여

여기서는 **CM 사용자**에 manager1을 입력하고 **브로커 권한**과 **상태 모니터 권한**은 admin으로 설정하자. **다음**을 클릭하면 데이터베이스별 권한을 설정할 수 있다. admin 사용자가 아닌 사용자는 각 데이터베이스에 대한 연결 권한을 부여받아야 데이터베이스에 로그인해서 데이터베이스를 백업하는 등의 데이터베이스 관리를 할 수 있다. 해당 사용자로 호스트에 연결했을 때 연결 권한이 없는 데이터베이스는 데이터베이스 목록에 표시되지 않는다.

다음과 같이 **연결 권한**을 No로 두고 **완료**를 클릭해보자.

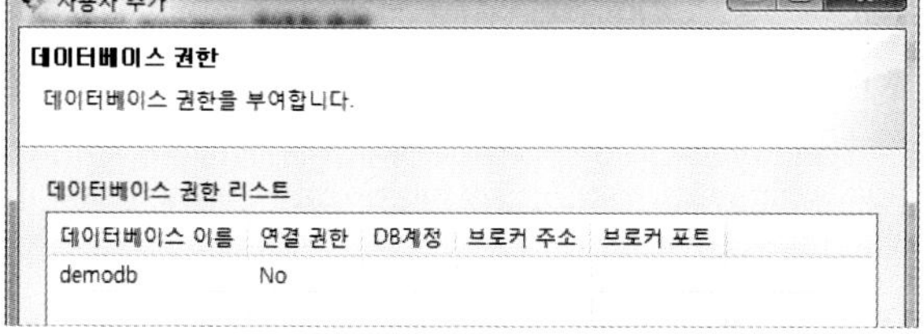

그림 11-4 데이터베이스 권한 설정

이렇게 추가한 manager1 사용자는 데이터베이스 관리 권한은 없고, 브로커 관리 권한과 모니터링 관리 권한이 있다. 이 사용자로 호스트에 연결하면 다음과 같이 호스트에 존재하는 demodb 데이터베이스는 보이지 않는다. 하지만 브로커를 관리할 수 있고, 모니터링 대시보드를 편집할 수 있다.

그림 11-5 데이터베이스 관리 권한이 없는 사용자의 큐브리드 매니저 화면

큐브리드 매니저 서버에서 관리하는 사용자 파일

이렇게 큐브리드 매니저 사용자를 등록하면 서버에서는 어디에서 어떤 형태로 관리되고 있을까? 다음은 $CUBRID/conf 경로의 큐브리드 매니저 관련 파일이다.

```
$CUBRID/conf/cm.conf
$CUBRID/conf/cm.pass
$CUBRID/conf/cmdb.pass
$CUBRID/conf/cm_ssl_cert.crt
$CUBRID/conf/cm_ssl_cert.key
```

cm.conf 파일은 이름에서 알 수 있는 것처럼 큐브리드 매니저 서버 설정 파일이다. 보통은 cm_port 파라미터나 support_mon_statistic 파라미터 외에는 변경할 일이 드물다.

cm.pass 파일은 큐브리드 매니저 사용자 이름과 비밀번호가 저장되는 파일이다. 파일 내용은 다음과 같다.

```
admin:8bbef4064d2124ac5209fcbd93a87ba4b6eacd5c3c011bc21b05480c993a2742
```

앞의 admin은 큐브리드 매니저 사용자 이름이고 뒤의 문자열은 해시(hash)로 암호화된 비밀번호다. 큐브리드 매니저 사용자가 호스트에 연결할 때 입력한 비밀번호를 동일한 해시 알고리즘으로 암호화해서 cm.pass에 저장된 비밀번호와 비교한다.

만약 admin 비밀번호를 분실해서 큐브리드를 설치할 때 기본으로 설정된 비밀번호인 admin으로 초기화하려면 cm.pass 파일에서 다음과 같이 비밀번호를 변경한다.

```
admin:6e85f0f80f030451dc9e98851098dfb2
```

cmdb.pass 파일은 큐브리드 매니저 사용자의 권한이 정의된 파일이다. 이 파일은 큐브리드 매니저 서버에서 사용하는 특수한 형식으로 유지돼야 하므로 큐브리드 매니저 클라이언트를 이용해서 변경하는 것이 안전하다.

```
<<<:admin
unicas:admin
dbcreate:admin
statusmonitorauth:admin
demodb:admin;dba;localhost,33000
>>>:admin
```

> **참고**
>
> 큐브리드는 큐브리드 매니저 서버와 큐브리드 매니저 사이의 보안 통신을 위해 SSL 사설 인증서를 제공한다. $CUBRID/conf/cm_ssl_cert.crt 파일과 $CUBRID/conf/cm_ssl_cert.key 파일이 SSL 사설 인증서다. 내부망에서만 데이터베이스에 연결한다면 기본 제공하는 인증서를 사용해도 된다. 하지만 외부망에서 큐브리드 매니저로 내부망에 연결해야 한다면 인증서를 직접 생성해서 사용하는 것이 좋다. 인증서를 생성하는 방법은 CUBRID Tools 위키 페이지[41]를 참고한다.

큐브리드 매니저 콘솔에서 사용자 관리

리눅스 환경에서는 큐브리드 매니저 사용자를 관리하기 위한 cm_admin이라는 콘솔 유틸리티가 별도로 제공되기 때문에 큐브리드 매니저 클라이언트에서 사용할 수 있는 모든 큐브리드 매니저 사용자 관리 기능을 콘솔에서 실행할 수 있다.

```
$ cm_admin
cmserver utility, version R0.1
```

---

[41] http://www.cubrid.org/wiki_tools/entry/how-to-update-openssl-key-and-crt-files

```
usage: cm_admin <utility-name> [args]
Available Utilities:
    adduser
    deluser
    viewuser
    changeuserauth
    changeuserpwd
    adddbinfo
    deldbinfo
    changedbinfo
    listdb
```

큐브리드 매니저 사용자 추가

큐브리드 매니저 사용자를 추가하려면 cm_admin adduser 유틸리티를 사용한다. 다음은 큐브리드 매니저 사용자 cmuser1을 cmpassword 비밀번호로 생성하는 예로, 브로커(-b)와 모니터링(-m) 권한을 admin 권한으로 지정했다.

```
$ cm_admin adduser -b admin -m admin cmuser1 cmpassword
```

권한을 변경하려면 cm_admin changeuserauth 유틸리티를 사용한다. 다음은 cmuser1 사용자의 브로커 접근 권한을 제거(none)하는 예다.

```
$ cm_admin changeuserauth -b none cmuser1
```

큐브리드 매니저 사용자의 데이터베이스 연결 권한

admin 사용자 외에는 개별 데이터베이스에 대한 연결 권한을 추가해야 데이터베이스에 연결할 수 있다. 데이터베이스 연결 권한을 추가하려면 cm_admin adddbinfo 유틸리티를 사용한다. -u 옵션에 데이터베이스 사용자 이름, -h 옵션에 호스트 이름, -p 옵션에 포트 번호를 지정하고 큐브리드 매니저 사용자 이름과 데이터베이스 이름을 지정한다. 다음은 cmuser1 사용자에게 demodb 연결 권한을 추가하는 예다.

```
$ cm_admin adddbinfo -u dba -h localhost -p 33000 cmuser1 demodb
```

큐브리드 매니저 사용자 비밀번호 변경

큐브리드 매니저 사용자의 비밀번호를 변경하려면 cm_admin changeuserpwd 유틸리티를 사용한다. --oldpass 옵션에 기존 비밀번호, --newpass 옵션에 새 비밀번호를 지정하고 큐브리드 매니저 사용자 이름을 입력한다. 다음은 cmuser1 사용자의 비밀번호를 oldpassword에서 newpassword로 변경하는 예다.

```
$ cm_admin changeuserpwd --oldpass oldpassword --newpass newpassword cmuser1
```

기존 비밀번호를 기억하지 못하는 경우에는 --adminpass 옵션에 admin 사용자의 비밀번호를 입력해 강제로 사용자 비밀번호를 변경할 수 있다. 다음은 admin 사용자의 비밀번호(adminpwd)를 이용해 cmuser1 사용자의 비밀번호를 newpassword로 강제로 변경하는 예다.

```
$ cm_admin changeuserpwd --adminpass adminpwd --newpass newpassword cmuser1
```

이 장에서는 큐브리드 접근을 제어하는 방법을 알아봤는데, 브로커에 연결을 제어하는 방법과 데이터베이스에 연결을 제어하는 방법 그리고 객체에 접근을 제어하는 방법이 있었다.

브로커에 연결을 제어하는 방법과 데이터베이스에 연결을 제어하는 방법은 미리 지정해둔 IP 주소를 바탕으로 외부로부터 연결을 허용할 것인지를 제어하는 반면, 객체에 접근을 제어하는 방법은 테이블, 뷰와 같은 데이터베이스 객체에 접근할 수 있는 권한을 데이터베이스 사용자별로 지정하는 방법이다. 즉, 이미 데이터베이스에 연결한 이후에 데이터베이스의 객체에 대해 조회, 입력, 삭제 등의 권한을 별도로 부여하는 방법이다.

특정 데이터베이스를 사용하려는 목적으로 권한을 받은 사용자 계정이 데이터베이스 사용자인 데 반해, 큐브리드 매니저 사용자는 큐브리드의 데이터베이스를 생성하고 시작하는 관리자 권한이다. 마지막으로 큐브리드 매니저 사용자를 관리하는 두 가지 방법에 대해 알아봤는데, 큐브리드 매니저 GUI 클라이언트를 이용하는 방법과 큐브리드 매니저 콘솔을 이용하는 방법을 소개했다.

큐브리드 SQL 구문

여기서는 큐브리드가 지원하는 SQL을 사용 예와 함께 몇 가지 특징 위주로 설명한다.

테이블

CREATE TABLE

테이블을 생성한다.

```
CREATE TABLE olympic2 (
    host_year       INT    NOT NULL PRIMARY KEY,
    host_nation     VARCHAR(40) NOT NULL,
    host_city       VARCHAR(20) NOT NULL,
    opening_date    DATE        NOT NULL,
    closing_date    DATE        NOT NULL,
    mascot          VARCHAR(20),
    slogan          VARCHAR(40),
    introduction    VARCHAR(1500),
    written_date    DATE        DEFAULT SYS_DATE
);
```

테이블 칼럼의 기본값을 설정하려면 DEFAULT 속성을 사용한다. DEFAULT 속성값으로 지정할 수 있는 의사 칼럼(pseudocolumn)은 SYS_TIMESTAMP, SYS_DATETIME, SYS_DATE, SYS_TIME, USER 다. SYS_DATE, SYS_DATETIME, SYS_TIME, SYS_TIMESTAMP는 각각 데이터 삽입 시점의 날짜, 날짜 및 시간, 시간, 타임스탬프를 의미한다.

> **참고**
> 큐브리드 9.0 미만 버전에서는 테이블 생성 시 테이블 칼럼의 기본값을 SYS_DATE, SYS_DATETIME, SYS_TIME, SYS_TIMESTAMP 중 하나로 지정하면 CREATE TABLE 시점의 값이 저장됐다. 따라서 큐브리드 9.0 미만 버전에서 데이터가 삽입되는 시점의 값을 입력하려면 INSERT 구문의 VALUES 절에 해당 함수를 입력해야 한다.

칼럼값에 자동으로 일련번호를 부여하려면 다음과 같이 AUTO_INCREMENT 속성을 사용한다.

```
CREATE TABLE auto_tbl (id INT AUTO_INCREMENT, name VARCHAR);
```

CREATE TABLE LIKE

이미 존재하는 테이블과 동일한 스키마의 테이블을 생성한다. 데이터는 빈 상태로 생성된다.

```
CREATE TABLE new_tbl LIKE old_tbl;
```

CREATE TABLE AS SELECT

SELECT 결과 데이터를 가진 테이블을 새로 생성한다.

```
CREATE TABLE new_tbl2 (
    id INT NOT NULL AUTO_INCREMENT PRIMARY KEY,
    phone VARCHAR
) AS SELECT * FROM old_tbl;
```

ALTER TABLE

테이블의 칼럼, 제약 조건, 인덱스를 추가하거나 변경 또는 삭제한다.

```
ALTER TABLE tbl ADD COLUMN add_col memo VARCHAR(1024) NOT NULL;
```

NOT NULL 조건의 칼럼을 추가하는 경우에는 cubrid.conf 파일의 add_column_update_hard_default 파라미터값에 따라 다음과 같이 동작이 달라진다.

- **no:** NOT NULL 조건의 칼럼을 추가하면 에러가 발생한다. 파라미터 기본값이다.
- **yes:** NOT NULL 조건의 칼럼을 추가하면 시스템에 정의된 기본값이 입력된다. 예를 들어, 문자열 자료형이면 빈 문자열이 입력되고 숫자 자료형이면 0이 입력된다.

DROP TABLE

테이블을 제거한다.

```
DROP TABLE IF EXISTS b_tbl, a_tbl;
```

RENAME TABLE

테이블의 이름을 변경한다.

```
RENAME TABLE aa_tbl TO a1_tbl, b_tbl TO b1_tbl;
```

인덱스

CREATE INDEX

인덱스를 생성한다.

```
CREATE INDEX gold_index ON participant(gold DESC);
CREATE INDEX name_nation_idx ON athlete(name, nation_code);
```

ALTER INDEX

인덱스의 이름을 변경하거나 인덱스를 재생성한다.

```
ALTER INDEX i_game_medal ON game RENAME TO i_new_game_medal;
ALTER INDEX i_game_medal ON game REBUILD;
```

DROP INDEX

인덱스를 제거한다.

```
DROP INDEX i_game_medal ON game;
```

뷰

CREATE VIEW

뷰를 생성한다.

```
CREATE TABLE a_tbl(
id INT NOT NULL,
phone VARCHAR(10));
INSERT INTO a_tbl VALUES(1,'111-1111'), (2,'222-2222'), (3, '333-3333'), (4, NULL), (5, NULL);

CREATE VIEW b_view AS SELECT * FROM a_tbl WHERE phone IS NOT NULL WITH CHECK OPTION;
```

갱신 가능한 뷰를 생성하려면 다음과 같은 조건을 만족해야 한다.

- FROM 절은 갱신 가능한 테이블이나 뷰만 포함한다.

- JOIN 구문을 포함하지 않는다.

- DISTINCT, UNIQUE 구문을 포함하지 않는다.

- GROUP BY ... HAVING 구문을 포함하지 않는다.

- SUM(), AVG()와 같은 집계 함수를 포함하지 않는다.

- UNION 구문을 포함하지 않는다. UNION ALL을 사용해 갱신 가능한 부분 질의로만 질의를 구성한 경우에는 갱신이 가능하다. 단, 테이블은 UNION ALL을 구성하는 부분 질의 중 어느 한 질의에만 존재해야 하며, UNION ALL 구문으로 생성된 뷰에 레코드를 삽입하는 경우 레코드가 입력될 테이블은 시스템이 결정한다.

ALTER VIEW

뷰를 갱신한다.

```
ALTER VIEW b_view AS SELECT * FROM a_tbl WHERE phone IS NOT NULL;
```

DROP VIEW

뷰를 제거한다.

```
DROP VIEW b_view;
```

RENAME VIEW

뷰의 이름을 변경한다.

```
RENAME VIEW b_view AS c_view;
```

시리얼

CREATE SERIAL

고유한 순번을 반환하는 시리얼을 생성한다.

```
CREATE SERIAL order_no START WITH 10000 INCREMENT BY 2 MAXVALUE 20000;
```

ALTER SERIAL

시리얼의 증가량, 시작값, 최솟값, 최댓값을 변경한다.

```
ALTER SERIAL order_no START WITH 100 MINVALUE 100 INCREMENT BY 2;
```

DROP SERIAL

시리얼을 제거한다.

```
DROP SERIAL IF EXISTS order_no;
```

사용자 권한

CREATE USER

사용자를 생성한다.

```
CREATE USER smith;
```

ALTER USER

사용자의 암호를 변경한다.

```
ALTER USER smith PASSWORD '1234';
```

DROP USER

사용자를 삭제한다.

```
DROP USER smith;
```

CREATE USER … GROUPS

사용자 그룹을 생성한다.

```
CREATE USER company;
CREATE USER engineering GROUPS company;
CREATE USER marketing GROUPS company;
```

CREATE USER ··· MEMBERS

사용자를 생성하고 해당 사용자를 명시한 그룹에 포함시킨다.

```
CREATE USER jones MEMBERS marketing;
```

GRANT operation TO user

특정 사용자에게 특정 연산(INSERT, UPDATE, DELETE 등) 권한을 부여한다.

```
GRANT SELECT, INSERT, UPDATE, DELETE ON nation, athlete TO smith, jones;
```

연산자와 함수

큐브리드는 다양한 수치 연산, 문자열 연산, 집합 연산, 날짜·시간 연산, 집계·분석 연산, 비교 연산 등을 위한 연산자와 함수를 제공한다. 이에 대한 자세한 설명은 큐브리드 커뮤니티 웹사이트의 사용자 매뉴얼에서 "연산자와 함수"[42]를 참고한다.

SELECT

LIMIT

출력할 레코드의 개수를 제한한다.

```
SELECT host_year as col1, host_nation as col2
FROM olympic
ORDER BY col2 LIMIT 5;
```

---

42 http://www.cubrid.org/manual/93/ko/sql/function/index.html

JOIN

내부 조인(inner join), 왼쪽 외부 조인(left outer join), 오른쪽 외부 조인(right outer join)을 지원한다. 완전 외부 조인(full outer join)은 지원하지 않는다.

다음 두 질의는 같은 결과를 출력한다.

```
SELECT DISTINCT h.host_year, o.host_nation
FROM history h INNER JOIN olympic o ON h.host_year = o.host_year AND o.host_year > 1950;


SELECT DISTINCT h.host_year, o.host_nation
FROM history h, olympic o
WHERE h.host_year = o.host_year AND o.host_year > 1950;
```

VALUES

UNION ALL 질의를 간단히 표현한다.

```
VALUES (1 AS col1, 'first' AS col2),
(2, 'second'),
(3, 'third'),
(4, 'fourth');
```

INSERT 문과 함께 사용하면 하나의 INSERT 문으로 여러 개의 행을 입력할 수 있다.

```
INSERT INTO tbl VALUES (1, 'first'),
(2, 'second'),
(3, 'third'),
(4, 'fourth');
```

FOR UPDATE

UPDATE 문, DELETE 문에서 사용할 행에 대해 미리 잠금(lock)을 설정한다.

```
SELECT * FROM tbl ORDER BY col1 FOR UPDATE;
```

START WITH … CONNECT BY

계층 질의를 수행한다.

```
CREATE TABLE tree_cycle(ID INT, MgrID INT, Name VARCHAR(32));

INSERT INTO tree_cycle VALUES (1,NULL,'Kim');
INSERT INTO tree_cycle VALUES (2,11,'Moy');
INSERT INTO tree_cycle VALUES (3,1,'Jonas');
INSERT INTO tree_cycle VALUES (4,1,'Smith');
INSERT INTO tree_cycle VALUES (5,3,'Verma');
INSERT INTO tree_cycle VALUES (6,3,'Foster');
INSERT INTO tree_cycle VALUES (7,4,'Brown');
INSERT INTO tree_cycle VALUES (8,4,'Lin');
INSERT INTO tree_cycle VALUES (9,2,'Edwin');
INSERT INTO tree_cycle VALUES (10,9,'Audrey');
INSERT INTO tree_cycle VALUES (11,10,'Stone');

SELECT id, mgrid, name, CONNECT_BY_ISCYCLE
FROM tree_cycle
START WITH name in ('Kim', 'Moy')
CONNECT BY NOCYCLE PRIOR id=mgrid
ORDER BY id;
```

INSERT

INSERT … SELECT

SELECT 결과를 삽입한다.

ON DUPLICATE KEY UPDATE

삽입(INSERT)을 수행하되 고유 키 위반(unique key violation)이면 고유 키 조건의 행에 대해 갱신 (UPDATE)을 수행한다.

```
INSERT INTO tbl SET id=6, phone='000-0000'
ON DUPLICATE KEY UPDATE phone='666-6666';
```

사용자가 ON DUPLICATE KEY UPDATE 문을 수행할 수 있게 GRANT 문으로 사용자 권한을 부여하려면 INSERT 권한뿐만 아니라 UPDATE 권한도 부여해야 한다.

```
GRANT INSERT, UPDATE ON tbl TO smith, jones;
```

MERGE

하나 이상의 원본으로부터 하나의 테이블 또는 뷰에 삽입 또는 갱신을 수행한다. 그리고 삭제 조건도 추가할 수 있다.

```
MERGE INTO target_table tt USING source_table st
ON (st.a=tt.a AND st.b=tt.b)
WHEN MATCHED THEN UPDATE SET tt.c=st.c
    DELETE WHERE tt.c = 1
WHEN NOT MATCHED THEN INSERT VALUES (st.a, st.b, st.c);


MERGE INTO bonus t USING (SELECT * FROM std WHERE score < 40) s
ON t.std_id = s.std_id
WHEN MATCHED THEN
UPDATE SET t.addscore = t.addscore + s.score * 0.1
WHEN NOT MATCHED THEN
INSERT (t.std_id, t.addscore) VALUES (s.std_id, 10 + s.score * 0.1) WHERE s.score <= 30;
```

사용자가 MERGE 문을 수행할 수 있게 GRANT 문으로 사용자 권한을 부여하려면 INSERT 권한, UPDATE 권한, 그리고 DELETE 권한을 부여해야 한다.

```
GRANT INSERT, UPDATE, DELETE ON tbl TO smith, jones;
```

UPDATE

LIMIT

갱신할 레코드 개수를 한정한다.

```
UPDATE a_tbl5 SET name='yyy', phone='999-9999' WHERE name IS NULL LIMIT 3;
```

ORDER BY

명시한 순서에 따라 갱신을 수행한다. 트리거의 실행 순서나 잠금 순서를 유지하고자 할 때 유용하다.

```
UPDATE tbl SET i = i + 1 WHERE 1 = 1  ORDER BY i;
```

JOIN

여러 개의 테이블을 조인한 후 갱신을 수행한다.

```
UPDATE
 a_tbl INNER JOIN b_tbl ON a_tbl.id=b_tbl.rate_id
SET
  a_tbl.charge = a_tbl.charge * (1 + b_tbl.rate)
WHERE a_tbl.charge > 900.0;
```

REPLACE

INSERT 수행을 시도하고, 고유 키 위반이면 고유 키에 대한 삭제와 갱신을 수행한다. REPLACE 문을 수행하려면 INSERT 권한과 DELETE 권한이 모두 필요하다.

```
REPLACE INTO a_tbl4 VALUES(1, 'aaa', '111-1111'),(2, 'bbb', '222-2222');
REPLACE INTO a_tbl4 SET id=6, name='fff', phone=DEFAULT;
```

DELETE

LIMIT

삭제할 행의 개수를 제한한다.

```
DELETE FROM a_tbl WHERE phone IS NULL LIMIT 1;
```

JOIN

여러 개의 테이블을 조인한 후 삭제를 수행한다.

```
DELETE a, b FROM a_tbl a INNER JOIN b_tbl b ON a.id=b.id
INNER JOIN c_tbl c ON b.id=c.id;
```

TRUNCATE

명시된 테이블의 모든 레코드를 삭제한다. 내부적으로 테이블에 정의된 모든 인덱스와 제약 조건을 먼저 삭제한 후 레코드를 삭제하므로 WHERE 조건이 없는 DELETE 문을 수행하는 것보다 빠르다. 하지만 DELETE 문과는 구분되므로 ON DELETE 트리거가 활성화되지 않는다. AUTO_INCREMENT 칼럼을 초기화해 데이터가 다시 입력되면 시작값부터 생성된다.

```
TRUNCATE TABLE a_tbl;
```

TRUNCATE 문을 수행하려면 해당 테이블에 ALTER, INDEX, DELETE 권한이 필요하다.

다른 DBMS와의 차이

큐브리드는 ANSI 92 표준을 대부분 준수하지만 다른 DBMS와 다른 점이 있다. 다른 DBMS에서 큐브리드로 전환할 때 그 차이를 알면 더욱 수월할 것이다. 이 글에서는 오라클, MySQL, 큐브리드의 세 가지 DBMS에서 같은 SQL 수행 시 결과가 다르거나, 같은 기능에 대해 SQL 구문이 다른 경우를 몇 가지 살펴보겠다.

문자열의 대소문자 구분

DBMS	대소문자 구분
오라클	구분함.
MySQL	구분하지 않음. 구분하려면 테이블 생성 시 칼럼 또는 질의 조건의 칼럼 앞에 BINARY를 지정.
큐브리드	구분함.

다음은 MySQL에서 테이블 생성 시 대소문자를 구분하게 하는 예다.

```
CREATE TABLE tbl (name CHAR(10) BINARY);
INSERT INTO tbl VALUES('Charles'),('blues');
SELECT * FROM tbl WHERE name=' Charles';
```

다음은 MySQL에서 질의 수행 시 대소문자를 구분하게 하는 예다.

```
SELECT * FROM tbl WHERE BINARY name='Charles';
```

날짜 자료형 칼럼에 숫자 입력 시 동작

DBMS	동작 결과
오라클	오류 발생.
MySQL	입력 가능.
큐브리드	오류 발생.

MySQL은 날짜 자료형에 YYYYMMDD 형태로 된 숫자를 입력해도 이를 허용한다. 다음은 MySQL에서 질의 수행 시 날짜 자료형 칼럼에 숫자 입력을 허용하는 예다.

```
CREATE TABLE dt_tbl(dt DATE);
INSERT INTO dt_tbl VALUES (20120515);
```

참고로, 오라클, MySQL, 큐브리드 모두 날짜 자료형 칼럼에 문자열을 입력하는 것은 허용한다. 하지만 문자열을 날짜 자료형으로 변환하고자 할 때 시스템이 기본으로 허용하는 문자열 포맷이 질의문에는 드러나지 않는다. 즉, 문자열만 보고서는 YYYYMMDD로 입력하려 했는지 MM/DD/YYYY로 입력하려 했는지 명확히 알 수 없다. 따라서 날짜 자료형 칼럼에 문자열을 입력하는 것은 권장하지는 않으며, TO_DATE 함수를 사용해 날짜 자료형으로 변경하는 것을 권장한다.

```
INSERT INTO dt_tbl VALUES (TO_DATE('20120515', 'YYYYMMDD'));
```

문자열 병합 연산자

DBMS	병합 연산자	비고
오라클	‖	
MySQL	+	‖로 변경할 수 있다. ‖로 변경하려면 sql-mode 파라미터값을 PIPES_AS_CONCAT 또는 ANSI로 설정한다.

DBMS	병합 연산자	비고
큐브리드	+, ‖	숫자로 된 문자열끼리 + 연산할 때 결과는 cubrid.conf 파일의 plus_as_concat 파라미터값에 따라 달라진다. plus_as_concat=yes(기본값)이면 문자열 병합 연산자로 쓰이고, no이면 문자열을 숫자로 변환한 후 숫자 계산을 수행한다. 예를 들어, 다음과 같은 연산을 수행했을 때 plus_as_concat이 yes이면 결과는 '12'이고, no이면 위의 결과는 3.0이다(큐브리드는 문자열을 숫자로 변환할 때 DOUBLE 자료형으로 변환한다). SELECT '1'+ '2';

다음은 큐브리드 또는 오라클에서 두 문자열을 병합하는 연산자를 사용하는 예다.

```
SELECT 'abc' || 'def' FROM tbl;
```

NULL과 문자열 병합 결과

DBMS	결과
오라클	문자열.
MySQL	문자열.
큐브리드	NULL.

다음은 큐브리드 또는 오라클에서 NULL과 문자열을 병합하는 예다.

```
SELECT NULL + 'def' FROM tbl;
```

정수 나누기 결과

DBMS	결과
오라클	소수. 예) 3/2 = 1.5
MySQL	소수. 예) 3/2 = 1.5
큐브리드	나머지를 버린 정수. 예) 3/2 = 1

큐브리드에서는 같은 자료형끼리 연산을 수행하면 결과 자료형 역시 같은 자료형을 반환한다. 따라서 큐브리드에서 INT 자료형의 수를 계산한 결과가 DOUBLE 자료형의 수가 되게 하려면 둘 중 적어도 하나의 수에 CAST 함수를 사용해야 한다.

```
SELECT 1/CAST(2 as DOUBLE) FROM tbl;
```

문자열을 숫자로 간주하고 계산 시 결과 자료형

DBMS	결과
오라클	소수. 예) '3'/'2' = 1.5
MySQL	소수. 예) '3'/'2' = 1.5
큐브리드	소수. 예) '3'/'2' = 1.5

큐브리드에서는 계산 대상이 되는 각 항이 문자열이면 각 항의 값을 숫자로 변환하는데, 문자열을 숫자로 변환할 때의 자료형은 DOUBLE이 된다.

DATETIME과 TIMESTAMP 자료형의 최소 단위

DBMS	결과
오라클	DATE: 초, TIMESTAMP: 밀리초
MySQL	DATETIME: 초, TIMESTAMP: 초
큐브리드	DATETIME: 밀리초, TIMESTAMP: 초

MySQL과 큐브리드는 DATE 자료형과 TIME 자료형이 별도로 존재하는데, 이들은 각각 날짜와 시간만 저장한다. 이에 비해, 오라클은 DATE 자료형에서 날짜와 시간을 저장하며, 날짜만 저장하거나 시간만 저장하는 자료형은 존재하지 않는다.

오라클의 TIMESTAMP는 밀리초까지 저장하는 데 비해, MySQL과 큐브리드의 TIMESTAMP는 초까지만 저장한다. MySQL과 큐브리드의 TIMESTAMP는 내부적으로 UNIX 시간(POSIX 시간 또는 epoch 시간)과 동일한 범위의 값을 저장하기 때문에 값의 범위는 1970년 1월 1일 0시 0분 0초(GMT)부터 2038년 1월 19일 3시 14분 7초(GMT)까지다.

예약어의 차이로 칼럼, 테이블, 인덱스 이름을 바꾸는 경우

다른 DBMS에서 큐브리드로 데이터베이스를 마이그레이션하는 과정에서 다른 DBMS에선 예약어가 아니지만 큐브리드에선 예약어가 되면서 일부 테이블, 인덱스, 칼럼 이름을 변경해야 하는 경우가 발생할 수 있다. 예를 들어, 큐브리드에서는 rownum, file, type, names, size가 예약어지만 MySQL에서 이것들은 모두 예약어가 아니며 오라클에서는 rownum, file만 예약어다.

질의문의 예약어를 큰따옴표("), 대괄호([]), 또는 백틱(') 부호로 감싸면 예약어를 칼럼, 테이블, 인덱스 이름으로 사용할 수 있다.

큐브리드의 예약어 목록은 큐브리드 커뮤니티 웹사이트의 사용자 매뉴얼에서 "예약어"[43]를 참고한다.

ROWNUM의 사용

DBMS	사용 방법
오라클	SELECT 리스트에 포함하거나 WHERE 절 뒤에서 사용.
MySQL	ROWNUM 지원 안 함. 세션 변수를 사용해 일련번호 부여 가능.
큐브리드	SELECT 리스트에 포함하거나 WHERE 절 뒤에서 사용.

ROWNUM은 SELECT 질의의 결과 행에 1부터 순서대로 번호를 매기는 기능으로, 테이블의 칼럼처럼 사용된다. 이를 이용해 출력되는 레코드에 일련번호를 붙일 수도 있고, WHERE 절의 조건을 이용해 질의 결과의 레코드 개수를 제한할 수도 있다.

오라클이나 큐브리드는 ROWNUM을 지원하지만 MySQL은 ROWNUM을 지원하지 않기 때문에 MySQL에서 레코드에 일련번호를 붙이려면 세션 변수를 사용해야 한다.

```
mysql> CREATE TABLE test_tbl(col CHAR(1));
mysql> INSERT INTO test_tbl VALUES ('a'), ('b'),('c'),('d');
mysql> SELECT @rownum := @rownum + 1 as rownum, col FROM test_tbl WHERE (@rownum := 0)=0;
| 1 | a |
| 2 | b |
| 3 | c |
| 4 | d |
```

ROWNUM은 GROUP BY 절, ORDER BY 절을 포함한 구문에서는 ROWNUM을 먼저 수행하고 GROUP BY, ORDER BY 절을 나중에 수행하기 때문에 정렬 순서대로 ROWNUM을 출력하지는 않는다. 따라서 GROUP BY 또는 ORDER BY 정렬을 포함한 질의가 먼저 수행되도록 하려면 이 질의를 FROM 절의 부질의로 삼고 그에 대한 ROWNUM을 수행해야 한다.

---

[43] http://www.cubrid.org/manual/93/ko/sql/keyword.html

다음은 오라클에서 ORDERY BY 순서대로 ROWNUM이 출력되게 하는 예다.

```
SELECT ROWNUM, contents FROM (SELECT contents ORDER BY date) AS subtbl;
```

반면 큐브리드는 GROUP BY, ORDER BY 정렬 결과의 번호를 순서대로 출력하게 하는 GROUPBY_NUM() 함수와 ORDERBY_NUM() 함수를 지원하므로 이를 사용하면 정렬된 결과의 일련번호를 얻을 수 있다. 다음은 큐브리드에서 GROUP BY로 정렬한 레코드 집합을 대상으로 GROUPBY_NUM() 함수를 사용해 결과 레코드 개수를 제한하는 예다.

```
SELECT GROUPBY_NUM(), host_year, MIN(score) FROM history
GROUP BY host_year HAVING GROUPBY_NUM() BETWEEN 1 AND 5;
```

또한 GROUPBY_NUM(), ORDERBY_NUM() 또는 LIMIT ⋯ OFFSET을 사용해 정렬된 결과에 대해 레코드 개수를 제한할 수 있으므로 오라클처럼 부질의를 사용할 필요도 없다.

큐브리드, MySQL에서는 질의 결과 레코드 개수를 제한하기 위한 용도로 LIMIT ⋯ OFFSET을 사용할 수 있다. ROWNUM은 정렬 이전에 일련번호를 부여하므로 ORDER BY나 GROUP BY와 같은 절이 포함된 질의에 대해서 결과 행의 개수를 제한하는 용도로 사용하기에는 적절하지 않다. 반면 LIMIT ⋯ OFFSET은 정렬 결과를 대상으로 개수를 제한한다.

큐브리드에서는 위의 질의를 변경해 LIMIT ⋯ OFFSET을 사용하면 동일한 결과를 출력한다.

```
SELECT GROUPBY_NUM(), host_year, MIN(score) FROM history
GROUP BY host_year LIMIT 5 OFFSET 0;
```

일련번호

DBMS	사용 방법
오라클	일련번호 객체 생성. 테이블의 칼럼 속성 지정 방식 지원 안 함. 롤백 안 됨.
MySQL	일련번호 객체 방식 지원 안 함. 테이블의 특정 칼럼에 AUTO_INCREMENT 속성 지정. 롤백 안 됨. 그러나 데이터베이스 재시작 시 해당 칼럼의 가장 큰 값부터 현재의 값이 됨.
큐브리드	일련번호 객체 생성 또는 테이블의 특정 칼럼에 AUTO_INCREMENT 속성 지정. 롤백 안 됨.

일련번호를 부여하기 위한 방법으로 일련번호를 생성하는 객체를 정의하는 방법과 칼럼의 속성에 일련번호를 부여하는 방법을 생각할 수 있다. 큐브리드는 이 두 가지를 모두 지원한다. 일련번호 객체를 생성하는 문법은 오라클과 비슷하다. 단, 오라클에서는 SEQUENCE라고 정의하는 반면 큐브리드에서는 SERIAL 이라고 정의한다.

다음은 큐브리드에서 일련번호 객체를 생성하는 예다.

```
CREATE SERIAL id_seq
START WITH    1000
INCREMENT BY  1;
```

특정 칼럼에 AUTO_INCREMENT 속성을 지정하면 해당 칼럼에 값을 입력하지 않는 경우 자동으로 증가하는 값이 부여된다.

다음은 큐브리드에서 AUTO_INCREMENT 속성을 사용하는 예다.

```
CREATE TABLE tbl (col INT AUTO_INCREMENT PRIMARY KEY, col2 INT);
INSERT INTO tbl (col2) VALUES(1);
```

한번 증가한 일련번호는 세 DBMS 모두 롤백되지 않는다는 점에 주의한다. 다만, MySQL에서는 데이터베이스가 재시작되면 일련번호는 해당 칼럼의 최댓값부터 시작하는 반면, 큐브리드는 가장 마지막에 증가된 값부터 시작한다. 예를 들어, 999에서 일련번호의 값이 증가해 1,000이 된 상태에서 트랜잭션이 종료되지 않고 데이터베이스가 재시작하는 경우를 생각해보자. 이때 MySQL에서는 일련번호가 999부터 시작한다. 반면, 큐브리드와 오라클의 일련번호는 1,000부터 시작한다.

또한, MySQL의 AUTO_INCREMENT는 시작값만 지정할 수 있는 데 비해 큐브리드의 AUTO_INCREMENT는 시작값과 증가량을 지정할 수 있다. 다음은 큐브리드에서 AUTO_INCREMENT의 시작값과 증가량을 지정하는 예다.

```
CREATE TABLE t (i INT AUTO_INCREMENT(100, 2));
```

부록 C
다국어 지원

문자 집합은 문자, 기호 등을 인코딩(특정 번호를 부여)한 집합이고, 로캘은 언어 및 지역에 따라 정의된 숫자 형식, 날짜·시간 형식, 대소문자 규칙, 정렬 규칙(콜레이션)의 집합이다.

큐브리드 2008 R4.4 이하 버전에서는 데이터베이스 내에서 문자 집합에 대한 별도의 처리가 없으므로 CHAR, VARCHAR 자료형 데이터의 크기를 지정할 때 바이트 단위로 지정해야 한다. 또한 로캘에 대해서도 별도의 처리가 없으므로 캘린더 표기 및 숫자 표기, 대소문자 규칙, 콜레이션이 해당 국가의 규칙에 따라 출력된다고 보장할 수 없다.

하지만 큐브리드 9.0 이상 버전은 여러 로캘과 문자 집합을 지원한다. 그리고 9.2 이상 버전에서는 사용하고자 하는 로캘과 문자 집합을 데이터베이스 생성 단계에서 반드시 명시해야 한다. 물론 데이터베이스 생성 이후 시스템 파라미터값으로 로캘을 변경하고, 질의문으로 문자 집합을 변경하는 방법도 제공한다. 이에 대한 자세한 내용은 큐브리드 커뮤니티 웹사이트의 사용자 매뉴얼에서 "다국어 지원"[44]을 참고한다.

---

[44] http://www.cubrid.org/manual/93/ko/sql/i18n.html

지원하는 로캘 및 문자 집합

큐브리드는 ISO-88591, EUC-KR, UTF-8 문자 집합을 지원한다. 하지만 다른 언어의 다양한 콜레이션을 사용하려면 항상 UTF-8로 설정하는 것을 권장한다. 예를 들어, EUC-KR과 같은 문자 집합은 한국에만 국한돼 있는 문자 집합이므로 다른 국가의 콜레이션을 사용할 수 없기 때문이다. 즉, 로캘을 ko_KR.euckr로 설정하면 나중에 utf8_ja_exp 콜레이션으로 변경할 수 없다.

큐브리드에서 로캘과 문자 집합을 명시할 때 사용할 수 있는 값은 다음과 같다.

- **en_US.iso88591**: 영어 ISO-8859-1 인코딩(.iso88591 생략 가능)

- **en_US.utf8**: 영어 UTF-8 인코딩

- **ko_KR.euckr**: 한국어 EUC-KR 인코딩

- **ko_KR.utf8**: 한국어 UTF-8 인코딩(.utf8 생략 가능)

- **de_DE.utf8**: 독일어 UTF-8 인코딩

- **es_ES.utf8**: 스페인어 UTF-8 인코딩

- **fr_FR.utf8**: 프랑스어 UTF-8 인코딩

- **it_IT.utf8**: 이탈리아어 UTF-8 인코딩

- **ja_JP.utf8**: 일본어 UTF-8 인코딩

- **km_KH.utf8**: 캄보디아어 UTF-8 인코딩

- **tr_TR.utf8**: 터키어 UTF-8 인코딩(.utf8 생략 가능)

- **vi_VN.utf8**: 베트남어 UTF-8 인코딩

- **zh_CN.utf8**: 중국어 UTF-8 인코딩

- **ro_RO.utf8**: 루마니아어 UTF-8 인코딩

로캘 준비

큐브리드에서 문자 집합과 콜레이션을 사용하려면 해당 언어의 로캘 라이브러리가 필요하다. 영어, 한국어, 터키어는 로캘 라이브러리가 내장돼 있으므로 따로 생성할 필요가 없다. 하지만 다른 언어의 문자 집합과 콜레이션을 사용하려면 해당 로캘을 포함하는 라이브러리 파일을 생성해야 하는데, 이 과정에서 컴파일러가 필요하므로 리눅스 환경에는 gcc가, 윈도우 환경에는 Visual Studio가 설치돼 있어야 한다. 다음은 리눅스에서 큐브리드가 제공하는 모든 로캘을 포함하는 라이브러리를 생성하는 예다.

```
cd $CUBRID/conf
cp cubrid_locales.all.txt cubrid_locales.txt
make_locale.sh -t64 # 64 bit locale library creation
```

로캘 라이브러리를 컴파일하지 않아도 기본적으로 사용할 수 있게 내장된 로캘은 다음과 같다.

- en_US.iso88591

- en_US.utf8

- ko_KR.utf8

- ko_KR.euckr

- ko_KR.iso88591: 월, 요일 표시 방법은 로마자 표기를 따른다(romanized).

- tr_TR.utf8

- tr_TR.iso88591: 월, 요일 표시 방법은 로마자 표기를 따른다.

ko_KR.iso88591에서 로마자 표기를 따른다는 말은 문자 집합이 ISO88591인 경우 한국어의 '1월', '오전', '오후'를 '1wol', 'ojeon', 'ohu'와 같이 발음대로 로마자로 표기한다는 뜻이다. tr_TR.iso88591의 경우는 터키어에 맞게 영문으로 'Ocak', 'AM', 'PM'으로 표기한다. 이는 ISO-88591 문자 집합에 한글과 터키어가 포함돼 있지 않기 때문이다.

데이터베이스 생성 시 로캘 명시

큐브리드 9.2 이상 버전에서는 데이터베이스를 생성할 때 기본으로 사용할 로캘을 반드시 명시해야 한다.

```
cubrid createdb testdb ko_KR.utf8
```

로캘에 따른 날짜 출력

다음은 ko_KR.utf8 로캘로 데이터베이스를 생성한 후 현재의 월을 출력하는 예다.

```
SELECT TO_CHAR(NOW(), 'MONTH');
```

```
'8월'
```

콜레이션 변경

콜레이션은 문자를 비교하기 위해 데이터 정렬 규칙을 정의한 집합이다. 로캘이 ko_KR.utf8인 데이터베이스는 기본 콜레이션이 utf8_bin인데, 이는 문자열을 비교할 때 UTF-8 코드포인트 순서대로 비교한다는 뜻이다.

다음은 테이블 생성 시 콜레이션을 utf8_ja_exp(UTF-8 일본어, 확장 매칭)로 명시하고, 해당 테이블에 일본어를 입력하는 예다. 기본 콜레이션이 utf8_ko_cs이지만 COLLATE 수정자를 명시해 이 테이블의 VARCHAR 자료형 칼럼의 콜레이션을 utf8_ja_exp로 변경했다.

```
CREATE TABLE t1 (i1 INT, s1 VARCHAR(20) COLLATE utf8_ja_exp, a INT, b VARCHAR(20) COLLATE
utf8_ja_exp);
INSERT INTO t1 VALUES (1, 'いイ基盤', 1, 'いイ繭');
```

출력 메시지

오류 메시지 또는 유틸리티 메시지의 언어를 변경하려면 CUBRID_MSG_LANG 환경 변수의 로캘(locale)값을 변경한다.

예를 들어, 리눅스 bash 셸에서 출력되는 오류 메시지가 한글 UTF-8로 출력되게 하려면 다음과 같이 설정한다.

```
export CUBRID_MSG_LANG=ko_KR.utf8
```

영문 UTF-8 메시지를 선호한다면 다음과 같이 설정한다.

```
export CUBRID_MSG_LANG=en_US.utf8
```

부록D
큐브리드 버전 정보

버전 명칭과 빌드 버전

큐브리드 공지 등에서 큐브리드 버전을 가리킬 때는 일반적으로 버전 명칭을 사용한다. 큐브리드 2008 R4.1, 큐브리드 9.3 등이 버전 명칭이다. 이와 별개로 빌드 버전으로 큐브리드 버전을 가리키기도 한다. 빌드 버전은 큐브리드를 빌드할 때 붙이는 번호로, 점으로 구분된 4개의 숫자열(예: 9.3.0.0206)이다. 버전 명칭과 빌드 버전 사이에는 다음과 같은 규칙이 있다.

- 버전 명칭이 2008로 시작하는 버전의 빌드 버전은 8로 시작한다. 예를 들어, 큐브리드 2008 R4.1 Patch 29의 빌드 버전은 8.4.1.29001이다.

- 버전 명칭이 9로 시작하는 버전의 빌드 버전은 9로 시작한다. 예를 들어, 큐브리드 9.3의 빌드 버전은 9.3.0.0206 이다.

버전 명칭과 빌드 버전은 cubrid_rel 명령을 수행해 확인할 수 있다. 다음 예에서 버전 명칭은 9.3이고 빌드 버전은 9.3.0.0206이다.

```
$ cubrid_rel
CUBRID 9.3 (9.3.0.0206) (64bit release build for linux_gnu) (May 14 2014 23:29:33)
```

버전 간 데이터베이스 볼륨 호환성

큐브리드는 빌드 버전 중 앞의 두 숫자열이 일치하면 볼륨 호환을 보장한다. 일치하지 않으면 버전에 따라 볼륨이 호환되지 않을 수 있다.

다음은 원본 버전에서 대상 버전으로 마이그레이션하는 경우 데이터베이스 볼륨 호환 여부를 정리한 표다. 큐브리드 2008 R2.2 이상 버전에 대해서만 정리했으며, 하위 버전에서 상위 버전으로 마이그레이션하는 경우를 가정했으므로 반대의 경우에 대한 호환 여부는 다루지 않는다.

대상 원본	2008 R2.2	2008 R3.1	2008 R4.1	2008 R4.4	9.1	9.2	9.3
2008 R2.2	예	아니요	아니요	아니요	아니요	아니요	아니요
2008 R3.1		예	아니요	아니요	아니요	아니요	아니요
2008 R4.1			예	예	아니요	아니요	아니요
2008 R4.4				예	아니요	아니요	아니요
9.1					예	아니요	아니요
9.2						예	예
9.3							예

다음은 5장의 "SQL 기능 비교(125쪽)" 작성 시 참고한 문서다.

- **DBMS 비교 표:** http://www.sql-workbench.net/dbms_comparison.html
- **SQL:** http://ko.wikipedia.org/wiki/SQL
- **SQL:1999 표준:** http://en.wikipedia.org/wiki/SQL:1999
- **SQL:2003 표준:** http://en.wikipedia.org/wiki/SQL:2003
- **SQL:2011 표준:** http://en.wikipedia.org/wiki/SQL:2011
- **윈도우 함수:** https://www.simple-talk.com/sql/t-sql-programming/window-functions-in-sql/, http://docs.oracle.com/cd/E11882_01/server.112/e25554/analysis.htm#DWHSG0201
- **CTE:** http://technet.microsoft.com/en-us/library/ms190766(v=sql.105).aspx
- **PIVOT:** http://technet.microsoft.com/en-us/library/ms177410(v=sql.105).aspx
- **Temporal database:** https://en.wikipedia.org/wiki/Temporal_database
- **병렬 질의 처리:** http://docs.oracle.com/cd/A57673_01/DOC/server/doc/A48506/pqoconce.htm#832
- **문자열 집계:** http://www.oracle-base.com/articles/misc/string-aggregation-techniques.php

- **정규 표현식 기반 서브스트링, REPLACE:** http://docs.oracle.com/cd/B28359_01/server.111/b28286/functions138.htm#SQLRF06303, http://docs.oracle.com/cd/B28359_01/server.111/b28286/functions137.htm#SQLRF51673

- **MERGE:** https://ko.wikipedia.org/wiki/Merge_(SQL)

- **INTERVAL type:** http://www.oracle-base.com/articles/misc/oracle-dates-timestamps-and-intervals.php#interval

- **계산되는 칼럼:** http://docs.oracle.com/cd/E11882_01/server.112/e41084/statements_3001.htm#BABIDDJJ

- **SYNONYM:** http://docs.oracle.com/cd/B28359_01/server.111/b28286/statements_7001.htm#SQLRF54276

- **DDL 트리거:** http://docs.oracle.com/cd/B28359_01/server.111/b28318/triggers.htm#CNCPT017

- **테이블 함수:** http://www.oracle-base.com/articles/misc/pipelined-table-functions.php#table_functions

- **갱신 가능한 뷰:** http://en.wikipedia.org/wiki/View_(SQL)

- **LATERAL JOIN:** https://docs.oracle.com/database/121/SQLRF/statements_10002.htm#BABFDGIJ

- **JOIN ⋯ USING:** https://docs.oracle.com/database/121/SQLRF/statements_10002.htm#SQLRF01702

- **ORDER BY ⋯ NULLS LAST:** https://en.wikipedia.org/wiki/Order_by

찾아보기

찾아보기

[ㅈ - ㅎ]

[A - D]

찾아보기

찾아보기